DICTIONARY OF COFFEE TERMS

커피용어사전

Dictionary of coffee terms

아이비라인

목차

일러두기	6p	ㅇ	202p
들어가는 글	8p	ㅈ	256p
		ㅊ	274p
1—Z	10p	ㅋ	281p
ㄱ	35p	ㅌ	330p
ㄴ	66p	ㅍ	345p
ㄷ	73p	ㅎ	379p
ㄹ	90p		
ㅁ	110p	찾아보기	395p
ㅂ	128p	참고문헌	422p
ㅅ	161p		

Contents

일러두기

표제어 표기

한글 표제어가 있는 경우에는 가나다 순, 없는 경우에는 ABC 순으로 배열했습니다.

가니쉬 (garnish)

음료나 음식을 완성한 후 식욕을 돋우기 위해 올리는 장식.

가든 커피 (garden coffee)

= 정원 커피

에티오피아의 커피 재배방법 중 하나로, 농가 주변에 커피나무와 다른 작물을 함께 경작하는 형태다. 이렇게 생산한 커피는 에티오피아 커피 전체 생산량의 절반 정도를 차지한다.

가브리엘 드 클리외 (Gabriel de Clieu)

프랑스 왕립식물원에 자라고 있던 커피나무를 카리브해의 작은 화산섬인 마르티니크$_{Martinique}$로 옮겨온 프랑스 해군 장교. 이 일을 계기로 커피 재배는 라틴아메리카 전역으로 확산되었다.

가수분해 (hydrolysis)

뜻풀이

본문에서는 단어의 기본적이고 핵심적인 개념만 다뤘으며, 그 외에는 객관적인 내용에 한해 보충 설명을 더했습니다.

물이 염과 반응하여 산과 염기로 분해되는 현상 또는 다당류나 단백질 등의 중복합체가 작은 분자로 분해되는 현상을 말한다. 커피에서는 주로 가공 과정에서 파치먼트$_{parchment}$를 발효하거나 생두를 로스팅할 때 나타난다.

Explanatory notes

가스 로스터 (gas roaster)

가스를 열원으로 하는 로스터. 상대적으로 가격 부담이 적고 열량 조절이 용이하다는 장점이 있다.

가스 압력 게이지 (gas pressure gauge)

로스팅 시 가스 압력을 확인할 수 있는 장치.

가스 제거

= 디개싱 degassing

원두에서 이산화탄소와 질소가 빠져나가는 현상.

가스 치환 포장 (gas exchange package)

원두가 공기 중에 산화되는 것을 막기 위해 포장지에 이산화탄소나 질소 같은 불활성 가스를 채워 넣는 포장 방식.

외국어 표기

원칙적으로 외래어 표기법을 따랐으나, 업계에서 통상적으로 사용하는 표현이 있으면 같이 기재했습니다.

동의어 표기

표제어와 동일한 의미를 갖는 단어도 표기했으며, 이 책 뒷부분에 실린 '찾아보기'는 동의어까지 포함해 작성했습니다.

들어가는 글

커피산업의 성장과 함께 커피는 어느덧 실용 학문의
한 영역으로 자리 잡았습니다. 전국 40개 이상의 대학과
전문학교에 커피 바리스타 학과가 만들어졌으며, 평생교육원과
사설 아카데미를 비롯해 다양한 커피 교육기관이 생겨났습니다.
많은 대학원생들이 커피 관련 연구로 학위를 받고 최근에는
커피 석사과정을 개설한 특수대학원도 새롭게 등장했습니다.
뿐만 아니라 지난 10여 년간 국내외에 수많은 커피 전문서가
출간됐습니다.

그러나 학문의 기본적 토대라 할 수 있는 커피용어 관련 서적은
아직 국내에 한 번도 소개된 적 없어 궁금한 커피용어가 있으면
주변에 물어보거나 일일이 책을 찾아 읽고, 그마저도 여의치
않으면 인터넷에 올라온 검증되지 않은 정보에 의존해 그
뜻을 어렴풋이 알아보는 수밖에 없었습니다. 실정이 이렇다
보니 의미가 잘못 전달되어 오해를 부르는 경우가 허다했고
때로는 오류가 진실로 둔갑되기도 했습니다. <커피용어사전>을
제작하기로 결심한 이유 역시도 이러한 현실에 답답함을
느꼈을 커피인들의 갈증을 조금이나마 해소하고 싶은
마음에서였습니다.

이 책은 지금으로부터 16년 전인 2001년 10월 출간한
월간Coffee 창간호부터 2013년 12월 발간된 월간Coffee
144호까지, 총 144권의 잡지에 실린 기사에서 발췌한 커피용어
중 커피업계의 흐름과 동향을 파악하고 전문 지식을 이해하는
데 필요한 필수 단어를 선정했습니다. 기초 용어와 학문 용어는
물론 실무에서 많이 쓰는 현장 용어도 함께 기재하여 실용성을
더했으며, 커피의 여러 분야로 대표적인 단어만 추리고,
기본적이고 핵심적인 개념 위주로 서술해 실속을 높였습니다.
뜻풀이는 가능한 최신 내용을 반영하기 위해 2014년 1월

Prologue

발간된 월간Coffee 145호부터 최신호까지의 기사 콘텐츠와
도서출판 아이비라인에서 출간한 분야별 커피 기본서와 심화서,
그밖에 다양한 커피 관련 단행본과 웹사이트의 문헌을
두루 참고했습니다.

최대한 객관적이고 정확한 설명이 될 수 있도록 여러 차례
수정 보완 작업을 거쳤지만, 근본적으로 서양 문물인 커피는
세계인의 음료인 만큼 국가마다 쓰는 용어가 제각각이고,
더욱이 유럽, 미국, 호주, 일본 등 세계 각국의 커피문화를
수용해 발전시킨 우리나라의 경우 외래어가 곳곳에 혼재돼 있어
우리말 표기법을 일관되게 정리하기가
쉽지 않았습니다. 각 단어의 의미와 용법을 체계적으로
검증하는 과정에도 생각보다 오랜 시간이 소요됐습니다.

이 책에 수록된 1천 6백여 개의 커피용어는 단순히 저희만의
힘으로 일군 것이 아니라 그동안 커피업계 안팎으로 자신이
가진 지식과 경험을 나누기 위해 힘써온 수많은 분들의 열정과
노력으로 이뤄낸 결실이라 생각합니다.

이번 신간은 내용이나 구성 면에서 다소 미진한 부분이 있지만,
이를 기점으로 앞으로 지속적인 개정 작업을 거쳐 완성도를
더욱 높여 나가도록 노력하겠습니다. 오랜 시간 끝에 드디어
빛을 보게 된 <커피용어사전>이 한국 커피산업의
발전 기반을 마련하는 데 보탬이 되길 바라며, 이번 신간을 위해
여러 해 동안 수고해준 아이비라인 출판팀 팀원들의 노고에
깊이 감사드립니다.

펴낸이 홍성대

1—Z

1자 긋기

라떼아트의 에칭 기법 중 하나. 에칭 펜처럼 끝이 뾰족한 도구를 이용해 커피 표면에 일자로 선을 긋는 것을 말한다.

1차 크랙 (1st crack)

= 1차 파핑 1st popping

로스팅 과정 중 옐로우*Yellow* 다음 단계를 일컫는 말. 생두는 1차 크랙에 도달하면 내부의 화학반응에 의해 세포구조가 파괴되면서 다량의 이산화탄소와 함께 아로마를 방출하는데, 이 과정에서 중앙의 센터컷*center cut*이 팽창음을 내며 벌어지고 색깔은 점점 갈색으로 변한다. 생두는 1차 크랙 전까지 주로 흡열반응이 일어나다가 1차 크랙 이후 발열반응이 일어나면서 수분은 감소하고 부피는 증가한다.

2way 솔레노이드 밸브 (2way solenoid valve)

솔레노이드 밸브의 일종으로 에스프레소 머신의 보일러 내부에 상온수를 유입하거나 온수 배출을 제어한다.

2차 크랙 (2nd crack)

= 2차 파핑 2nd popping

로스팅 과정 중 1차 크랙1st crack 다음 단계를 일컫는 말. 2차 크랙에 도달한 생두는 색깔이 짙은 갈색을 띠며 연기와 함께 두 번째 팽창음이 나기 시작한다. 이 단계에서는 생두의 수분이 거의 다 증발하여 시간이 갈수록 로스팅이 빠르게 진행된다. 커피의 오일 성분이 표면으로 흘러나오며 부피는 더 크게 팽창하여 쉽게 부서질 수 있는 상태가 된다.

3way 솔레노이드 밸브 (3way solenoid valve)

에스프레소 머신의 그룹헤드에 장착된 솔레노이드 밸브로, 추출수의 유량을 조절한다. 2way 솔레노이브 밸브와 달리 커피를 추출하고 남은 찌꺼기가 버려지는 길이 하나 더 있다.

A

케냐 분류법Kenyan Grading System을 기준으로 크기에 따라 등급을 나눴을 때 스크린사이즈screen size가 16인 생두.

AA

케냐 분류법Kenyan Grading System을 기준으로 크기에 따라 등급을 나눴을 때 스크린사이즈screen size가 18인 생두.

AB

케냐 분류법*Kenyan Grading System*을 기준으로 크기에 따라 등급을 나눴을 때 A등급과 B등급이 섞여 있는 생두.

ACE (Alliance for Coffee Excellence)

커피산지에서 개최되는 생두 품질평가 대회이자 경매 프로그램인 CoE를 주관하는 비영리 국제기구. 매년 우수한 품질의 커피와 실력 있는 생산자를 발굴해 커피 농가의 수익과 권리를 보호하고, 바이어들에게는 판매에 활용할 수 있는 마케팅 방안을 제시하며 지속가능한 커피의 가치를 전 세계적으로 공유하기 위한 다양한 활동을 펼치고 있다.

AnaCafé (Asociación Nacional del Cafe)

= 아나카페

1960년 과테말라 커피 법*coffee law*에 의해 설립된 협회. 과테말라 커피의 생산과 수출에 필요한 다양한 정책지원 업무를 수행함으로써 생산자들의 권익 향상을 도모하는 단체다. 지역별 커피의 특성을 전면에 내세운 마케팅 전략과 엄격한 품질관리 체계로 잘 알려져 있다.

---

a값

= redness

생두의 적색도를 나타내는 값.

B

케냐 분류법*Kenyan Grading System*을 기준으로 크기에 따라 등급을 나눴을 때 스크린사이즈*screen size*가 15인 생두.

---

b값

= yellowness

생두의 황색도를 나타내는 값.

C

케냐 분류법*Kenyan Grading System*을 기준으로 크기에 따라 등급을 나눴을 때 AB등급 이하인 생두.

CLU (Coffee Liquoring Unit)

에티오피아에서 생산된 모든 커피에 등급을 매기는 기관. 에티오피아 커피는 수출 전 반드시 이곳을 거쳐 등급 평가를 받아야 한다.

CS (Central Standard)

온두라스, 엘살바도르에서 커피의 등급을 재배고도에 따라 나눌 때 해발 900~1,000m 또는 900m 미만에서 생산된 커피를 가리키는 말.

CSC 인증
(Certificated Specialty Coffee certification)

커피의 품질을 보증하기 위해 생산 전 과정에 걸쳐 엄격하게 관리했다는 것을 인증하는 제도.

C-프라이스 (C-Price)

= 커머디티 프라이스 Commodity Price

뉴욕상품거래소에서 거래되는 커머디티 커피 *commodity coffee*의 기준 가격. 생산자가 납득할 만한 최소한의 커피가격을 제시하는 개념이라고 볼 수 있다.

E (Elephant)

케냐 분류법*Kenyan Grading System*을 기준으로 크기에 따라 등급을 나눴을 때 스크린사이즈*screen size*가 18 이상인 생두. 생산량은 매우 적은 편이다.

EGW (Extra Good Washed)

과테말라 커피는 재배고도에 따라 8등급으로 나뉘는데 그중 해발 700~850m에서 생산된 커피를 가리키는 말.

EP (Extra Prime)

과테말라 커피는 재배고도에 따라 8등급으로 나뉘는데 그중 해발 900~1,100m에서 생산된 커피를 가리키는 말.

ES (Electronic Sorted)

페루 커피는 결점수에 따라 4등급으로 나뉘는데 그중 생두 300g당 결점두가 11~40개인 커피를 가리키는 말.

ESHP (Electronic Sorted & Hand Picked)

페루 커피는 결점수에 따라 4등급으로 나뉘는데 그중 생두 300g당 결점두가 10개 이하인 커피를 가리키는 말.

FHB (Fancy Hard Bean)

과테말라 커피는 재배고도에 따라 8등급으로 나뉘는데 그중 해발 1,500~1,600m에서 생산된 커피를 가리키는 말.

FJO Sarchi

코스타리카 웨스트 밸리*West Valley*에 속한 사르치*Sarchi* 시에서 생산된 커피. 여기서 '사르치'는 동명의 커피품종에서 따온 이름이다.

GHB (Good Hard Bean)

코스타리카 커피는 재배고도에 따라 8등급으로 나뉘는데 그중 해발 1,100~1,250m에서 생산된 커피를 가리키는 말. 코스타리카 커피 전체 생산량의 약 10%를 차지한다.

God Shot

완벽하게 추출된 에스프레소를 뜻하는 표현.

Grade 1

인도네시아 커피는 결점수에 따라 7등급으로 나뉘는데 그중 생두 300g당 결점두가 11개 이하인 커피를 가리키는 말.

Grade 2

인도네시아 커피는 결점수에 따라 7등급으로 나뉘는데 그중 생두 300g당 결점두가 12-25개인 커피를 가리키는 말.

Grade 3

인도네시아 커피는 결점수에 따라 7등급으로 나뉘는데 그중 생두 300g당 결점두가 26-44개인 커피를 가리키는 말.

Grade 4a

인도네시아 커피는 결점수에 따라 7등급으로 나뉘는데 그중 생두 300g당 결점두가 45-60개인 커피를 가리키는 말.

Grade 4b

인도네시아 커피는 결점수에 따라 7등급으로 나뉘는데 그중 생두 300g당 결점두가 61-80개인 커피를 가리키는 말.

Grade 5

인도네시아 커피는 결점수에 따라 7등급으로 나뉘는데 그중 생두 300g당 결점두가 81-150개인 커피를 가리키는 말.

Grade 6

인도네시아 커피는 결점수에 따라 7등급으로 나뉘는데 그중 생두 300g당 결점두가 151-225개인 커피를 가리키는 말.

GW (Good Washed)

1. 과테말라 커피는 재배고도에 따라 8등급으로 나뉘는데 그중 해발 700m에서 생산된 커피를 가리키는 말.
2. 멕시코 커피는 재배고도에 따라 등급이 나뉘는데 그중 해발 700m 이하에서 생산된 커피를 가리키는 말.

H.F.C 프로세싱 (H.F.C processing)

생두의 후처리 가공법 중 하나로 커피에 없는 천연향을 입혀 새로운 커피향미를 만들어내는 방식이다. 커머셜 커피를 원료로 활용해 커피산업의 지속가능성 문제에 대한 하나의 대안으로 떠오르고 있다.

HB (Hard Bean)

1. 코스타리카 커피는 재배고도에 따라 8등급으로 나뉘는데 그중 해발 800~1,100m에서 생산된 커피를 가리키는 말. 코스타리카 커피 전체 생산량의 약 19%를 차지한다.
2. 과테말라 커피는 재배고도에 따라 8등급으로 나뉘는데 그중 해발 1,200~1,400m에서 생산된 커피를 가리키는 말.

HE (Heavy Ears)

케냐 커피 중 귀 모양과 비슷하게 생긴 생두.

HG (High Grown)

1. 온두라스, 엘살바도르에서 커피의 등급을 재배고도에 따라 나눌 때 해발 1,000~1,500m 또는 900~1,200m에서 생산된 커피를 가리키는 말.
2. 멕시코 커피는 재배고도에 따라 등급이 나뉘는데 그중 해발 1,000~1,600m에서 생산된 커피를 가리키는 말.

HGA (High Grown Atlantic)

코스타리카 커피는 재배고도에 따라 8등급으로 나뉘는데 그중 해발 900~1,200m에서 생산된 커피를 가리키는 말. 코스타리카 커피 전체 생산량의 약 5%를 차지한다.

Increase time

로스팅 과정 중 터닝 포인트 Turnning point에서 1차 크랙 1st crack까지 도달하는 데 걸리는 시간.

K7

1936년 케냐에서 켄트 Kent를 개량해 만든 커피품종. 병충해에 강해 생산성이 좋지만 품질은 낮은 편이다.

KNCU (Kilimanjaro Native Cooperative Union)

탄자니아의 커피 생산자 단체로 아프리카에서 가장 오랜 역사를 지니고 있다. 1930년 찰스 던더스*Charles Dundas*에 의해 설립되었으며, 킬리만자로 지역의 협동조합에서 생산한 커피를 해외로 수출하는 역할을 담당한다. 대표 사무소는 모시*Moshi*에 위치해 있다.

KP423

켄트*Kent* 계열의 커피품종으로 품질과 수확량은 K7과 유사하며 주로 탄자니아에서 많이 재배된다.

LGA (Low Grown Atlantic)

코스타리카 커피는 재배고도에 따라 8등급으로 나뉘는데 그중 해발 200~600m에서 생산된 커피를 가리키는 말. 코스타리카 커피 전체 생산량의 약 39%를 차지한다.

L값 (lightness)

생두의 명도를 나타내는 값.

MC (Machine Cleaned)

페루 커피는 결점수에 따라 4등급으로 나뉘는데 그중 생두 300g당 결점두가 71-100개인 커피를 가리키는 말.

MCM (Machine Cleaned Majorado)

페루 커피는 결점수에 따라 4등급으로 나뉘는데 그중 생두 300g당 결점두가 41-70개인 커피를 가리키는 말.

MGA (Medium Grown Atlantic)

코스타리카 커피는 재배고도에 따라 8등급으로 나뉘는데 그중 해발 600-900m에서 생산된 커피를 가리키는 말. 코스타리카 커피 전체 생산량의 약 8%를 차지한다.

MH/ML

= 음부르니 헤비 Mbruni Heavy,
음부르니 라이트 Mbruni Light

내추럴 방식으로 가공한 케냐 커피 중 미숙하거나 과숙한 생두를 말하며, 품질이 낮아 저가에 거래된다. 선별 직입 시 물에 가라앉는 과숙한 생두는 무겁다는 의미로 'Heavy'의 앞 글자를 따서 MH라 부르며, 물에 뜨는 미숙한 생두는 가볍다는 의미로 'Light'의 앞 글자를 따서 ML이라 부른다. 음브루니 Mbruni는 내추럴 커피에 붙여지는 이름으로, 케냐 커피 전체 생산량의 약 7%를 차지한다.

MHB (Medium Hard Bean)

코스타리카 커피는 재배고도에 따라 8등급으로 나뉘는데 그중 해발 500~1,200m에서 생산된 커피를 가리키는 말. 코스타리카 커피 전체 생산량의 약 14%를 차지한다.

NB 캔 (New Bottle can)

캔과 페트병의 장점을 모아 만든 알루미늄 재질의 용기. 무게가 가볍고 뚜껑이 있어 보관이 용이하다.

No.2

= NY.2

브라질 커피는 결점수에 따라 5등급으로 나뉘는데 그중 생두 300g당 결점두가 4개 이하인 최상급 커피를 가리키는 말.

No.3

= NY.3

브라질 커피는 결점수에 따라 5등급으로 나뉘는데 그중 생두 300g당 결점두가 12개 이하인 커피를 가리키는 말.

No.4

= NY.4

브라질 커피는 결점수에 따라 5등급으로 나뉘는데 그중 생두 300g당 결점두가 26개 이하인 커피를 가리키는 말.

No.5

= NY.5

브라질 커피는 결점수에 따라 5등급으로 나뉘는데 그중 생두 300g당 결점두가 46개 이하인 커피를 가리키는 말.

No.6

= NY.6

브라질 커피는 결점수에 따라 5등급으로 나뉘는데 그중 생두 300g당 결점두가 86개 이하인 커피를 가리키는 말.

OCIA
(Organic Crop Improvement Association)

유기농 커피를 심사하는 미국의 비영리 기관.

O자 긋기

라떼아트의 에칭 기법 중 하나.
에칭 도구를 커피 표면에 1cm가량 담근 상태에서 연속적으로 O자를 그리는 것을 말한다.

P (Pacific)

코스타리카 커피는 재배고도에 따라 8등급으로 나뉘는데 그중 해발 400~1,000m에서 생산된 커피를 가리키는 말. 코스타리카 커피 전체 생산량의 약 1%를 차지한다.

---

pH

= 수소이온 농도 지수

용액의 산성도를 가늠하는 척도.
pH 7은 중성을 뜻하며 7 이상은 알칼리성, 7 이하는 산성이다.
커피는 추출에 사용되는 물의 pH 수치에 따라 맛이 좌우된다.

PID 제어
(Proportional Integral Derivative control)

= 피드백 제어 feedback control

에스프레소 머신의 온도 제어 방식 중 하나.
비례Proportional, 적분Integral, 미분Derivative 동작을 조합하여 설정 값과 실제 값의 편차를 보다 정교하게 조절하는 방식이다. 미세한 온도 변화도 민감하게 감지하여 일정한 온도를 유지할 수 있다.

PSC (Premium Smallholder Coffee)

파푸아뉴기니의 커피 등급 중 하나로 영세농민이 일일이 손으로 수확한 프리미엄 커피를 뜻한다.

PW (Primed Washed)

1. 과테말라 커피는 재배고도에 따라 8등급으로 나뉘는데 그중 해발 600-900m에서 생산된 커피를 가리키는 말.
2. 멕시코 커피는 재배고도에 따라 등급이 나뉘는데 그중 해발 700-1,000m에서 생산된 커피를 가리키는 말.

RTD 커피 (Ready-To-Drink coffee)

바로 마실 수 있게 캔, 컵, 병 등의 형태로 포장한 커피.

S288

커피품종의 하나로 커피나무의 키가 크고 커피녹병에 강하며 수확량이 많고 품질도 좋다. 주로 인도에서 많이 재배된다.

S795

인도에서 개발된 커피품종으로 S288과 켄트*Kent*의
교배육종이다.
아라비카와 리베리카*Liberica*의 자연교배종을 아라비카에
역교배시켜 만든 품종으로 커피녹병에 강하고 조기 수확이
가능하며 주로 인도에서 많이 재배된다.

SCA 커핑 심사관 (SCA cupping judge)

스페셜티커피협회*SCA*의 기준에 따라 스페셜티 커피의 품질을
평가하는 공인 전문가.

SCA 컬러 타일 (SCA color tile)

아그트론*Agtron* 사에서 개발한 색상 측정 도구로, 원두의 로스팅
포인트를 구분하는 데 사용한다.
색도계보다 가격이 저렴하다는 장점이 있지만 육안으로
판별하기 때문에 오차가 발생할 확률이 높다.

SHB (Semi Hard Bean)

과테말라 커피는 재배고도에 따라 8등급으로 나뉘는데 그중
해발 1,200-1,300m에서 생산된 커피를 가리키는 말.

SHB (Strictly Hard Bean)

1. 과테말라 커피는 재배고도에 따라 8등급으로 나뉘는데 그중 해발 1,600~1,700m에서 생산된 커피를 가리키는 말.
2. 코스타리카 커피는 재배고도에 따라 8등급으로 나뉘는데 그중 해발 1,200~1,650m에서 생산된 커피를 가리키는 말. 코스타리카 커피 전체 생산량의 약 40%를 차지한다.

SHG (Strictly High Grown)

1. 온두라스, 엘살바도르에서 커피의 등급을 재배고도에 따라 나눌 때 해발 1,500~2,000m 또는 1,200~2,000m에서 생산된 최상급 커피를 가리키는 말.
2. 멕시코 커피는 재배고도에 따라 등급이 나뉘는데 그중 해발 1,700m 이상에서 생산된 커피를 가리키는 말.

SL-28

1931년 탄자니아에서 케냐로 들어온 내건성 품종의 커피나무에서 선발된 커피품종으로 케냐의 스콧 연구소*Scott Laboratories*에서 처음 개발했다. SL은 스콧 연구소의 이니셜을 딴 이름이며, 28은 일련번호를 기재한 것이다.
버번*Bourbon* 계열의 품종인 SL-28은 커피체리의 표면이 붉은색을 띠고 생두 크기는 평균치보다 훨씬 크다.
블랙 커런트의 풍부한 단맛과 산미가 특징이며 가뭄에 강하고 고지대에서 재배하기에 적합하다.

SL-34

1935년 케냐에서 발견된 버번*Bourbon* 계열의 품종으로 SL-28과 마찬가지로 스콧 연구소*Scott Laboratories*에서 개발했다.
SL-28보다 낮은 고도에서도 잘 자라며 수확량이 높은 편이다.
SL-28처럼 과일향이 나지만 이에 비해 품질은 약간 떨어진다는 평을 받는다.

S자 긋기

라떼아트의 에칭 기법 중 하나.
에칭 도구를 커피 표면에 1cm가량 담근 상태에서 지그재그로 S자를 그리는 것을 말한다.

T

케냐 분류법*Kenyan Grading System*을 기준으로 크기에 따라 등급을 나눴을 때 가장 작고 가벼운 생두.

TT

케냐 분류법*Kenyan Grading System*을 기준으로 크기에 따라 등급을 나눴을 때 AA, AB, E등급에서 제외된 작고 가벼운 생두.

UG (Ungraded)

생산국에서 등급을 측정할 수 없는 커피에 붙이는 명칭.

U.G.Q (Usual Good Quality)

콜롬비아 커피는 생두 크기에 따라 4등급으로 나뉘는데 그중 스크린사이즈*screen size*가 15-16인 커피를 가리키는 말.

UHT 살균
(Ultra High Temperature sterilization)

= 초고온 살균

우유를 130-135℃에서 2초가량 살균하는 방법. UHT 살균을 거친 우유는 열을 가했을 때 우유 성분이 비교적 덜 파괴되어 스팀밀크를 만들기에 적합하다.

USDA 유기농 인증
(United States Department of Agriculture Organic certification)

미국농무부에서 주관하는 유기농 인증 제도.

UTZ 인증 (UTZ certification)

농산물의 재배환경 개선과 지속가능한 생산을 위해 유럽에서 시작된 인증 프로그램. 커피, 차, 코코아 등의 품목을 취급하며 생산 과정이 투명하고 품질이 우수한 제품에 인증마크를 부여한다.

V60

하리오*Hario*에서 개발한 원뿔형 드리퍼로 바닥에 작은 동전 크기의 구멍이 뚫려 있다.
V60는 드리퍼 옆면의 기울기가 60도라는 뜻에서 붙여진 이름이며, 안쪽에는 물의 흐름을 돕는 리브*rib*가 나선형으로 새겨져 있다. 다른 드리퍼에 비해 물빠짐이 원활하고 세 가지 사이즈에 세라믹, 플라스틱, 스테인리스 스틸 재질이 있다.

VAX (Vacuum Aroma Extraction)

네슬레*Nestle* 사가 자체 개발한 인스턴트커피 제조 기법. 커피 향 진공 추출 및 보존 공법이라고도 한다.

VST 필터 바스켓 (VST Precision Filter Basket)

TDS 측정기 모조투고*MOJOTOGO*의 제조사로 알려진
VST 사에서 개발한 새로운 형태의 필터 바스켓. 바스켓 홀*basket hole*의 균일성에 초점을 맞췄으며 일관된 에스프레소 품질과
침전물의 최소화를 지향한다.

WIB (West Indische Bereiding)

인도네시아에서 생산된 로부스타 중 워시드 가공을 거친 커피.

기역

ㄱ

가니쉬 (garnish)

음료나 음식을 완성한 후 식욕을 돋우기 위해 올리는 장식.

가든 커피 (garden coffee)

= 정원 커피

에티오피아의 커피 재배방법 중 하나로, 농가 주변에 커피나무와 다른 작물을 함께 경작하는 형태다. 이렇게 생산한 커피는 에티오피아 커피 전체 생산량의 절반 정도를 차지한다.

가브리엘 드 클리외 (Gabriel de Clieu)

프랑스 왕립식물원에 자라고 있던 커피나무를 카리브해의 작은 화산섬인 마르티니크 Martinique로 옮겨온 프랑스 해군 장교. 이 일을 계기로 커피 재배는 라틴아메리카 전역으로 확산되었다.

가수분해 (hydrolysis)

물이 염과 반응하여 산과 염기로 분해되는 현상 또는 다당류나 단백질 등의 중복합체가 작은 분자로 분해되는 현상을 말한다. 커피에서는 주로 가공 과정에서 파치먼트 parchment를 발효하거나 생두를 로스팅할 때 나타난다.

가스 로스터 (gas roaster)

가스를 열원으로 하는 로스터. 상대적으로 가격 부담이 적고 열량 조절이 용이하다는 장점이 있다.

가스 압력 게이지 (gas pressure gauge)

로스팅 시 가스 압력을 확인할 수 있는 장치.

가스 제거

= 디개싱 degassing

원두에서 이산화탄소와 질소가 빠져나가는 현상.

가스 치환 포장 (gas exchange package)

원두가 공기 중에 산화되는 것을 막기 위해 포장지에
이산화탄소나 질소 같은 불활성 가스를 채워 넣는 포장 방식.

가압 포장 (pressurized package)

가스 치환 포장의 효과를 극대화한 포장방식. 커피 향이 쉽게 빠져나가지 않아 오랫동안 보존할 수 있다는 것이 장점이다. 로스팅이 끝난 후 원두를 바로 포장하면 가스가 방출되어 포장지 내부의 압력이 높아지므로, 이를 견딜 수 있는 알루미늄이나 주석으로 만든 용기를 활용한다.

가압식 (pressed extraction)

분쇄원두에 고온 고압의 물을 통과시켜 커피의 가용 성분을 추출하는 방식. 침출식 커피에 비해 묵직하고 진한 맛을 느낄 수 있으며, 대표적으로 에스프레소와 모카포트가 있다.

가열취 (cooked flavor)

우유를 가열했을 때 나는 냄새.

가요 마운틴 (Gayo Mountain)

인도네시아 수마트라Sumatra 섬의 주요 커피산지 중 하나인 북쪽 아체Aceh 지역의 커피.
해발 1,100-1,800m에 위치한 화산호수 따껭옹Takengon 인근의 가요Gayo 고원에서 그늘 재배하며 12-3월 사이에 수확한다. 만델링Mandheling과 함께 수마트라를 대표하는 커피로 꼽히며 Grade 1등급에 해당된다. 대부분 유기농으로 재배한 공정무역 커피이며 부드러운 바디와 약한 산미, 초콜릿 같은 단맛이 특징이다.

가용성 고형물 (soluble solids)

= 가용성 고형분

커피 추출액에 용해되어 있는 커피의 가용 성분.
생두는 로스팅을 거쳐 카페인, 아미노산, 유기산, 당, 폴리페놀 등의 가용 성분을 생성하며, 이는 크게 물에 녹는 수용성 성분과 물에 녹지 않는 불용성 성분으로 나뉜다. 커피에 추출된 가용 성분의 양이 많을수록 향미의 농도가 진해진다.

가죽 냄새 (hidy)

커피에서 소기름 냄새나 가죽 냄새가 나는 것을 뜻하는 향미 평가 용어.
커피체리나 파치먼트parchment를 너무 높은 온도에서 인공적으로 건조시키면 커피의 지방 성분이 분해되면서 이러한 결점이 발생한다.

가지치기 (pruning)

= 전정

커피나무의 영양분이 가지에만 집중되면 열매를 잘 맺지 못할 뿐더러 나뭇가지의 길이가 10-15m 이상 자라면 수확과 관리가 어려워지기 때문에 5-7년에 한 번씩 가지치기를 해시 길이를 알맞게 조절해줘야 한다.
커피나무의 성장 속도에 맞춰 제때 가지치기를 하면 새로운 싹이 돋아나 수확량도 높일 수 있다. 잘라낸 가지의 단면을 보면 커피나무의 수령을 가늠해볼 수도 있다.

각성효과

커피에 함유된 카페인은 알칼로이드 *alkaloid* 성분이 깨어있는 상태를 유지하게 한다. 하지만 카페인을 다량 섭취하면 심장의 교감신경 수용체가 흥분하여 가슴이 두근거리고 고혈압을 유발할 수 있다.

간격식 분쇄 (gap grinding)

= 간극식 분쇄

그라인더의 분쇄 원리 중 하나로, 두 개의 날을 이용해 원두를 분쇄하는 방식이다.
날 사이의 간격에 따라 분쇄도가 결정되며, 충격식 분쇄에 비해 가격은 비싸지만 분쇄원두의 입자가 고르고 세밀한 분쇄도 조절이 가능해 대부분의 상업용 그라인더가 택하고 있는 방식이다. 크게 버*burr* 그라인더와 롤*roll* 그라인더로 나뉘며, 버 그라인더는 다시 코니컬*conical* 버와 플랫*flat* 버로 나뉜다.

간접 가열식 (indirect water heater)

에스프레소 머신의 보일러 작동 원리 중 하나.
추출수가 보일러 내부의 열교환기를 순환하면서 간접 가열되는 방식이다.

갈변 반응 (browning reaction)

생두가 원두로 로스팅되면서 갈색으로 변하는 현상.
캐러멜화, 메일라드 반응 등의 화학반응에 의해 일어나며 이 과정에서 슈가브라우닝 *sugar browning* 계열의 견과류, 초콜릿, 캐러멜 향이 생성된다.

감귤류

= 시트러스 citrus

오렌지, 자몽, 레몬, 라임 등의 감귤류 과일을 통칭하는 말.
커피에서는 시트러스 계열 과일의 상큼하고 향긋한 향이 느껴질 때 이 표현을 쓴다.

강한 (strong)

강한 맛을 표현할 때 쓰는 말.

거트리지 커피하우스 (Gutteridge Coffeehouse)

1670년 보스턴에 문을 연 미국 최초의 커피숍.

건류 반응 (dry reaction)

로스팅 시 생두의 섬유질이 열에 반응하면서 수분이 빠져나가는 현상.
이 과정에서 드라이디스틸레이션 *dry distillation* 계열의 송진, 향신료, 카본향 *carbony*이 생성된다.

건조 (drying)

로스팅의 3단계인 건조, 열분해, 냉각 중 첫 번째에 해당하는 단계.
생두는 투입 후 터닝 포인트 *Turning point*가 끝나면 본격적으로 열을 흡수하면서 온도가 서서히 상승하는데, 이 과정에서 수분이 증발하고 무게가 감소하며 다양한 화학변화가 일어나는 것을 건조라고 한다.

게오르그 콜쉬츠키 (Georg Kolschitzky)

1683년 비엔나에 처음으로 커피하우스의 문을 연 인물.

게이샤 (Geisha)

= 게샤 Gesha

에티오피아가 원산지인 아라비카 품종 중 하나로 코스타리카를 통해 파나마로 유입된 후 경이로운 가격에 낙찰되어 유명세를 치렀다. 주로 라틴아메리카에서 재배되며 플로럴floral 계열의 화려한 향미가 특징이다.

견과류 (nutty)

커피에서 땅콩, 아몬드, 헤이즐넛, 캐슈넛, 호두 등의 고소한 향이 느껴지는 것을 뜻하는 향미 평가 용어.

결점 계수

결점두의 종류에 따라 적용되는 가중치.
커피 등급 구분에 필요한 결점수는 생두 300g에 들어있는 결점두 수에 유형별 결점 계수를 곱해 환산한다.

결점두

= 결점, 디펙트 defect, 디펙트 빈 defect bean

1. 해충에 의해 손상되었거나 가공, 보관 과정에서 결함이 생겨 품질이 저하된 생두.
2. 커피향미에 나쁜 영향을 주는 부정적 요소.

결점수

생두 300g에 들어있는 결점두 수에 각 종류의 결점두에 해당하는 결점 계수를 곱해 환산한 점수. 커피 등급 구분에 중요한 지표로 사용된다.

경도 (hardness)

물에 함유된 칼슘과 마그네슘의 함량을 나타낸 수치. 경도가 높은 물은 센물 또는 경수, 경도가 낮은 물은 단물 또는 연수라고 한다. 경도 1이 1mg/L라고 했을 때 커피 추출에 적합한 물의 경도는 약 68mg/L이며, 경도가 높은 물로 추출했을 때는 쓴맛이, 경도가 낮은 물로 추출했을 때는 산미가 두드러지는 편이다.

경수 (hard water)

미네랄이 많이 포함되어 있는 경도가 높은 물.
커피 추출의 경우 경수를 사용하면 커피의 가용 성분이
용해되는 속도가 느려질 수 있으므로 연수기를 사용해 경도를
적정 수준으로 맞추는 것이 바람직하다.

계량스푼 (measuring spoon)

재료를 일정한 양만큼 계량할 때 사용하는 스푼.
정확하고 균일한 커피 추출을 위해 반드시 필요한 도구이며
용량별로 다양한 사이즈가 있다.

계량저울 (scale)

재료의 양을 정확히 측정하기 위해 사용하는 저울.
정확하고 균일한 커피 추출을 위해 반드시 필요한 도구이며,
최근에는 스마트폰과 컴퓨터를 연동해 실시간으로 추출 흐름을
파악하고, 데이터를 기록, 분석할 수 있는 스마트 저울도 널리
쓰이고 있다.

계량컵 (measuring cup)

액체의 양을 재는 데 사용하는 눈금이 그려진 컵.

고노 (Kono)

1925년 일본에서 개발된 원뿔형 드리퍼로 바닥에 큰 추출구가 하나 있으며, 드리퍼 옆면의 경사가 가파르고 안쪽에 새겨진 리브rib는 길이가 짧은 편이다.
이러한 구조적 특성 때문에 고노는, 다른 드리퍼에 비해 추출속도가 빠르고 과소 추출의 위험이 있어 뜸을 충분히 들이고 물을 일정한 간격으로 조금씩 붓는 방식을 주로 사용한다. 덕분에 중후함과 감칠맛이 살아있는 커피를 즐길 수 있으며, 사이즈는 1-2인용과 3-4인용이 있고 색상도 다양하다.

고도 (Gothot)

1899년 독일에서 시작된 로스터 브랜드로, 1976년 프로바트$Probat$의 계열사로 편입되었지만 지금까지도 빈티지 로스터의 대명사로 불리며 꾸준한 인기를 누리고 있다.

고로카 (Goroka)

파푸아뉴기니의 커피산지이자 문화적 중심지로 매년 5월 파푸아뉴기니 커피축제를 개최한다.

고메 커피 (gourmet coffee)

= 구르메 커피

불어로 미식가를 뜻하는 단어인 'gourmet'에서 유래한 말로 미식가들이 즐겨 마시는 고급커피를 뜻한다.
현재는 주로 고메 커피라는 표현 대신 스페셜티 커피라는 표현을 사용하는 추세다.

고무 냄새 (rubbery)

커피에서 고무 탄내가 나는 것을 뜻하는 향미 평가 용어.
커피체리를 제때 수확하지 못해 발생한 효소작용에 의해 생기거나 아프리카산 로부스타가 내추럴 프로세스를 거치는 과정에서 잘못 건조되어 생긴다.

고온 단시간 로스팅 (High Temperature Short Time, HTST)

= 패스트 로스팅 fast roasting, 퀵 로스팅 quick roasting

높은 온도에서 짧은 시간 로스팅을 진행하는 방식.
화학반응이 빠르게 일어나 생두 내부의 압력이 급격히 상승하며 상대적으로 원두의 팽창도가 크고 밀도가 낮은 것이 특징이다.
산미와 바디가 높고 쓴맛은 낮으며 추출 시 커피의 가용 성분이 많이 빠져나오는 편이다.

고온 살균
(High Temperature Short Time pasteurization)

우유를 약 72℃에서 15초가량 살균하는 방법. 우유의 좋은 성분이 일부 변성을 일으키긴 하지만 저온 살균보다 시간과 비용이 적게 들고 살균 효과가 높아 유통기한이 길다는 장점이 있다.

골든 브리아 (Golden Bria)

= 난카 Nanka

인도네시아에서 자라는 커피나무의 한 종류.
일반적인 커피나무의 수령이 30년인 데 반해 골든 브리아는 100년에서 최대 200년까지 수확이 가능하며 평균보다 잎은 3배, 열매는 1.5배 정도 더 크다. 그에 비해 생두 크기가 매우 작고 극히 소량만 생산되어 희소성이 높다. 여느 아라비카 커피와 다른 독특한 맛을 지니고 있다.

골든컵 (Golden Cup)

= Ideal Optimum Balance

추출수율과 농도의 이상적인 비율을 나타낸 개념.
나라마다 선호하는 커피 취향이 다르기 때문에 골든컵의 기준도 차이가 있다. 보통 유럽스페셜티커피협회SCAE 기준으로는 추출수율 18~22%, 농도 1.2~1.45%를, 미국스페셜티커피협회SCAA 기준으로는 추출수율 18~22%, 농도 1.15~1.35%를 골든컵이라고 지칭한다.

곰팡이 냄새 (musty)

= moldy

커피에서 곰팡이 냄새가 나는 것을 뜻하는 향미 평가 용어. 커피체리나 파치먼트*parchment*를 건조하는 과정에서 주변의 곰팡이 냄새를 흡수하거나 내부에 곰팡이가 생겼을 때 발생한다.

곰팡이두

= 펑거스 빈 (fungus bean)

생두를 수확 후 보관하는 과정에서 온도 및 습도 조절이 잘못되어 곰팡이가 생긴 결점두. 표면은 노란색이나 적갈색을 띠며 로스팅을 하면 불쾌한 향이 난다.

공극면

로스팅 과정에서 생긴 생두 표면의 균열. 생두 내부의 수분과 가스가 외부로 빠져나가는 부분이다.

공기주입 (aerial pressurizing)

우유에 공기를 주입해 거품을 만드는 과정.

공랭식 (air cooling)

제빙기의 작동 원리 중 하나로 공기의 흐름을 이용한 냉각 방법이다.

공정무역 커피 (fair trade coffee)

= 공정거래 커피

커피 거래가격의 기준선을 정하고 중간 유통 과정을 줄여 커피 생산자의 정당한 수익을 보장하는 커피 거래방식. 1997년 국제공정무역 기구가 설립되고 2002년 공정무역 인증 제도가 시행됨에 따라 합리적인 가격으로 커피를 구입할 수 있게 됐다. 1988년 네덜란드의 막스 하벌라르*Max Havelaar*에 의해 처음 시작됐으며 직거래, 지역공동체 발전, 환경보호, 지속가능한 생산을 지향한다.

과나카스테 (Guanacaste)

코스타리카의 주요 커피산지 중 하나. 이곳의 농장들은 대부분 화산지대나 과나카스테 산맥의 서늘한 지역에 위치해 있으며 지속가능한 생산을 원칙으로 한다.
재배고도가 낮아 고품질 커피는 흔치 않지만 농장이 많이 밀집되어 있어 생산 규모는 꽤 큰 편이다.

과다 추출 (over extraction)

커피 추출 시 추출속도가 지나치게 느리면 커피의 가용 성분이 과도하게 많이 빠져나와 쓰고 자극적인 맛이 나는데, 이를 과다 추출이라고 한다.

과립커피

= 그래뉼 커피 granule coffee

영어로 작은 알갱이를 뜻하는 'granule'의 사전적 의미 그대로 입자가 가루가 아닌 알갱이로 된 커피를 말한다.
분무 건조 커피 *Spray Dried coffee*를 미세한 분말로 분쇄한 후 수증기를 분사해 과립화하는 방식으로 제조하며, 찬물에도 잘 녹는다는 것이 특징이다.

과발효

= 오버 퍼먼티드 over fermented

커피체리가 너무 익거나 적절하지 않은 온도와 습도에서 건조됐을 때, 혹은 발효 과정에서 미생물에 의해 변질됐을 때 나타나는 결점.
보통 불쾌한 신맛이 나며, 커피향미에 큰 영향을 미치는 요소지만 개인에 따라 결점이냐 아니냐를 두고 의견이 분분하다. 이는 서로 다른 문화적 배경으로 인해 발생한 문제로, 과발효 커피를 접해본 경험이 많은 사람은 그 차이를 명확히 인지한다.

과소 추출 (under extraction)

커피 추출 시 추출속도가 지나치게 빠르면 커피의 가용 성분이 충분히 빠져나오지 못해 떫고 밍밍한 맛이 나는데, 이를 과소 추출이라고 한다.

과열 방지기 (contact thermostat)

에스프레소 머신의 부품 중 하나. 보일러의 압력 센서와 열 센서가 고장나거나 보일러 내부에 물이 없는 상태에서 히팅코일이 가열됐을 때 전원 공급을 자동으로 차단하는 장치다.

과육

= 펄프 pulp, 중과피

커피체리에서 파치먼트parchment를 둘러싸고 있는 부분.

과일향

= 프루티 fruity

커피에서 과일향이 나는 것을 뜻하는 향미 평가 용어.

과잉결실 (over bearing)

커피나무에 너무 많은 열매가 열려 줄기가 영양분을 제대로 공급받지 못하고 말라 죽는 현상.

과테말라 (Guatemala)

세계 주요 커피 생산국 중 하나. 과테말라에 처음 커피가 소개된 시기는 1750년대로 추정되며 본격적인 생산은 1800년대에 시작되었다.
주로 재배되는 품종은 아라비카이며 다른 국가에 비해 재배 지역이 비교적 잘 구분되어 있어 커피의 이력을 추적하기가 용이하다. 또한 전 인구의 약 25%가 커피산업에 종사하며 총 수출액의 30%가량을 커피가 차지하고 있기 때문에 우수한 품질의 커피를 생산하기 위한 정책적인 노력도 활발하게 이루어지고 있다. 대표적인 커피산지로는 아카테낭고Acatenango, 안티구아Antigua, 아티틀란Atitlan, 코반Coban, 프라이하네스Fraijanes, 우에우에테낭고Huehuetenango, 뉴 오리엔테New Oriente, 산 마르코스San Marcos 등이 있다.

관능평가 (sensory evaluation)

감각을 이용해 커피향미를 평가하는 작업.

관통식 보일러

= 일체형 보일러

단일형 보일러의 일종으로 열교환기가 보일러 내부를 관통하는 방식이다.
열교환기를 순환하며 가열된 온수와 그룹헤드로 연결된 직수를 혼합하여 추출수로 사용한다.

교반 (agitation)

로스팅 시 균일한 결과물을 얻기 위해서는 원두에 열이 골고루 전달될 수 있도록 회전시키는 교반 작업을 해야 한다.

교반기 (agitator)

로스팅 시 교반 작업을 담당하는 로스터의 한 부분.

교반날개

로스터 드럼 내부의 교반기에 부착된 날개.

구연산

= 시트릭산 citric acid

유기산의 일종으로 레몬, 오렌지 등의 시트러스 계열 과일에 들어있다.
식물의 광합성을 통해 생성되며 커피에 포함된 구연산은 새콤달콤한 맛을 더하는 역할을 한다.

국제커피기구
(International Coffee Organization, ICO)

커피 교역에 관한 국제적 협조 체제를 구축하기 위해 커피 수출입국이 모여 만든 정부 간 기구. UN의 주도 하에 1962년 뉴욕에서 체결된 국제커피협정*ICA*에 따라 1963년 런던에서 출범했다. 커피 생산국과 소비국 간의 분쟁을 예방하고 개발도상국의 빈곤을 줄이고자 공정거래 준수, 커피품질 향상, 각종 통계조사를 통한 시장 투명성 제고 등 다양한 활동을 펼치고 있다.

국제커피위원회
(International Coffee Council, ICC)

국제커피기구*ICO*의 최고 의사결정 기구. 각 회원국의 대표자들로 구성된 평의회가 매년 3월과 9월에 개최된다.

국제커피협정
(International Coffee Agreement, ICA)

1962년 뉴욕에서 개최된 국제연합커피회의에서 커피 수요와 공급의 균형을 맞추고 가격 안정화를 도모하기 위해 세계 커피 생산국과 수입국 사이에 체결한 커피협정이다.

굴미 (Gulmi)

네팔의 수도 카트만두Kathmandu에서 300km가량 떨어진 곳에 위치한 서부 산악 지역의 커피산지.
네팔에서 처음 커피나무를 경작한 곳이며, 특히 유기농 공정무역 커피를 생산하는 것으로 잘 알려져 있다. 커피는 해발 1,500~2,000m에서 재배하고 1-3월 사이에 수확한다. 주요 품종은 아라비카와 로부스타의 자연교배종이며, 고소하고 씁쌀한 맛이 특징이다.

굴절계 (refractometer)

빛의 굴절률을 이용한 밀도 측정기.
커피의 농도인 TDS 수치를 잴 때 사용한다.

굿 컵 (Good Cup, GC)

브라질 커피 중 수확 후 바닥에 떨어진 커피나 수확기가 끝나고 열린 커피에 매기는 등급.

그라운드 빈 (ground bean)

= 분쇄 원두

생두를 로스팅한 후 분쇄한 상태의 커피.

그라인더 (grinder)

원두를 분쇄하는 기계. 간격식이나 충격식 원리로 작동한다.

그라인딩 (grinding)

= 분쇄

로스팅한 원두를 잘게 부숴 추출 시 커피의 가용 성분이 원활하게 빠져나올 수 있도록 표면적을 늘리는 작업.

그레이딩 (grading)

= 등급 구분

가공이 끝난 생두를 크기나 밀도, 재배고도, 결점수 등으로 분류하여 등급을 매기는 과정.

그레인프로 (Grainpro)

= 그레인프로 백 Grainpro bag

생두를 주트백jute bag에 넣기 전 이중 포장을 할 때 사용하는 녹색 비닐.
그레인프로Grainpro 사에서 개발한 폴리에틸렌 소재의 곡물 보관용 비닐 백으로, 5겹으로 되어 있어 외부 유해물질을 효과적으로 차단한다. 비닐 내부의 산소가 이산화탄소로 바뀌면서 미생물의 번식을 억제하기 때문에 생두의 신선도를 장기간 유지할 수 있다.

그루밍 (grooming)

에스프레소를 추출하기에 앞서 분쇄원두를 포터필터에 담고 손가락으로 표면을 고르게 만들어주는 작업.
에스프레소 추출 시 추출수가 분쇄원두를 골고루 적셔 커피성분을 균일하게 추출할 수 있도록 돕는 역할을 한다.

그룹 (group)

에스프레소 머신에서 포터필터를 장착하는 부분인 그룹헤드grouphead의 줄임 말.

그룹 가스켓 (group gasket)

에스프레소 머신의 부품 중 하나. 에스프레소 추출 시 고온 고압의 추출수가 새지 않게 막아주는 역할을 한다. 고무 재질로 되어 있어 일 년이나 6개월에 한 번씩 정기적으로 교체해주지 않으면 그룹헤드와 포터필터 사이에 누수가 발생할 위험이 크다.

그룹 보일러 (group boiler)

독립형 에스프레소 머신의 그룹헤드에 내장돼 있는 보일러. 스팀과 온수를 만드는 부품인 메인 보일러와 관계없이 그룹별로 각각 다른 온도의 추출수를 만들어낸다.

그룹 스페이스 (group space)

= 샤워 헤드 shower head, 디퓨저 difuser

에스프레스 머신의 부품 중 하나. 그룹헤드의 샤워 스크린이 장착되어 있는 부분으로 디퓨저라고도 하며 일체형과 분리형이 있다.

그룹헤드 (grouphead)

에스프레소 머신에서 포터필터를 장착하는 부분으로 분쇄원두와 추출수가 만나 추출이 이루어지는 지점이다. 에스프레소를 추출하는 방식은 그룹헤드의 형태와 구조마다 조금씩 다르기 때문에 그룹헤드는 머신의 개성이 가장 잘 드러나는 부뷰이라고 볼 수 있다. 그룹헤드는 개수에 따라 1그룹, 2그룹, 3그룹, 4그룹 등으로 나뉘며 크기는 지름이 54-58mm다. 추출 시 열손실을 막는 온도 제어 시스템이 그룹헤드 성능의 핵심이며, 분쇄원두와 샤워 스크린 사이의 간격은 인퓨전*infusion* 공간으로 활용된다.

그린 커피 그레이딩 (green coffee grading)

스페셜티커피협회SCA에서 시행하는 큐그레이더 시험 과목 중 하나로, 생두 외관 검사를 통해 커피의 등급을 구분하는 작업이다.
총 세 가지 생두 350g에 들어있는 결점두를 선별하고 결점수를 합산해 등급을 부여하는 방식으로 진행된다. 결점두의 종류와 특성을 이해하고 커피향미에 미치는 영향을 파악하는 데 목적을 둔다.

그린빈 바이어 (green bean buyer)

생두를 구매하는 일을 하는 사람. 최근에는 그 의미가 확대되어 커피 생산국과 소비국 사이의 소통을 주도하며 지속적인 관계를 유지하는 역할로 주목받고 있다. 이전에는 단순히 뛰어난 커핑 실력을 바탕으로 맛있고 좋은 생두를 사오는 것이 그린빈 바이어의 목적이었다면, 이제는 산지의 농장, 농부와 장기적이고 긴밀한 관계를 맺기 위해 구매 과정 전반에 걸쳐 계획을 세우고, 거래 이후에 피드백을 주고받는 것으로까지 영역이 확장됐다.

글루타민산 (glutamic acid)

= 글루탐산

산성을 띠는 아미노산의 한 종류로 커피에 포함된 글루타민산은 로스팅 시 분해되어 감칠맛을 더한다.

금속필터 (metal filter)

금속 재질의 필터를 일컫는 말. 대표적으로 프렌치프레스와 모카포트를 들 수 있지만 에어로프레스나 사이폰, 콘 필터 *Kone filter*와 같은 추출도구에도 사용된다. 종이필터나 천필터에 비해 미분과 오일이 많이 빠져나와 커피향미가 진하고 바디도 높은 편이다. 반영구적으로 쓸 수 있다는 장점이 있지만 늘 청결하게 관리해야 하는 번거로움이 있다.

급속냉각 (quick chilling)

= 프레쉬 칠 fresh chill

얼음 위에 바로 드립 커피를 내려 아이스 커피를 만드는 방법. 얼음이 커피에 의해 녹으면서 알맞은 농도로 희석되어 빠르고 간편하게 아이스 커피를 만들 수 있다. 드립 커피의 맛과 향이 그대로 살아있다는 점이 장점이다.

기계 건조 (mechanical drying)

파치먼트 parchment를 기계에 넣고 저온의 열풍으로 건조하는 방식. 주로 대량 생산을 하는 농장에서 균일한 품질관리를 위해 사용한다.
커다란 수평 드럼이나 수직으로 된 타워형 드럼에 파치먼트를 넣고 수분함량이 10~13%가 될 때까지 건조한다. 기계 건조에는 기계만 사용하는 단일 방식과 햇볕에서 먼저 수분함량이 20% 이하가 될 때까지 말린 다음, 기계를 사용해 마무리하는 복합 방식이 있다.

기계수확 (mechanical harvesting)

커피체리를 기계로 수확하는 방법. 브라질에서 처음 시작됐으며 핸드피킹 hand picking이나 스트리핑 stripping과 같은 수확방식에 비해 비용이 적게 든다. 경작지가 평평하고 커피나무 사이의 간격이 넓은 곳, 혹은 임금이 비싸거나 노동력이 부족한 곳에서 주로 사용한다.
기계가 커피나무를 따라 이동하면서 유리섬유나 나일론으로 된 막대로 나무에 진동을 주어 익은 열매만 떨어뜨리는 원리다. 커피나무의 높이와 간격에 따라 설정을 조절할 수 있으며, 떨어진 열매는 한데 모은 후 압축공기를 분사시켜 잔가지나 나뭇잎 등의 이물질을 제거한다. 하지만 커피체리가 아무런 구분 없이 한꺼번에 수확되어 추가적으로 선별 작업을 거쳐야 한다. 또한 열매의 성숙도가 균일하지 않아 커피의 품질이 떨어진다는 단점이 있다.

길링 바사 (Giling Basah)

= 웻 헐링 wet hulling

인도네시아의 전통적인 커피 가공방식. 워시드 프로세스와 내추럴 프로세스를 결합한 일종의 세미 워시드 프로세스로 볼 수 있다. 수확한 커피체리의 과육과 점액질을 제거하고 수분함량이 30-40%가 될 때까지 건조한 다음 파치먼트 parchment를 벗겨내는 탈곡 과정을 거쳐 한 번 더 햇볕에 말린다. 다른 가공방식에 비해 건조 기간이 짧아 비가 많이 오는 지역에서도 적용할 수 있으며, 발효 과정이 생략되어 과도한 물 낭비와 폐수로 인한 환경 오염을 막을 수 있다는 것이 장점이다. 길링 바사를 거친 생두는 선명한 진녹색을 띠며, 나무, 허브, 곰팡이, 흙 등을 연상시키는 특유의 강렬하고 다양한 향미가 인상적이다. 전체적으로 바디와 밸런스가 좋지만 품질 편차가 크고 맛에 대해 호불호가 갈린다.

김빠진 (vapid)

커피 향이 약하고 맛이 밋밋한 것을 뜻하는 향미 평가 용어. 로스팅 후 나타나는 결점으로 생두의 유기물질이 소실되어 발생한다.

깔때기 (funnel)

에어로프레스의 부품 중 하나로 깔때기를 이용하면 체임버chamber에 분쇄원두를 흘리지 않고 깔끔하게 담을 수 있다.

깔루아 (Kahlua)

커피, 데킬라, 설탕으로 만든 멕시코산 커피 리큐어.

껍질 (hull)

= 허스크 husk

결점두의 종류 중 하나로 짙은 색을 띠는 마른 펄프 조각을 말한다. 가공 과정에서 탈곡, 선별이 잘못되어 생긴다.

꼭두서니과 (Rubiaceae)

쌍떡잎식물 꼭두서니목의 한 과. 커피품종이 속한 코페아속 *Coffea*도 꼭두서니과 식물로 분류된다.

꽃향기 (flowery)

> = 플로럴 floral, 블로썸 blossom

커피에서 꽃향기가 나는 것을 뜻하는 향미 평가 용어.

니은

ㄴ

나리뇨 (Nariño)

콜롬비아 서남부에 위치한 커피산지. 고도가 높은 지역임에도 적도에 가까워 커피 재배에 적합한 최적의 기후를 갖추고 있다. 커피 생산자는 대부분 영세농민이지만 오래전부터 협동조합의 형태로 콜롬비아커피생산자협회*FNC*와 교류하며 복합적인 향미를 지닌 뛰어난 품질의 아라비카를 생산해왔다. 커피는 해발 1,500~2,300m에서 그늘 재배하며 4~6월 사이에 수확한다.

ㄴ

나무맛 (woody)

커피에서 불쾌한 나무맛이 느껴지는 것을 뜻하는 향미 평가 용어. 생두를 수년에 걸쳐 장기간 보관하면 유기화합물이 소실되면서 이러한 결점이 발생한다.

나인티플러스 (Ninety Plus)

= 90+

스페셜티커피협회*SCA*의 커핑 시트를 기준으로 90점 이상의 커핑 점수를 받은 커피만 취급하는 스페셜티 커피 전문업체.

낙과 (fallen fruit)

땅에 떨어진 커피체리를 이르는 말.
어떤 농장에서는 커피체리의 성숙도와 관계없이 낙과도 전부 수확하지만, 이는 커피품질을 떨어뜨리는 요소다. 낙과가 생기는 것은 어쩔 수 없지만 오래 방치해두면 커피열매 천공충과 같은 심각한 골칫거리를 낳을 수 있다.

낙차

라떼아트를 할 때 커피 표면과 스팀피처 사이의 거리를 흔히 낙차라고 한다. 낙차가 클수록 스팀밀크가 에스프레소 크레마 *crema*를 뚫고 들어가는 힘이 세진다.

내추럴 프로세스 (natural process)

= 비수세식, 언워시드 unwashed,
　 건식, 드라이 프로세스 dry process

수확한 커피체리를 파티오 *patio*에 펼쳐 놓고 햇볕에 건조하는 가공방식. 물 공급이 어렵고 넓은 평지가 있는 곳에서 주로 사용한다.
좋은 내추럴 커피는 껍질과 과육의 성분이 그대로 생두에 흡수되어 단맛과 바디가 풍부하며 수분 함량이 낮아 워시드 커피에 비해 비교적 로스팅이 수월한 편이다.

냉각 (cooling)

로스팅의 3단계인 건조, 열분해, 냉각 중 마지막에 해당하는 단계.
원두의 로스팅 포인트가 원하는 지점에 도달했을 때 밖으로 내보내는 것을 냉각이라고 한다. 냉각 단계에서는 원두를 제때 배출하여 최대한 신속히 식혀주어야 잠열에 의해 로스팅이 계속 진행되는 것을 방지할 수 있다.

냉각판 (cooling pan)

= 쿨링 트레이 cooling tray

로스팅이 끝나고 원두를 배출하는 부분.
로스터 하단에 위치해 있으며 차가운 공기를 순환시키거나 물을 분사시키는 방법으로 열을 식힌다.

냉해 (cold damage)

저온 현상이 지속되어 농작물의 성장과 수확에 피해를 끼치는 재해.
커피는 대부분 열대나 아열대 기후에서 재배되지만 계절에 따라 냉해를 입기도 한다. 냉해를 입은 커피나무는 잎과 가지가 마르는 것은 물론 심한 경우 아예 죽어버릴 수도 있다. 냉해는 다음해 작황에 치명적일 뿐 아니라 회복하는 데도 오랜 시간이 걸린다.

넉박스 (knock box)

에스프레소를 추출하고 남은 찌꺼기를 모아두는 통.

노르딕 로스팅 (Nordic roasting)

= 북유럽 로스팅

생두를 가볍게 로스팅하는 방식. 북유럽에서 시작되어 노르딕 로스팅이라고 불린다.
생두를 고열에 장시간 로스팅하면 자칫 사라져 버릴 수도 있는 꽃향기와 밝고 선명한 감귤류 과일의 뉘앙스를 최대한 살리는 것이 특징이다.

노즈 (nose)

커피를 마실 때 코에서 느껴지는 향.

녹색을 띤 (greenish)

국제표준기구 *ISO*에서 정한 5단계의 생두 색상 중 하나. 주로 수확, 가공 후 1년이 경과한 패스트 크롭 *past crop*에서 나타나는 컬러.

논커피 (non-coffee)

= 베버리지 beverage

커피가 들어가지 않은 음료. 흔히 커피 이외의 메뉴를 말한다.

농도 (strength)

커피 추출액에 용해된 커피 고형분과 물의 비율로 커피성분의 양을 나타내는 수치. 일반적으로 커피는 1.3-1.5%의 커피 고형분과 물로 구성되어 있다. 에스프레소의 경우 커피성분의 비율이 8-12%이며 농도도 더 진하다.

누르스름한 (yellowish)

국제표준기구*ISO*에서 정한 5단계의 생두 색상 중 하나. 주로 수확, 가공 후 2년이 경과한 올드 크롭*old crop*에서 나타나는 컬러다.

뉴 크롭 (new crop)

수확한 지 1년 미만인 생두.
짙은 녹색을 띠며 커피의 향미 성분이 풍부하고 수분 함량이 높아 로스팅 시 열전달이 빠르게 이루어진다. 생두는 두 해에 걸쳐 생산되는 경우가 많기 때문에 예를 들어 2017년부터 2018년까지 수확한 커피는 17-18로 표기한다.

뉴트럴 (neutral)

커피의 개성이 약한 것을 뜻하는 향미 평가 용어.

니에리 (Nyeri)

케냐 중부에 위치한 커피산지. 붉은 토양에서 고품질의 커피를 생산하며 화려하고 풍부한 향미가 특징이다. 니에리의 커피나무는 일 년에 두 번 수확하는데, 주 수확기인 10월-12월 사이에 수확한 열매를 으뜸으로 친다.

니카라과 (Nicaragua)

세계 주요 커피 생산국 중 하나. 1790년 가톨릭 선교사들에 의해 처음 커피가 들어왔으며 1840년부터 1940년까지 약 100년 동안은 '커피 호황기'라 불릴 만큼 커피 수출이 국가 경제에 큰 영향을 미쳤다.
1990년대 말 국제 커피가격이 폭락함에 따라 양보다 질에 초점을 맞춘 커피 생산이 증가했으며, 주로 카투라Caturra, 버번Bourbon 품종의 커피를 재배하고 있다. 니카라과는 태평양 연안을 중심으로 화산지대가 형성돼 있고 내륙에 큰 호수가 있어 비옥한 토지와 쾌적한 기후가 커피 재배에 유리한 환경을 조성한다. 대표적인 커피산지로는 누에바 세고비아Nueva Segovia, 히노테가Jinotega, 마타갈파Matagalpa 등이 있으며 등급은 재배고도에 따라 나뉜다.

ㄷ

다공화

로스팅 시 생두가 팽창하면서 표면에 기공이 생기는 현상.

다이렉트 트레이드 (direct trade)

= 직거래

중간 상인을 거치지 않고 커피산지의 생산자와 직접 커피를 거래하는 방식. 최근 들어 고품질 커피에 대한 수요가 증가하면서 다이렉트 트레이드를 통해 다양한 생두를 구비하려는 움직임이 활발해지고 있다.

다이얼링 (dialing in)

커피성분이 적절하게 추출되어 최적의 커피 맛을 구현할 수 있도록 원두의 분쇄도를 맞추는 작업.

다크 로스팅 (dark roasting)

= 강배전

로스팅 레벨 중 2차 크랙 2nd crack이 지난 시점으로, 쓴맛과 바디는 뛰어나지만 생두 고유의 특징적인 향미는 거의 남아있지 않다. 프렌치 로스팅 French roasting과 이탈리안 로스팅 Italian roasting이 다크 로스팅에 해당된다.

단맛

= 스위트니스 sweetness

커피에서 느껴지는 단맛을 평가하는 항목. 산미, 바디, 플레이버, 애프터테이스트 등 다른 평가 요소에 긍정적인 영향을 미친다.

단일형 보일러

= 싱글 보일러 single boiler

보일러 하나로 스팀, 온수, 추출수를 만들어내는 방식. 고장이 적고 가격도 저렴해 상당수의 에스프레소 머신에서 택하고 있는 보일러 방식이다. 열교환기의 형태에 따라 관통식, 침출식, 스팀가열식으로 나뉜다.

달임식 (decoction)

주전자에 분쇄원두와 물을 넣고 끓여 커피를 추출하는 방식. 터키식 커피가 대표적이다.

대류열 (convection heat)

로스팅에 사용되는 열의 유형 중 하나. 열원에 의해 달궈진 드럼 안의 공기를 통해 생두에 열이 전달되는 것을 말한다.
대류열은 전도열보다 생두 내부로 침투하려는 성질이 강해 열전달이 균일하게 이루어진다. 로스터에서는 댐퍼가 대류열의 흐름을 통제하여 커피향미를 조절하는 역할을 한다.

댐퍼 (damper)

로스팅 시 드럼에 유입되는 공기의 흐름과 열량을 조절하는 장치.
보통 배기관에 장착되어 있으며, 댐퍼를 열면 내부 공기가 밖으로 배출되어 온도가 올라가고, 댐퍼를 닫으면 외부 공기가 안으로 유입되어 온도가 내려간다. 댐퍼를 열고 닫는 정도와 타이밍에 따라 커피향미가 달라지므로 원하는 맛을 구현하기 위해선 세밀한 댐퍼 조작이 필요하다.

더 킹스 암스 (The King's Arms)

1696년에 오픈한 뉴욕 최초의 커피숍.

더블 로스팅 (double roasting)

두 번에 걸쳐 로스팅하는 방법.

더블 리스트레또 (double ristretto)

더블 바스켓*double basket*으로 추출한 리스트레또.

더블 바스켓 (double basket)

에스프레소 두 잔 분량의 분쇄원두를 한번에 담을 수 있는 필터 바스켓.

더블 스파웃 (double spout)

스파웃*spout*이 두 갈래로 되어 있어 에스프레소 두 잔을 동시에 추출할 수 있는 포터필터.

더블 에스프레소 (double espresso)

> = 도피오 doppio

두 잔 분량의 에스프레소를 동시에 추출한 것.
일반 데미타세*demitasse*보다 큰 잔에 담아 제공한다.

더블샷 (double shot)

에스프레소 2샷의 또 다른 표현.

더치커피 (Dutch coffee)

= 워터드립 water drip, 콜드드립 cold drip

분쇄원두에 차가운 물을 천천히 떨어뜨려 커피를 추출하는 방식.
과거 네덜란드 사람들이 식민지였던 인도네시아에서 재배된 로부스타를 찬물에 우려 마신 데서 유래했다고 하여 더치커피라는 이름이 붙었다.

데메터 (Demeter)

유기농 커피를 심사하는 유럽의 인증기관.

데미타세 (demitasse)

에스프레소를 담을 때 쓰는 잔.
용량은 60ml 내외로 일반적인 커피 잔에 비해 작으며 에스프레소가 빨리 식는 것을 방지하기 위해 보온력이 좋은 세라믹 소재로 두껍게 만든다.

도미니카공화국 (Dominican Republic)

세계 주요 커피 생산국 중 하나. 커피가 처음 들어온 때는 1735년이며, 18세기에 이르러 설탕 다음으로 중요한 작물이 되었다.

카리브해 연안에 위치한 도미니카공화국은 다른 나라와 달리 사계절이 뚜렷하지 않고, 11-5월 사이가 수확철이긴 하지만 일년 내내 일정량 이상의 커피를 수확한다. 고품질 커피는 주로 대규모 농장이 많은 시바오Cibao와 서남부 바오루코Baoruco 산맥의 바라오나Barahona 지역에서 생산되며, 대표적인 커피산지로는 발데시아Valdesia가 있다.

도저 (doser)

= 도저 체임버 doser chamber

그라인더의 호퍼hopper에 보관돼 있던 원두가 분쇄되어 담기는 부분. 유형에는 수동 타입과 자동 타입이 있다.
수동 타입은 도저가 여러 칸으로 나눠져 있어 도저 레버를 당길 때마다 일정량이 회전하며 토출되는 방식이고, 자동 타입은 포터필터를 거치대에 가져다 대면 센서에 의해 사용자가 미리 정해놓은 양만큼 자동으로 토출되는 방식이다.

도저 레버 (doser lever)

그라인더의 도저doser에 담긴 분쇄원두를 밖으로 빼낼 때 사용하는 레버.

도저 스크린 (doser screen)

   = 플래퍼 flapper

그라인더에서 분쇄된 원두가 포터필터에 담길 때 뭉치지 않도록 토출부에 장착하는 부품.

도즈 (dose)

그라인더의 도저 레버 *doser lever*를 한 번 당길 때마다 나오는 분쇄원두의 양.

도징 (dosing)

그라인더에서 분쇄된 원두를 포터필터에 담는 작업.

도징 링 (dosing ring)

   = 도징 퍼널 dosing funnel

전동 그라인더로 분쇄한 원두를 포터필터에 담을 때 사용하는 깔때기 모양의 보조 도구. 분쇄원두를 다른 통에 옮겨 담을 필요 없이 바로 포터필터에 담을 수 있어 편리하고, 분쇄원두가 공기 중에 노출되는 시간을 줄일 수 있다는 장점이 있다.

독립형 보일러

스팀, 온수 보일러와 별개로 그룹마다 추출수 보일러가 장착되어 있는 방식.
스팀과 온수를 만드는 메인 보일러와 관계없이 추출수 온도를 그룹별로 다르게 조절할 수 있다. 그룹 보일러에 내장된 히팅코일이 추출수를 직접 가열하기 때문에 열효율이 좋지만 오래 사용하면 스케일scale이 발생할 가능성이 크다.

동결 건조 커피 (freeze dried coffee)

진공 동결 건조법으로 만든 커피.
커피 농축액을 영하 40℃에서 급속 냉각하여 수분을 제거하고 커피성분만 추출하는 방식이다. 커피향미가 손실되는 것을 최소화할 수 있지만 비용이 많이 든다는 단점이 있다.

듀얼 드럼 (dual drum)

로스터의 드럼이 두 겹으로 제작된 것.

듀오 트리오 테스트 (duo-trio test)

커피품질을 평가하는 방법 중 하나. 두 가지 생두 중 기준 샘플과 유사한 것을 찾아내는 작업이다.
과정은 매우 단순하지만 생두들 간의 유사성을 집중적으로 파악할 수 있는 방법이다. 여러 번에 걸쳐 다양한 조합으로 테스트를 진행하지만 둘 중 하나를 고르는 50%의 높은 확률이기 때문에 트라이앵귤레이션 스킬 테스트 *triangulation skills test*에 비해 신뢰도는 다소 떨어질 수 있다.

드라이 밀 (dry mill)

1. 건조 과정이 끝난 파치먼트 *parchment*를 탈곡하는 단계.
2. 파치먼트를 탈곡, 선별한 후 등급을 매겨 포장하는 공장.

드라이 체리 dried cherry

= 팟 pod

결점두의 종류 중 하나로, 커피체리의 껍질 일부 또는 전부가 벗겨지지 않은 생두를 말한다.
가공 과정에서 펄핑이나 탈곡, 선별이 잘못되어 생기며 이러한 생두는 로스팅 중에 화재로 이어질 위험이 있다.

드라이 카푸치노 (dry cappuccino)

카푸치노는 우유거품의 양에 따라 두 가지 종류로 나뉘는데, 그중 스팀밀크보다 우유거품의 비중이 더 높은 카푸치노를 드라이 카푸치노라고 한다. 질감은 거칠지만 농도가 진하다.

드라이 폼 (dry foam)

우유와 거품이 완전히 분리되어 거품 사이에 우유가 전혀 들어있지 않은 상태의 우유거품.

드라이 온 트리 dried on tree

= 더블 드라이 double dry

빨갛게 익은 커피체리를 바로 따지 않고 나무에서 자연적으로 건조될 때까지 기다렸다가 수확하는 방식.
농장마다 드라이 온 트리, 더블 드라이 등 다양한 이름으로 불린다. 나무에 매달린 채로 건조하기 때문에 비나 바람에 열매가 소실될 위험이 있다. 과육의 당 성분이 생두에 스며들어 특유의 향미를 내기 때문에 내추럴 프로세스의 일종으로 보기도 한다.

드라이디스틸레이션 (dry distillation)

로스팅 시 수분이 거의 없는 상태에서 생두가 열에너지에
지속적으로 반응해 섬유질이 탄화되며 발생하는 향.
송진, 향신료, 탄향이 여기에 속한다.

드럼 (drum)

로스터에서 실제 로스팅이 이루어지는 부분. 수평이나 수직으로
된 원기둥 모양의 큰 통에 작은 구멍이 여러 개 뚫려있으며
이곳을 통해 들어온 열이 드럼 안의 생두로 전달된다.

드럼 로스터 (drum roaster)

가장 일반적인 형태의 로스터로, 열을 가하면 드럼 안의 생두가
회전하면서 골고루 로스팅된다.

드럼 스피드 (drum speed)

로스터 드럼의 분당 회전수.
로스팅 시 드럼 스피드가 너무 높거나 너무 낮으면 생두에
열전달이 균일하게 이루어지지 않기 때문에 적정 회전수를
유지하는 것이 중요하다.

드로우 (draw)

라떼아트 기법 중 하나로 스팀피처를 커피 표면에 바짝
붙인 상태에서 스팀밀크를 일정한 속도로 부어 선을 그리는
방법이다.
굵은 선을 표현하기에 좋은 기법이지만 유속이 일정하지 않으면
모양이 불규칙해질 수 있으므로 주의해야 한다.

드리퍼 (dripper)

= 푸어오버 드리퍼 pour-over dripper

손으로 직접 커피를 내릴 때 사용하는 도구.
종이필터를 이용해 커피 찌꺼기를 걸러내는 것이 가장 일반적인
형태이며, 플라스틱, 유리, 도자기, 동, 스테인리스 스틸 등
다양한 소재로 제작된다. 브랜드별로 여러 가지 형태와 크기의
제품을 선보이고 있으며 대표적인 제조업체로 하리오*Hario*,
칼리타*Kalita*, 고노*Kono*, 멜리타*Melitta* 등이 있다.

드립 그라인더 (drip grinder)

핸드드립, 푸어오버*pour-over*와 같은 브루잉 방식의 커피 추출에
적합한 굵기로 원두를 분쇄하는 그라인더.
에스프레소 그라인더보다 분쇄원두의 입자가 굵은 편이다.

드립 스탠드 (drip stand)

= 드립 스테이션 drip station

브루잉을 할 때 서버와 잔 사이에 드리퍼를 올려둘 수 있게 만든 거치대.

드립 트레이 (drip tray)

= 물받이판, 배수판, 드레인 베이신 drain basin

에스프레소 머신에서 추출이 끝나고 커피 찌꺼기와 물을 버리는 부분.

드립백 (dripbag)

분쇄원두를 종이로 된 일회용 드리퍼에 담아 포장한 제품. 집이나 야외에서 간편하게 드립 커피를 내려 마실 수 있는 방법이다.

드립포트 (drip pot)

핸드드립이나 푸어오버 *pour-over* 방식으로 커피를 내릴 때 사용하는 주전자.
주둥이가 일반 주전자보다 좁고 무게가 가벼운데다 가늘고 긴 형태를 하고 있어 물줄기를 일정하게 조절하기 수월하다.

디벨롭 (development)

로스팅 과정에서 1차 크랙*1st crack*부터 배출까지의 구간을 가리키는 용어.

디벨롭 타임 (development time)

로스팅에서 디벨롭에 소요되는 시간.

디스트리뷰션 (distribution)

포터필터에 분쇄원두를 담은 후 고르게 분배하여 커피성분이 골고루 추출될 수 있도록 하는 작업. 디스트리뷰터*distributor*라는 도구를 주로 사용한다.

디스트리뷰터 (distributor)

에스프레소 추출 시 디스트리뷰션*distribution* 작업을 할 때 사용하는 전용 툴*tool*.

디지털 로스터 (digital roaster)

= 전기 로스터 electronic roaster

전기로 만든 열풍과 복사열을 이용해 로스팅하는 방식. 전기 로스터가 여기에 속하며, 디지털 기술로 열원을 제어해 자동 로스팅이 가능하다.

디카페인커피 (decaffeinated coffee)

커피향미는 그대로 유지하면서 카페인만 제거한 커피. 독일의 화학자 룽게*Runge*에 의해 최초로 발명됐으며 1900년경 독일의 상인인 로셀리우스*Roselius*가 카페인 제거 기술을 개발해 상업화에 성공했다. 스위스 워터 프로세스*Swiss Water Process*, 액화 탄산가스 추출법, 유기용매 추출법 등 다양한 제조방법이 있으며, 어떤 생두든 카페인을 97%이상 제거하면 디카페인커피로 인정한다.

디펙트 핸드북 (defect handbook)

스페셜티커피협회*SCA*에서 출간한 결점두의 종류를 소개하는 책. 색상과 모양에 따라 카테고리를 나눴으며 발생 원인과 맛에 미치는 영향 등을 상세하게 설명한다.

따라수 (Tarrazu)

코스타리카의 수도 산호세 San Jose 남쪽에 자리한 커피산지. 좋은 품질의 커피로 오랜 명성을 유지하고 있으며 코스타리카에서 재배고도가 가장 높은 농장이 이곳에 위치해 있다. 이 지역 커피는 해발 1,200-1,900m에서 재배되며 11-3월 사이에 수확한다. 생두는 밀도가 단단하고 선명한 황색을 띠며, 산미와 향이 뛰어나 높은 인기를 누린다.

떫은 (astringent)

커피에서 떫은 맛이 나는 것을 뜻하는 향미 평가 용어.

뜸들이기

= 불림

브루잉을 할 때 본격적인 커피 추출에 앞서 분쇄원두에 소량의 물을 적셔줌으로써 커피성분이 원활히 추출될 수 있도록 준비하는 과정이다.

띤또 (Tinto)

콜롬비아 사람들이 즐겨 마시는 사탕수수 원당을 넣은 진한 블랙커피.

리을

ㄹ

라 파보니 (La Pavoni)

1905년 이탈리아의 데지데리오 파보니Desiderio Pavoni가 루이지 베제라Luigi Bezzera의 특허권을 취득해 출시한 에스프레소 머신으로 커피 머신의 대중화에 기여했다.

라떼 마티니 (Latte martini)

에스프레소에 우유와 보드카를 섞어 만든 대표적인 커피 칵테일 메뉴로 마티니 잔에 담아 제공한다.

라떼아트 (Latte art)

= 디자인 카푸치노 design cappuccino

커피 위에 그림을 그리는 작업.
유럽에서 처음 시작되어 호주, 일본 등지로 전파되었으며, 나뭇잎, 하트, 튤립 등 다양한 디자인이 개발되면서 새로운 커피문화로 자리 잡았다. 시각적인 효과가 뛰어나 일반 카페에서는 고객을 위한 서비스 차원에서 이루어지고 있다. 방법으로는 프리 푸어링free pouring과 에칭etching, 파우더 아트powder art 등이 있다.

라이트 (light)

커피의 촉감을 고형분에 따라 나눴을 때 살짝 약한 정도. 보통 틱thick, 헤비heavy, 라이트light, 씬thin 순이다.

라이트 로스팅 (light roasting)

로스팅 레벨 중 생두가 열을 흡수하면서 수분이 빠져나가는 단계.
이 시기의 생두는 옅은 황색을 띠며 아직 향미가 충분히 발달하지 않은 상태다. 간혹 어떤 스페셜티 커피는 꽃과 과일의 섬세하고 풍부한 아로마를 살리기 위해 일부러 라이트 로스팅을 하기도 한다.

라제스 (Rhazes)

900년대에 활동하며 최초로 커피에 관한 기록을 남긴 페르시아 의사.
자신이 저술한 책을 통해 커피의 의학적 효능을 밝히고 커피를 분카bunca 또는 번컴bunchum이라고 적은 바 있다.

라티오 (ratio)

= 추출비율 brew ratio

커피 추출에 사용한 물과 원두 양의 비율

랏 (Lot)

고품질 커피를 생산하기 위해 특별히 관리하는 농장의 구획 단위. 이곳에서 생산한 커피는 흔히 마이크로 랏*Micro Lot*이라고 부르며 구획별로 번호를 매겨 구분한다.

램핑 (ramping)

로스팅 과정에서 화력을 조절하는 것.

러스트 (Rust)

병에 걸린 커피나무에서 수확한 커피를 로스팅하면 색상이 어둡고 쓴맛이 많이 나는데, 이를 러스트라고 한다.

레 듀 마고 (Les Deux Magots)

1914년에 문을 연 파리를 대표하는 유서 깊은 카페. 프랑스 대문호 사르트르, 보부아르 등이 자주 드나들며 집필 활동을 했던 현대 문학의 발상지이기도 하다. 1933년부터는 신진 작가 발굴을 목적으로 마고 문학상을 수여하고 있다.

레드 버번 (Red Bourbon)

버번 품종 중에서 커피체리의 표면이 붉은색인 것.

레드 스킨 (red skin)

파치먼트 parchment가 건조되는 과정에서 비를 맞아 생긴 빨간 줄무늬.

레드 체리 (red cherry)

표면이 붉은색을 띠는 커피체리.

레드 허니 (red honey)

허니 프로세스honey process 방식으로 가공한 커피 중 과육의 20-40%를 제거한 커피.

레디쉬 브라운 (reddish brown)

잘 추출된 에스프레소 크레마crema의 색깔을 뜻하는 표현.

레버식 머신 (lever espresso machine)

= 피스톤식 머신 piston machine,
　수동 머신 manual machine

사용자가 직접 레버를 당겨 에스프레소를 추출하는 방식. 1946년 이탈리아의 엔지니어 아킬레 가찌아Achile Gaggia가 처음 발명했으며, 피스톤의 원리를 이용해 높은 압력으로 에스프레소를 추출한다. 레버를 아래로 내렸다 올리면 피스톤이 수축, 이완하면서 고온 고압의 추출수가 분쇄원두에 주입된다. 사용자가 추출변수를 자유롭게 조절할 수 있다는 장점이 있지만 그만큼 맛의 편차가 크고 다른 머신에 비해 추출속도가 느리다는 단점이 있다.

레벨링 (leveling)

포터필터에 분쇄원두를 담은 후 손가락을 좌우로 움직여 표면이 수평이 되도록 정리하는 작업. 레벨링 툴*tool*을 이용하기도 한다.

레위니옹 섬 (Reunion Island)

    = 버번 섬 Bourbon Island

아프리카 마다가스카르*Madagascar* 동쪽에 위치한 프랑스령 섬으로, 옛 지명은 버번 섬이다. 버번 품종이 처음 발견된 곳으로 유명하며 오랜 커피 재배의 역사를 지니고 있다.

레이즌 프로세스 (raisin process)

커피체리를 일정 기간 비닐백에 넣어 그늘에 두고 천천히 건조하는 가공방식인 알마 네그라*alma negra*와 펠라 네그라*perla negra*를 한 단계 발전시킨 것. 생두의 모양과 커피향미가 건포도와 비슷해 레이즌 프로세스라고 불린다.

레인포레스트 얼라이언스 (Rainforest Alliance, RA)

= 열대우림연맹

1987년에 설립된 국제 NGO로 열대우림 생태계와 지역 생산자의 권익 보호를 추구한다. RA 인증을 받은 커피는 공정거래와 친환경적이고 지속 가능한 커피 생산의 가치를 만족시킨 커피로 볼 수 있다.

로드 (rod)

사이폰의 부품 중 하나로 분쇄원두와 물이 섞이면서 실제 커피 추출이 이루어지는 곳.

로버트 네이피어 (Robert Napier)

1840년 오늘날 사이폰의 원형인 진공식 추출기구를 발명한 스코틀랜드의 해양학자.

로부스타 (Robusta)

카네포라Canephora의 하위 품종으로 전 세계 커피 생산량의 약 40%를 차지한다.
커피나무의 키는 아라비카보다 작지만 생산성이 높아 상업적인 용도로 많이 재배된다. 아라비카보다 고도가 낮고 기온이 높은 지역에서도 재배가 가능하며 병충해에 강하다. 하지만 아라비카에 비해 향미의 품질과 다양성이 떨어지고 카페인 함량이 높기 때문에 주로 인스턴트커피 제조에 사용된다.

로부스타 카피 로얄 (Robusta Kaapi Royale)

인도 마이소르Mysore 지역에서 재배되는 좋은 품질의 로부스타. 주로 고급 인스턴트커피를 제조할 때 사용하며, 수확은 11-2월 사이에 이루어진다. 인도에서는 워시드 방식으로 가공한 로부스타에 한해 별도의 스크린사이즈screen size를 부여하는데, 여기서 '카피 로얄'은 최고 등급에 해당하는 15이상이라는 뜻이다. 생두는 푸른 회색을 띠며, 산미와 단맛이 부드러운 조화를 이루지만 쓴맛이 조금 강한 편이다.

로스터 (roaster)

전문적으로 로스팅을 하는 사람이나 로스팅 기계를 일컫는 말.

로스터 리빌드 (roaster rebuild)

오래된 로스터의 낡은 부품을 교체해 새것처럼 만드는 작업. 몇몇 희귀한 빈티지 모델은 희소 가치로 인해 리빌드 후 더 높은 가격에 거래되기도 한다.

로스터리 (roastery)

= 로스터리 숍 roastery shop, 로스터리 카페 roastery café

매장에서 직접 로스팅한 원두를 판매하는 숍 또는 카페.

로스티드 샘플 아이덴티피케이션 (roasted sample identification)

스페셜티커피협회SCA에서 시행하는 큐그레이더 시험 과목 중 하나. 주어진 4개 원두의 색깔과 맛, 향 등을 평가하여 샘플 로스팅 기준에 부합하는 원두 2개를 골라내는 것이다.

로스티드 커피 그레이딩 (roasted coffee grading)

스페셜티커피협회SCA에서 시행하는 큐그레이더 시험 과목 중 하나. 원두 100g을 평가해 등급을 매기는 것이다.

로스팅 (roasting)

무색무취의 생두에 열을 가해 물리적, 화학적 반응을 일으켜 다양한 맛과 향을 끌어내는 작업.
로스팅 결과는 원두의 색깔(로스팅 포인트)과 로스팅 시간에 의해 결정된다.

로스팅 디펙트 (roasting defect)

생두를 선별하는 과정에서 미처 발견되지 못하다가 로스팅 단계에 이르러서야 나타나는 결점두. 미숙한 로스터의 실수로 인해 발생하는 경우도 있다.

로스팅 시간 (roasting time)

로스팅에 소요되는 시간. 최소 10분에서 최대 20분 정도이며 로스팅 시간이 짧을수록 생두 외부와 내부의 온도차가 크다.

로스팅 온도 (roasting temperature)

= 빈 온도 bean temperature

로스팅이 진행되는 동안의 생두 온도.
로스팅 온도는 커피의 플레이버와 아로마를 좌우하는 중요한 요소다.

로스팅 포인트 (roasting point)

> = 로스팅 레벨 roasting level,
> 로스팅 컬러 roasting color, 배전도, 볶음도

원두의 로스팅 정도. 크게 라이트*light*, 시나몬*cinnamon*, 미디엄*medium*, 하이*high*, 시티*city*, 풀시티*full city*, 프렌치*French*, 이탈리안*Italian* 8단계로 나뉜다.

로스팅 프로파일 (roasting profile)

로스팅을 할 때 배치 사이즈*batch size*와 투입 온도, 시간, 화력 등의 변수를 고려해 원두의 변화를 데이터로 기록하고 그래프로 나타낸 것.

로제타 (rosetta)

나뭇잎 모양의 라떼아트.

로탭 (Ro-tap)

원두의 분쇄도를 분석하는 기계. 체에 진동을 가해 입자를 크기별로 분류하는 방식이다.

로터리 펌프 (rotary pump)

    = 회전 펌프

커피머신에 장착하는 펌프의 일종으로, 주로 상업용 에스프레소 머신에서 볼 수 있는 형태다.
크기가 크고 성능이 안정적이며 사용자가 원하는 추출압력을 설정할 수 있다.

롤러 밀 (roller mill)

롤러 두 개가 맞물려 돌아가면서 원두를 분쇄하는 방식.
용도에 따라 롤러 사이의 간격을 조정하여 분쇄도를 조절할 수 있다.

롤링 (rolling)

밀크 스티밍을 할 때 스팀밀크와 우유거품이 잘 혼합되도록 회전시키는 과정.

롱 탑 (long top)

커피나무의 키가 2m 정도 됐을 때 가지치기하는 것.

롱베리 (long berry)

티피카Typica의 하위 품종으로 평균보다 길이가 긴 타원형 모양이다. 주로 에티오피아 하라Harrar와 예가체프Yirgacheffé 등지에서 발견되며 자메이카 블루 마운틴Blue Mountain과 파나마 게이샤Geisha도 롱베리의 일종이다.

롱블랙 (Long black)

아메리카노를 뜻하는 호주식 표현. 아메리카노에 비해 에스프레소의 비율이 높고 맛도 더 진하다. 뜨거운 물에 에스프레소를 넣어 크레마crema가 살아있다.

루드비히 로셀리우스 (Ludwig Roselius)

1900년경 카페인 제거 기술을 개발해 디카페인커피의 상업화에 성공한 인물.

루왁 (Luwak)

= 사향고양이, 시벳고양이, 팜시벳 Palm Civet

사향고양이를 뜻하는 인도네시아어.
루왁이 커피체리를 먹고 배설한 생두는 루왁 커피Luwak coffee 라는 이름으로 비싼 가격에 거래된다.

루왁 커피 (Luwak coffee)

= 코피 루왁 Kopi Luwak, 시벳 커피 Civet coffee

루왁이 커피체리를 먹고 배설한 생두를 가공해 만든 커피. 일반 커피에서 느낄 수 없는 독특한 향미를 지닌 진귀한 커피로 알려지며 상당히 높은 가격에 거래되고 있다. 하지만 낮은 등급의 로부스타를 루왁 커피로 둔갑해 판매하는 경우가 종종 있고, 일부 비윤리적인 생산자들이 사향고양이를 우리에 가두고 커피체리만 먹여 키우는 동물학대를 일삼아 문제가 되고 있다.

루이루 11 (Ruiru 11)

1985년 케냐 루이루*Ruiru*의 한 연구소에서 카티모르*Catimor*와 SL 계열의 품종을 교배시켜 개발한 커피품종.
커피녹병과 커피열매병에 강하고 경우에 따라 조기 수확이 가능하다는 장점이 있다. 일반 품종보다 두 배 더 커피나무를 조밀하게 심을 수 있어 단위 면적당 수확량이 훨씬 많다. 생두 크기가 크고 품질도 좋은 편이다.

루이지 베제라 (Luigi Bezzera)

1901년 증기압을 이용한 에스프레소 머신을 특허 출원한 이탈리아 엔지니어.

룽고 (lungo)

일반적인 에스프레소(약 30ml)보다 추출시간을 늘려 한번에 많은 양(40-50ml)을 추출한 것.
이태리어로 룽고는 길다*long*는 뜻이다.

르 프로코프 (Le Procope)

1686년에 문을 연 파리 최초의 카페. 랭보, 볼테르, 루소 등 저명한 예술가와 철학자, 정치인들이 자주 찾았으며, 프랑스 혁명 때는 나폴레옹도 애용했다고 전해진다.

르 네 뒤 카페 (Le Nez du Café)

프랑스 조향사 장 르누아르*Jean Lenoir*가 커피에서 느낄 수 있는 대표적인 향 36가지를 추려 만든 커피 아로마 키트.
카테고리는 크게 엔자이매틱*enzymatic*, 슈가브라우닝*sugar browning*, 드라이디스틸레이션*dry distillation*, 아로마 결점*aromatic taints*으로 구분되어 있으며 커피향미를 익히기 위한 교보재로 많이 활용된다.

르완다 (Rwanda)

세계 주요 커피 생산국 중 하나. 1904년 독일 선교사들에 의해 커피가 처음 소개됐으며 1917년에 이르러 본격적인 생산이 이루어졌다.
르완다에서 최초로 커피나무를 심은 곳은 서남부 챠구구*Cyangugu* 주에 속한 미비리지 미션*Mibirizi Mission*이었으며, 이후 전국의 소규모 농가로 커피 재배가 확산되었다. 르완다는 훌륭한 커피를 생산하기에 적합한 고도와 기후를 지니고 있으며, 일찍이 CoE를 개최하는 등 품질 향상을 위해 힘쓰고 있다. 품종은 대부분 버번*Bourbon*이고 워시드 방식으로 가공한다.

리드 (lid)

테이크아웃컵의 뚜껑.

리베리카 (Liberica)

= 코페아 리베리카 Coffea Liberica

아라비카, 카네포라*Canephora*와 함께 대표적인 커피품종으로 꼽히며 전 세계 커피 생산량의 약 1%를 차지한다.
원산지는 아프리카 라이베리아*Liberia*이며, 저지대에서도 재배가 가능하지만 커피나무의 키가 너무 커서 수확과 관리가 어렵다는 단점이 있다. 게다가 과육 두께가 두꺼워 가공하기가 까다롭고, 향미의 품질과 다양성이 떨어져 극소수의 커피산지에서만 소량으로 생산한다.

리브 (rib)

드리퍼 안쪽 측면에 볼록하게 나 있는 골.
리브는 분쇄원두에 물을 부을 때 드리퍼와 여과지 사이에 빈 공간을 만들어 추출이 원활하게 이루어질 수 있도록 돕는다. 리브의 모양과 개수는 드리퍼마다 다르며, 길이가 길수록 물이 통과하는 속도가 더 빠르다.

리스트레또 (ristretto)

일반적인 에스프레소(약 30ml)보다 추출시간을 줄여 한번에 적은 양(15-20ml)을 추출한 것.
이태리어로 리스트레또는 '제한된Restrict'이라는 뜻이다.

리오이 (rioy)

= 리오 rio

1. 브라질 리우데자네이루Rio de Janeiro에서 따온 이름으로, 땅에 떨어진 커피체리가 발효되거나 곰팡이에 노출되어 생긴 결점두.
2. 커피에서 화학약품이나 요오드, 소독내 같은 맛이 나는 것을 뜻하는 향미 평가 용어.

리치 (rich)

커피에서 풍부한 향이 느껴지는 것을 뜻하는 향미 평가 용어. 커피를 마시기 전의 아로마와 마시고 나서의 애프터테이스트를 모두 포괄하는 개념이다.

린넨 (linen)

카페에서 물기를 제거하거나 커피 찌꺼기를 털어낼 때 사용하는 천.

린싱 (rinsing)

브루잉을 하기 전에 여과지에 물을 살짝 적셔 헹구는 과정. 이렇게 하면 여과지에 남아있는 종이 냄새를 없애고 서버를 예열하는 효과가 있다.

린통 (Lintong)

인도네시아 수마트라Sumatra 섬의 주요 커피산지 중 하나인 북쪽 아체Ache 지역의 커피.
해발 1,100~1,600m에 위치한 토바 호수Lake Toba 인근의 소규모 농장에서 재배되며 강한 바디와 독특한 향미가 특징이다.

릴리프 밸브 (relief valve)

= 과압방지 밸브, 안전 밸브 safety valve

에스프레소 머신의 부품 중 하나. 보일러의 압력이 기준치 이상으로 올라갔을 때 자동으로 밸브를 열어 수증기를 배출하는 안전장치다.

미음

ㅁ

마나비 (Manabi)

에콰도르 서부에 위치한 주로, 에콰도르에서 생산되는 아라비카의 약 50%가 이곳에서 재배된다. 커피나무는 대부분 해발 500-700m에서 자라며, 4-10월 사이에 수확이 이루어진다.

마라고이페 (Maragogype)

= 코끼리 콩, 엘리펀트 빈 elephant bean,
코페아 인디헤나 Coffea Indigena

티피카Typica의 변종으로 브라질에서 처음 발견되었다. 다른 품종에 비해 생두 크기가 매우 커 '코끼리 콩'으로도 불린다. 새콤달콤하고 독특한 향미가 특징이며 생산성은 낮은 편이지만 중남미 지역에서 고품질 커피를 목적으로 다수 재배되고 있다.

마라카투라 (Maracaturra)

마라고이페Maragogype와 카투라Caturra의 교배종으로, 시트러스 계열의 향미와 부드러운 마우스필이 특징이다. 주로 니카라과에서 생산하며, 생두 크기가 크고 밀도가 낮아 로스팅 시 각별한 주의를 요한다.

마르티니크 (Martinique)

카리브해 연안에 위치한 프랑스령 섬으로, 커피는 극히 소량만 생산하고 있지만 역사적으로는 프랑스 해군 장교 가브리엘 드 클리외*Gabriel de Clieu*가 프랑스에서 들여온 커피나무 종자를 심은 곳으로 유명하다.

마우스필 (mouthfeel)

커피를 마실 때 입안에 느껴지는 물리적인 촉감.

마이소르 (Mysore)

인도 남부 고지대의 주요 커피산지 중 하나. 역사적으로 아프리카 이외의 지역에서는 최초로 커피 생산이 시작된 곳이라는 의미가 있다. 주로 몬순 커피*Monsooned coffee*를 재배하며 1973년에 지역명이 카르나타카*Karnataka*로 변경됐다. 가장 잘 알려진 커피로 너깃 엑스트라 볼드*Nuggets Extra Bold*가 있다.

마이크로 랏 (Micro Lot)

농장을 여러 구획으로 나눠 재배한 커피. 한 농장에서 생산된 커피를 한데 모아 출하하던 기존의 방식에서 벗어나, 농장 내에서도 기후와 토양 조건이 좋은 구역을 정해 체계적인 관리 시스템을 도입함으로써 향미가 우수한 커피를 지속적으로 생산한다는 장점이 있다.

마이크로 로스터리 (micro roastery)

= 스몰 로스터리 small roastery

중소형 로스팅 회사를 일컫는 표현. 커피향미의 개성이 강하고 독립적으로 운영된다는 특징이 있다.

마이크로 스위치 (microswitch)

= 마이크로 센서 microsensor

자동 그라인더의 포터필터 거치대에 부착되어 있는 스위치. 포터필터의 움직임을 인지해 사용자가 설정한 분쇄원두의 양을 자동으로 맞춘다.

마이크로 폼 (micro foam)

= 벨벳 폼 velvet foam

밀크 스티밍을 할 때 생기는 미세한 입자의 우유거품으로 벨벳처럼 부드럽고 풍성해 라떼아트를 하기에 적합하다.

마이크로 필터 (microfilter)

1. 에어로프레스 전용 필터.
2. 정수필터에 삽입하는 미세 필터.

마일드 커피 (mild coffee)

= 콜롬비아 마일드 Colombia mild

1. 산미와 단맛이 풍부하고 향이 좋은 부드러운 커피.
2. 국제 거래에서 편의상 콜롬비아 커피를 일컬어 부르는 말.

마자그란 (Mazagran)

포르투갈에서 즐겨 마시는 아이스 커피. 진하게 내린 드립 커피에 설탕, 레몬즙, 얼음을 넣어 만든다.

마키니스타 (Maquinista)

= 정선업자

브라질에서 정선업자를 부르는 명칭. 커피 생산자로부터 구입한 파치먼트*parchment*를 정제, 선별한 후 국내외 그린빈 바이어에게 판매하는 역할을 한다.

마타갈파 (Matagalpa)

니카라과의 주요 커피산지 중 하나. 니카라과 서남부에 위치한 마나과*Managua* 호수 북쪽 고원지대를 가리키며, 커피는 해발 1,000~1,400m에서 재배된다. 12-2월 사이에 수확한 열매는 대부분 워시드 방식으로 가공된다.

만델링 (Mandheling)

= 수마트라 만델링 Sumatra Mandheling,
아체 만델링 Ache Mandheling,
만델링 G1 Mandheling G1

인도네시아 수마트라*Sumatra* 섬의 주요 커피산지 중 하나인 북쪽 아체*Ache* 지역의 커피.
만델링은 지역명이 아니라 과거 이곳에서 커피를 재배했던 부족의 이름에서 비롯된 것이다. 아체 지역의 커피산지는 여러 구역으로 나뉘며 그중에서도 1등급에 해당하는 커피를 만델링 G1이라고 부른다. 만델링 커피는 특유의 고소하면서도 달콤 쌉싸래한 향미가 특징이며, 풍부한 바디와 긴 애프터테이스트가 인상적이다.

말라위 (Malawi)

아프리카의 주요 커피 생산국 중 하나. 1800년대 후반 스코틀랜드 선교사에 의해 처음 커피가 들어왔다는 설이 있다. 커피 생산의 역사는 오래되었으나 생산량이 적고 그마저도 대부분 영국으로 수출되어 그동안 널리 알려지지 않았다. 말라위 커피는 케냐 분류법Kenyan Grading System을 따르지 않고 1등급과 2등급으로 구분한다. 주요 품종은 병충해에 강한 카티모르Catimor이며 게이샤Geisha도 많이 재배한다. 말라위 커피는 전반적으로 달콤하고 깔끔한 맛이 특징이다.

머들러 (muddler)

음료를 저을 때 사용하는 막대. 장식용으로 꽂아두기도 한다.

머신 클리너 (machine cleaner)

= 머신 세정제

에스프레소 머신의 그룹헤드와 포터필터를 청소할 때 사용하는 약품. 알약이나 가루 형태로 되어 있다.

멀칭 (mulching)

= 바닥덮기

커피나무 주변의 흙이 너무 습해지거나 건조해지지 않게 비닐이나 나뭇잎, 짚 등으로 덮어두는 것을 말한다.

메쉬 넘버 (mesh number)

그라인더의 입자 조절판 눈금에 적힌 숫자. 메쉬 넘버가 작을수록 입자 크기도 작아진다.

메인보드 (main board)

에스프레소 머신의 핵심부로 각 부품이 전달하는 신호를 읽고 기능을 통제하는 역할을 한다.

메인 크롭 (main crop)

주 수확기에 수확한 커피.

메일라드 반응 (Maillard reaction)

= 마이야르 반응

생두를 로스팅할 때 일어나는 비효소적 갈변반응으로 갈색 색소인 멜라노이딘Melanoidine을 발견한 화학자 메일라드Maillard의 이름을 따서 명명되었다. 멜라노이딘은 생두에 들어 있는 아미노산과 환원당이 작용하여 생성되고 그 영향으로 생두는 점차 갈색으로 변하며 곡물과 견과류의 향미를 발산하게 된다.

멕시코 (Mexico)

세계 주요 커피 생산국 중 하나. 1785년경 처음 커피가 들어왔을 것으로 추정되며, 지리적 특성상 주로 남쪽에 위치한 치아파스Chiapas, 오악사카Oaxaca, 베라크루즈Veracruz 등지에서 커피를 생산한다. 멕시코 커피는 지역별로 다양한 향미를 지니며 최근 들어 유기농 인증, 공정무역 인증을 폭넓게 도입하는 추세다. 커피의 등급은 재배고도에 따라 나뉘고 해발 1,700m 이상에서 재배된 커피는 알투라Altura라는 명칭을 붙여 특별 관리한다. 주요 품종은 버번Bourbon, 티피카Typica, 카투라Caturra, 마라고이페Maragogype이며 대부분 워시드 가공을 거친다. 멕시코 커피는 전반적으로 맛이 부드러워 블렌드의 베이스로 많이 사용된다.

멜라노이딘 (Melanoidine)

로스팅 과정에서 생두의 당과 단백질 성분이 열에 반응해 생성되는 물질. 원두가 갈색을 띠는 것도 멜라노이딘 색소의 영향이다.

멜로우 (mellow)

커피를 마시고 난 후 입 안에 부드러운 단맛이 도는 것을 뜻하는 향미 평가 용어.

멜리타 (Melitta)

독일에서 개발된 세계 최초의 드리퍼. 바닥에 작은 추출구 하나가 나 있으며, 드리퍼 옆면은 경사가 가파르고 안쪽에는 짧은 리브rib가 촘촘하게 새겨져 있다. 추출구 크기가 작아 상대적으로 추출속도가 느린 편이며, 그만큼 물과 분쇄원두의 접촉시간이 길기 때문에 과다추출이 일어나지 않도록 주의해야 한다.

멜리타 벤츠 (Melitta Bentz)

1908년에 커피 추출용 종이필터를 개발한 독일의 기업가.

모래히터 (sand heater)

뜨겁게 달궈진 모래를 이용해 커피를 간접적으로 가열하는 기구.

모멘텀 (momentum)

로스팅 과정에서 열량의 변화에 따라 온도를 조절하여 적절한 운동량을 구축하는 것.
대표적으로 터닝 포인트 *Turning Point*에서 1차 크랙 *1st crack*까지의 온도 상승 구간과 1차 크랙 이후의 디벨롭 구간을 예로 들 수 있다.

모조투고 (MOJOTOGO)

정식 명칭은 Extract Mojo. 커피의 TDS 수치를 측정하는 기구다.

모카 (Mocha)

= Moka, Mocca

1. 예멘 서남 해안의 항구 도시. 한때 세계 최대의 커피 무역항이었으며, 이곳을 통해 수출한 커피를 흔히 모카라고 불렀다.
2. 예멘에서 생산된 강하고 자극적인 맛의 내추럴 커피, 혹은 내추럴 방식으로 가공한 다른 지역의 커피. 대표적으로 모카 하라*Moka Harrar*가 있다.
3. 초콜릿 또는 초콜릿 맛을 첨가한 음료.

모카 마타리 (Mocha Mattari)

예멘의 주요 커피산지 중 하나인 사나*Sanaa*에서 생산된 마타리*Mattari* 품종의 커피.
마타리라는 이름은 사나 인근의 바니 마타르*Bani Mattar*라는 지역명에서 유래했다. 산미와 바디, 애프터테이스트가 뛰어나 자메이카 블루 마운틴*Blue Mountain*, 하와이 코나*Kona*와 함께 세계 3대 커피로 꼽힌다. 사나는 예멘에서 가장 큰 커피산지이며, 해발 1,500~2,000m의 고지대에서 커피를 생산한다.

모카 자바 (Mocha Java)

인도네시아 자바와 예멘 모카를 블렌딩한 커피. 초창기에 등장한 블렌드로 과거 유명 로스터들을 통해 큰 인기를 끌었다.

모카포트 (moka pot)

= 에스프레소 포트 espresso pot, 스토브 탑 stove top

1933년 이탈리아의 알폰소 비알레띠*Alfonso Bialetti*가 발명한 커피 추출기구. 증기압을 이용해 에스프레소처럼 진한 커피를 만들 수 있다.
하단의 보일러와 바스켓에 각각 뜨거운 물과 분쇄원두를 담고 불에 올리면 커피가 추출되어 상단 컨테이너에 담기는 원리다. 가정이나 야외에서 간편하게 에스프레소를 마실 수 있는 방법이며, 실제로 이탈리아에서는 가정에 하나씩 있을 만큼 대중적이다. 모카포트는 금속필터를 사용하기 때문에 커피오일이 그대로 담겨 바디가 강하다는 특징이 있다. 대부분 알루미늄 소재지만 스테인리스 스틸이나 도자기로 만든 제품도 있다.

몬수닝 (Monsooning)

생두가 3~4개월 동안 몬순*Monsoon*이라고 하는 고온 다습한 남서계절풍에 노출되어 많은 양의 수분을 흡수하는 과정. 처음에는 우연히 시작됐지만 몬순 커피*Monsooned coffee*에 대한 수요가 지속되면서 인도 서남부 해안지역을 중심으로 이를 재현하는 가공시설이 생겨나게 되었다.

몬순 말라바 (Monsoon Malabar)

인도의 유명한 몬순 커피*Monsooned coffee* 중 서남부 해안지역인 말라바*Malabar*에서 생산된 커피.

몬순 커피 (Monsooned coffee)

몬수닝 *Monsooning*이라는 특별한 공정을 거쳐 만든 커피. 생두의 색이 옅고 잘 부서지며 균일하게 로스팅하기 어렵다는 특징이 있다. 몬순 커피는 대체로 산미가 적지만 강렬하고 풍부한 향미를 지닌다.

몬타나 (Montana)

> = Montana Lavado, ML

쿠바 커피의 등급은 생두 크기에 따라 나뉘는데 그중 스크린사이즈 *screen size*가 16인 것을 말한다.

몬테알레그레 (Montralegre)

브라질 동남부 미나스 제라이스 *Minas Gerais* 주에 위치한 커피농장.
브라질에서 가장 큰 규모를 자랑하는 스페셜티 커피농장으로 18세기부터 시작된 오랜 커피 생산의 역사를 가지고 있다.
커피 재배에 적합한 높은 고도에 자리해 있으며, 수확은 5-9월 사이에 이루어지고 대부분 워시드 가공을 거친다.

묘포 (nursery)

커피나무의 묘목을 기르는 곳.
커피나무는 묘포에 씨앗을 뿌려 일정 기간 동안 키운 후
40~60cm가량 자랐을 때 농장에 옮겨 심는다.

무미한 (insipid)

커피의 향미 성분이 소실되어 커피에서 맥 빠진 맛이 나는 것을
뜻하는 향미 평가 용어.

문도 노보 (Mundo Novo)

브라질에서 발견된 티피카*Typica*와 버번*Bourbon*의 자연교배종.
병충해에 강하고 생산성이 높으며 해발 1,000~1,200m에서도
재배가 가능하다.

미각 (gustation)

= gustatory

커피의 관능평가 단계 중 하나로, 커피에 추출된 가용 성분을
혀에 분포되어 있는 미뢰를 통해 인지하는 것이다. 커피에서는
단맛, 신맛, 짠맛, 쓴맛을 느낄 수 있다.

미디엄 로스팅 (medium roasting)

생두를 1차 크랙 1st crack이 끝날 때까지 로스팅하는 것으로 표면은 밤색으로 변한다. 커피 고유의 산미를 느끼기에 적절한 로스팅 단계다.

미분 (fine)

원두를 분쇄할 때 생기는 아주 미세한 가루. 많은 사람이 미분을 커피의 질감에 부정적인 영향을 주는 요소로 생각하지만 미분은 커피 추출 시 물의 흐름을 알맞게 조정하거나 애프터테이스트를 오래 유지시키는 역할을 하기도 한다.

미성숙두 (unripe bean)

= 임매추어 immature, 베르데 verde, 퀘이커 quaker

결점두의 종류 중 하나로 덜 익은 생두를 말한다.
미처 다 익지 못한 커피체리를 수확했을 때 생기며, 작고 오목한 형태에 끝이 살짝 구부러져 있고, 표면은 옅은 녹색을 띠며 은피가 생두에 완전히 달라붙어 있다. 미성숙두를 로스팅하면 결과물이 균일하지 않고 원두 색깔이 연하며 짚이나 풀 냄새가 난다.

믹스커피 (mixed coffee)

= 커피믹스 coffee mix

커피 추출액을 고체로 만든 인스턴트커피 가루에 크림, 설탕을 표준화한 비율로 섞어 물에 바로 타 마실 수 있게 낱개 포장한 제품.

믹싱 (mixing)

라떼아트를 할 때 그림을 그리기에 앞서 에스프레소와 스팀밀크를 고르게 섞어 잔의 1/2 정도를 채우는 과정. 믹싱을 하지 않으면 커피 표면에 스팀밀크를 고정시키는 힘이 약해 그림이 제대로 그려지지 않는다.

믹싱 밸브 (mixing valve)

= 혼합 밸브

에스프레소 머신의 부품 중 하나. 정수필터를 통해 유입된 상온수를 보일러의 온수와 섞어 사용자가 원하는 추출수 온도를 맞춰주는 역할을 한다.

밀도 (density)

1. 생두의 단단한 정도. 생두의 밀도는 재배고도와 품종에 따라 다르며, 부피가 동일한 생두의 무게를 측정해보면 밀도 차이를 쉽게 비교할 수 있다. 생두는 밀도가 높을수록 떨어뜨렸을 때 무겁고 둔탁한 소리가 나며 로스팅 시 열을 더 많이 가해야 한다.
2. 에스프레소의 물리 화학적 특성 중 하나. 에스프레소의 밀도는 순수한 물보다 조금 더 높다.

밀도 분류기 (density separator)

생두를 밀도별로 분류하는 기계.

밀링 (milling)

= 탈곡

생두를 감싸고 있는 파치먼트parchment를 제거하는 작업.

비읍

ㅂ

바 (bar)

1. 카페나 레스토랑에서 음료를 제조하는 공간.
2. 압력을 나타내는 단위. 에스프레소 머신의 경우 추출압력은 약 9bar, 스팀압력은 약 1.5bar를 유지해야 정상이다.

바 스푼 (bar spoon)

음료를 만들 때 재료를 골고루 섞기 위해 사용하는 도구. 가니쉬garnish를 올릴 때 사용하기도 한다.

바디 (body)

= 바디감

커피를 입 안에 머금었을 때 느껴지는 질감. 구강 점막의 자극을 통해 전달되며, 추출액에 분산된 미립자, 즉 콜로이드colloid가 바디의 강도와 질을 결정한다.

바라오나 (Barahona)

도미니카공화국의 주요 커피산지 중 하나. 서남부 카리브해 연안에 위치해 있으며 바오루코Baoruco 산맥의 해발 600-1,300m에서 커피를 재배한다. 주요 품종은 티피카Typica, 카투라Caturra이며 수확은 10-2월 사이에 이루어진다. 다른 지역에 비해 부드러운 향미로 품질이 좋다는 평을 받고 있다.

바리스타 (barista)

커피에 대한 깊이 있는 지식과 이해를 바탕으로 고객의 취향과 기호에 맞는 커피를 만들어 제공하고, 카페 매장을 관리, 운영하는 업무에 종사하는 사람.
이태리어로 '바bar에서 일하는 사람man'이라는 사전적 의미를 가지고 있으며, 오늘날에는 커피 제조를 넘어 고객서비스, 위생, 메뉴개발, 직원교육, 매장관리, 재고관리, 품질관리 등 다양한 지식과 경험을 요구하는 전문 직업인으로 자리 잡았다.

바리에다 콜롬비아 (Variedad Colombia)

= 콜롬비아종 Colombia

카투라Caturra와 하이브리드 티모르Hybrid Timor의 교배종으로 1971년 개량에 착수해 1981년 이름을 명명했다. 햇볕에 강하고 생산량이 많다는 특징이 있다.

바바 부단 (Baba Budan)

1670년경 커피 수출을 엄격히 통제하던 예멘에서 일곱 개의 커피씨앗을 몰래 인도로 들여온 이슬람 승려. 그가 밀반입한 커피씨앗은 이후 네덜란드 상인에게 건네져 인도 전역과 전 세계로 확산됐으며, 그가 처음 커피나무를 심은 곳은 바바부단기리Bababudangiri로 불리며 현재까지 커피 재배를 이어오고 있다.

바바부단기리 (Bababudangiri)

인도의 주요 커피산지 중 하나로 바바부단 Baba Budan이 예멘에서 밀반입한 커피씨앗을 처음으로 심은 인도 커피의 발상지다. 해발 1,000~1,500m에서 커피를 재배하여 10~2월 사이에 수확한다.

바슈 부인 (M. Vassieux)

1842년 기존의 진공식 추출기구를 한 단계 발전시켜 현재의 사이폰과 비슷한 진공여과식 추출기구 배큠 브루어 vacuum brewer를 발명한 인물.

바스켓 홀 (basket hole)

필터 바스켓 바닥에 나 있는 미세한 구멍.

바예델카우카 (Valle del Cauca)

콜롬비아의 주요 커피산지 중 하나. 바예델카우카는 '카우카 계곡'이라는 뜻이며, 두 개의 산맥 사이로 카우카 강이 흐르는 콜롬비아에서도 가장 비옥한 지역이다. 콜롬비아는 영세농민이 일반적이지만 이곳은 유독 커피농장의 규모가 작다. 커피는 해발 1,450~2,000m에서 재배되며 주 수확기는 9~12월, 부 수확기는 3~6월 사이다.

바이아 (Bahia)

브라질의 주요 커피산지 중 하나. 브라질 동북부에 위치해 있으며 갈수록 좋은 품질의 커피를 생산하고 있다. 중간 정도의 산미와 바디를 지니고 있고 가벼운 초콜릿 향이 난다. 소규모 농장이 많아 잘 익은 커피체리만 골라 수확하는 방식으로 품질 관리를 한다.

바이패스 밸브 (by-pass valve)

에스프레소 머신의 부품 중 하나로 추출수의 압력을 조절하는 밸브. 상온수는 보통 정수필터를 거쳐 머신으로 유입되면서 펌프를 통과하게 되는데, 이때 펌프에 내장된 바이패스 밸브로 압력을 조절해 9bar의 적정 추출 압력을 맞춘다.

바이패스 추출 (by-pass extraction)

진하게 추출한 소량의 커피 추출액에 물을 희석해 적정 농도를 맞추는 방식.

바텀리스 (bottomless)

스파웃*spout*을 제거한 포터필터.

반열풍식

= 반직화식

로스터의 열전달 방식 중 하나. 생두가 드럼 표면에 발생하는 전도열과 자체적으로 생성하는 대류열, 복사열에 의해 복합적으로 로스팅되는 방식이다.

반자동 머신 (semi-automatic espresso machine)

원두 분쇄 기능이 내장되어 있지 않은 커피 머신.

발데시아 (Valdesia)

도미니카공화국에서 가장 잘 알려진 커피산지. 커피의 품질과 이력을 엄격히 관리하는 DO*Denomination of Origin* 인증을 받았다. 해발 500~1,000m에서 커피를 재배하며 10-12월 사이에 수확한다. 주요 품종은 티피카*Typica*, 카투라*Caturra*다.

발리 (Bali)

인도네시아의 주요 커피산지 중 하나. 비록 다른 지역에 비해 커피가 들어온 시기는 늦지만 1980년대 들어 정부가 농민들에게 커피나무 묘목을 나눠주는 캠페인을 벌여 큰 효과를 거뒀다. 하지만 아라비카보다 로부스타의 비중이 절대적으로 높으며, 커피는 해발 1,250~1,700m에서 재배되어 5~10월 사이에 수확한다.

발열 반응 (exothermic reaction)

생두가 로스팅되는 과정에서 열을 더 이상 흡수하지 못하고 방출하는 현상. 생두는 발열과 동시에 수분이 증발하면서 단단했던 조직이 다공화되고, 그 안을 이산화탄소가 채우게 된다. 또한 부피가 팽창하면서 생두의 주름이 펴지고 표면이 갈색으로 변한다. 발열 반응이 정점에 이르면 1차 크랙 1st crack이 일어나고, 원두가 최대로 팽창했을 때 2차 크랙 2nd crack이 일어나며 플레이버가 극대화된다.

발효 (fermentation)

생두를 가공하는 과정에서 펄핑이 끝난 후 파치먼트 parchment에 남아있는 점액질을 제거하는 작업.
발효는 점액질의 주성분인 펙틴 pectin을 분해하는 것으로, 물이나 미생물에 의해 일어난다.

발효두

= 사워 빈 sour bean, 스팅커 stinker

결점두의 종류 중 하나. 커피체리가 너무 익거나 땅에 떨어졌을 때, 혹은 가공 과정에서 오염된 물에 세척되거나 습한 상태로 나무에 계속 매달려 있다가 발효됐을 때 생긴다. 색깔은 옅은 갈색을 띠며 단면을 자르면 시큼한 식초 냄새가 난다. 발효두는 로스팅 결과가 균일하지 않고 맛에도 나쁜 영향을 준다.

발효탱크 (fermentation tank)

워시드 프로세스에서 파치먼트parchment를 세척, 발효하기 위해 담가두는 수조.

배기 온도 (exhaust temperature)

= 에어 온도 air temperature

로스터에서 드럼 안의 공기가 빠져나가는 부분의 온도.

배기관 (exhaust pipe)

로스팅 시 드럼 내부에 발생한 연기를 밖으로 빼주는 장치. 생두를 로스팅했을 때 생기는 부산물인 채프chaff를 제거하고, 드럼 안의 안정적인 공기 흐름을 돕는 역할을 한다. 로스팅은 배기관의 관리 상태에 따라 결과물의 품질이 달라지기 때문에 정기적으로 청소해줘야 한다.

배아 (embryo)

커피체리를 구성하는 요소 중 하나로 발아하면서 싹이 트는 부분이다. 모든 생두에 하나씩 들어 있으며 로스팅 시 시간이 경과하면서 딱딱하게 굳다가 서서히 타버린다.

배출 온도 (emission temperature)

로스팅이 끝나고 원두를 배출할 때의 온도.
로스팅 결과는 배출 시점에 따라 달라지기 때문에 온도를 주의 깊게 관찰해야 한다.

배치 (batch)

로스팅 횟수를 세는 단위.

배치 브루 (batch brew)

외국에서 필터 커피를 추출할 때 사용하는 방식 중 하나. 대형 브루어로 많은 양의 커피를 한번에 미리 만들어 뒀다가 그때그때 잔에 따라서 제공하는 것을 말한다. 주로 호주나 미국처럼 필터 커피의 수요가 높고 카페의 테이블 회전율이 빠른 나라에서 볼 수 있다.

배치 사이즈 (batch size)

로스팅 시 드럼에 투입하는 생두의 양. 로스팅 용량이라고도 한다. 일반적으로 권장하는 생두 투입량은 드럼 용량의 60-100%다.

배큠 밸브 (vacuum valve)

= 진공 방지 밸브

에스프레소 머신의 부품 중 하나. 대기 중인 보일러 안의 공기를 밖으로 배출해 보일러를 가열했을 때 스팀이 들어설 수 있는 공간을 만들어준다.
보일러 압력이 일정 수준 이상 상승할 때까지 작동하며, 외부 공기가 보일러로 유입되지 않게 차단하는 역할도 한다.

백 (bag)

커피자루를 뜻하는 말로, 생두의 포장 단위를 가리키는 용어다.

백 플러싱 (back flushing)

에스프레소 머신의 그룹헤드를 청소하는 작업. 포터필터의 필터 바스켓을 블라인드 필터*blind filter*로 바꾼 후 머신 세정제를 담고 연속 추출 버튼을 누른다. 10초가량 추출한 뒤 찌꺼기를 버리고 다시 포터필터를 끼우는 과정을 2-5회 정도 반복한다. 마지막으로 포터필터를 세척하고 에스프레소를 두 번 추출해 잔여물을 깨끗이 제거한다.

밸런스 (balance)

커피향미의 각 요소들이 서로 조화를 이루는지 평가하는 항목. 맛이나 향이 한쪽으로 치우치지 않는 것이 중요한데, 이때 단맛이 전체적인 균형을 잡는 역할을 한다.

버 (burr)

버 그라인더에 장착하는 날을 통틀어 부르는 말. 대부분 스테인리스 스틸 소재를 사용하며, 날 두개가 맞물려 작동하는 원리다. 형태는 평면형*flat*과 원뿔형*conical*이 있다.

버 그라인더 (burr grinder)

두 개의 날이 동시에 맞물려 돌아가면서 원두를 분쇄하는 그라인더로 간격식 분쇄에 속한다. 결과물이 매우 균일하며 사용자가 원하는 굵기로 분쇄도를 조절할 수 있다. 형태는 코니컬conical 버와 플랫flat 버가 있다.

버너 (burner)

로스팅 시 열원을 제공하는 로스터의 한 부분.

버번 (Bourbon)

티피카Typica가 자연변이하여 생겨난 품종.
이름은 프랑스령 레위니옹 섬Reunion Island의 옛 지명인 버번에서 유래했으며 이후 동아프리카와 중남미로 전파되었다.
생두는 작고 둥근 모양에 약간 노르스름한 색을 띠며, 대체적으로 단맛이 좋다는 평가를 받는다. 커피체리는 붉은색부터 노란색, 주황색, 분홍색까지 다양한 색깔이 있다.

버번 산토스 (Bourbon Santos)

= 브라질 산토스 Brazil Santos

브라질에서 생산되는 버번 품종의 커피 중 산토스Santos 항을 통해 수출되는 커피.

버번 아마렐로 (Bournbon Amarello)

티피카Typica와 버번Bourbon의 개량종으로, 일반적인 품종과 달리 커피체리가 익을수록 표면이 노란색을 띠는 것이 특징이다. 커피나무의 키가 크고 생산성도 높지만 일부 산지에서는 농부들이 잘 익은 체리와 덜 익은 체리를 쉽게 구분하지 못해 수확물의 품질이 떨어지기 때문에 선호도가 낮은 경향이 있다. 하위 품종으로 하위 품종으로 옐로우 버번Yellow Bourbon과 옐로우 카투아이Yellow Catuai가 있다.

버터리 (buttery)

커피의 바디를 강도에 따라 나눴을 때 매우 높은 정도. 보통 버터리buttery, 크리미creamy, 스무스smooth, 워터리watery 순이다.

벌레 먹은 콩 (insect damaged bean)

결점두의 종류 중 하나. 커피열매 천공충처럼 작은 벌레가 생두 안에 알을 낳아 구멍이 생긴 것을 말한다. 지저분하고 매캐한 맛을 내며 커피향미에 부정적인 영향을 끼친다.

벌킹 (bulking)

커피 생산국에서 재배지역은 다르지만 품질이 동일한 커피를 한데 모아 섞는 작업.

베네수엘라 (Venezuela)

세계 주요 커피 생산국 중 하나. 커피가 처음 들어온 때는 1730년경이며, 1793년부터 대형 커피농장이 존재했다고 전해진다.
한때 전 세계 커피 생산량의 약 1/3을 차지할 만큼 호황을 누렸지만 석유가 국가의 주요 수입원이 되고부터는 수확량이 점차 줄어들었고, 현재는 정부가 커피 생산에 강한 규제를 적용함에 따라 소량만 생산하고 있다. 베네수엘라 커피는 마우스필과 단맛이 좋고 산미가 약하다는 특징이 있다.

베라크루즈 (Veracruz)

멕시코의 주요 커피산지 중 하나. 멕시코 걸프해안에 자리한 주로, 여러 개의 작은 지역으로 이루어져 있다.
그중에서도 코테펙 Coatepec이 높은 고도에서 아로마와 향미가 뛰어난 커피를 생산하는 것으로 유명하다. 베라크루즈 커피는 대체로 바디가 좋으며, 해발 800-1,200m에서 재배되어 12-3월 사이에 수확한다.

베레카 (Bereka)

= 소스타냐 Sostanya

에티오피아의 커피 세리머니 coffee ceremony에서 세 번째 잔을 뜻하는 말로 축복이라는 의미를 담고 있다. 두 번째 잔에 비해 맛이 조금 연하다.

베리에이션 커피 (variation coffee)

> = 에스프레소 베리에이션 espresso variation,
> 어레인지드 커피 arranged coffee

에스프레소에 우유, 시럽, 소스 등의 부재료를 첨가한 음료.

베스트 오브 파나마 (Best of Panama)

파나마스페셜티커피협회SCAP에서 주관하는 생두 품평 대회로, 파나마 각 지역의 농장에서 출품한 고품질 커피를 평가해 순위를 매긴 후 온라인 경매를 통해 판매한다.

베이스 (base)

탬퍼에서 가장 아래쪽에 해당하는 부분으로 분쇄원두의 표면을 고르게 다지는 역할을 한다.
사이즈는 지름 58mm가 가장 일반적이지만 기본적으로 포터필터의 규격을 따르기 때문에 제품을 구입하기 전에 필터 바스켓의 직경을 확인해야 한다. 플랫형flat부터 커브형curve, 혼합형flat&curve, 리플형ripple까지 다양한 형태가 있다.

베이크드 (baked)

생두를 낮은 온도에서 오랜 시간 로스팅했을 때 나타나는 로스팅 디펙트. 생두가 열을 충분히 받지 못해 향미가 제대로 발현되지 않은 것이다. 무미건조한 맛이 나며 향기가 약하다.

베일리스 커피 (Baileys coffee)

아이리시 크림*Irish Cream*과 위스키로 만든 베일리스라는 리큐어에 커피와 초콜릿을 더해 완성한 칵테일.

베트남 (Vietnam)

세계 주요 커피 생산국 중 하나. 브라질 다음으로 많은 양의 커피를 생산하며 그중 상당수가 로부스타다.
베트남에 처음 커피가 들어온 것은 1857년 프랑스 식민지 시절이다. 이전까지는 커피 생산이 대부분 정부 주도하에 고산지대인 부온마투옷*Buon Ma Thout*에서 이루어졌지만 1986년 도이 모이*Doi Moi*라는 개혁 개방 정책이 대량 생산의 기폭제가 되었다. 최근 몇 년간 아라비카 생산량을 늘리려는 움직임을 보이긴 했지만 아직까지는 인스턴트커피에 쓰이는 로부스타가 주를 이루고 있다.

베트남 커피 (Vietnam coffee)

= 카페 쓰어다 ca phe sua da, 연유 커피,
사이공 커피 Saigon Coffee, 카페 사이공 Café Saigon

진하게 추출한 커피에 연유를 넣어 마시는 음료. 프랑스 식민지 시절이던 19세기 후반부터 로부스타를 재배해온 베트남 사람들은 강배전한 로부스타의 쓴맛을 줄이기 위해 연유와 얼음을 섞어 달콤하고 시원하게 즐겼다고 한다. 정통 베트남 커피는 전용 추출도구인 커피 핀 coffee phin을 이용해 만든다.

벨로이 (Belloy)

1800년경 퍼콜레이터를 발명한 프랑스인. 구멍이 뚫려있는 철제망에 분쇄원두를 담은 후 물을 통과시키는 방식으로 커피를 추출했으며, 이는 훗날 프랑스식 드립포트로 발전했다.

벨벳 밀크 (velvet milk)

우유거품의 입자가 눈에 보이지 않을 정도로 곱고 벨벳같이 윤기가 나는 스팀밀크. 라떼아트 시 선명한 그림을 그릴 수 있는 상태다.

보르지아 커피 (Borgia coffee)

= 카페 보르지아 Café Borgia

이탈리아의 '보르지아Borgia' 가문에서 유래한 커피로 단맛이 없는 휘핑크림에 잘게 썬 오렌지 껍질을 올려 상큼하면서도 쌉싸름한 맛을 낸다.

보스턴 차 사건 (Boston Tea Party)

1773년 미국 식민지의 주민들이 영국 본국으로부터의 독점적인 차 수입을 저지하기 위해 일으킨 사건. 이는 훗날 미국 독립 혁명의 도화선이 되었으며, 이 사건을 계기로 커피는 미국인들이 가장 사랑하는 음료가 되었다.

보이아 (Boia)

가공 과정에서 물 위에 뜨는 커피체리.

보일러 (boiler)

에스프레소 머신에서 가장 중요한 역할을 하는 부품으로, 물을 가열해 스팀, 온수, 추출수를 공급하는 역할을 한다.
보일러는 약 70%가 물로, 나머지 약 30%가 증기로 채워져 있는데 스팀, 온수, 추출수를 사용하고 나면 상온수가 다시 유입되어 온도에 영향을 주므로 이를 개선하기 위해 다양한 보일러 방식이 개발됐다. 보일러 본체의 바깥쪽은 열전도율이 높은 동 재질로 되어 있으며, 안쪽은 부식에 강한 니켈로 도금한다.

보일러 압력 (boiler pressure)

일반적으로 에스프레소 머신 보일러 내부의 스팀 압력을 보일러 압력이라고 한다.

보일러 압력 게이지 (boiler pressure gauge)

에스프레소 머신의 부품 중 하나. 보일러 내부의 스팀 압력을 육안으로 확인할 수 있는 장치다.
게이지의 눈금이 1.5bar 이상으로 올라가면 위험 수위에 도달한 것으로 본다. 포화증기표를 활용하면 보일러 압력 수치를 환산해 보일러 내부의 물 온도를 예측할 수 있다.

보케테 (Boquete)

파나마의 주요 커피산지 중 하나로 파나마 게이샤*Geisha* 커피를 널리 알린 에스메랄다*Esmeralda* 농장이 위치한 곳으로 유명하다. 19세기경 유럽인들에 의해 커피 재배가 시작됐으며 파나마 커피 전체 생산량의 약 45%가 이곳에서 생산된다. 산이 많은 지형으로 서늘한 기후와 잦은 안개가 커피체리의 숙성 속도를 늦춰 고지대와 유사한 환경을 조성한다.

복사열 (radiant heat)

로스팅에 사용되는 열의 유형 중 하나. 공기와 수분을 매개체로 생두에 전달되는 대류열이나 전도열과 달리 복사열은 파장의 형태로 전해진다. 복사열은 생두에 직접적인 영향을 주진 않지만, 드럼 내부에 열이 안정적으로 축적되어 외부 환경의 변화와 관계없이 로스팅이 일정한 상태에서 진행될 수 있도록 한다.

복합성 (complexity)

커피향미가 얼마나 다양하게 나타나는지 평가하는 항목이다. 복합성이 뛰어나다는 것은 커피 맛이 다채롭고 밸런스가 좋다는 의미다.

볼리비아 (Bolivia)

세계 주요 커피 생산국 중 하나. 커피 재배에 이상적인 고도와 기후를 가지고 있으며, 실제로도 훌륭한 커피가 볼리비아에서 일부 생산되고 있지만 내륙국가라는 지형적 제약과 열악한 인프라로 인해 매년 생산량과 수출량은 감소 추세를 보이고 있다. 좋은 품질의 볼리비아 커피는 깔끔한 단맛과 밸런스가 특징이다.

볼칸 바루 (Volcan Baru)

파나마의 주요 커피산지 중 하나. 지명은 파나마 서부에 위치한 볼칸 바루라는 화산 이름에서 유래했으며, 뛰어난 품질의 커피를 생산하는 곳으로 유명하다.
그중에서도 가장 잘 알려진 것은 단연 보케떼*Boquete* 지역의 에스메랄다*Esmeralda* 농장에서 생산하는 게이샤*Geisha* 커피이며, 수확은 12-3월 사이에 이루어진다.

부에나벤투라 (Buenaventura)

콜롬비아 서북부 태평양 연안에 위치한 항구 도시로, 주로 커피를 수출하는 콜롬비아 제2의 무역항이다.

부재료

커피업계에서는 시럽, 파우더, 소스, 퓨레 등 음료의 맛을 더하는 보조재료를 통틀어 부재료라고 부른다.

부케 (bouquet)

커피에서 느낄 수 있는 모든 향을 일컫는 말.
부케는 분자 크기에 따라 휘발 속도가 달라지는데, 프래그런스, 아로마, 노즈*nose*, 애프터테이스트 순으로 휘발성이 높다.

분당 온도 상승률 (Rate of Rise, ROR)

로스팅 시 생두의 온도 변화를 기울기로 표현한 것.

분당 회전수 (Revolution per Minute, RPM)

회전 속도를 나타내는 단위. 그라인더의 경우 모터의 회전 속도를, 로스터의 경우 드럼의 회전 속도를 의미한다.

분리형 보일러

= 듀얼 보일러 dual boiler

스팀, 온수 보일러와 추출수 보일러가 따로 구분되어 있는
보일러 방식.
기본적인 원리는 독립형 보일러와 유사하지만 독립형
보일러에서는 그룹마다 내장돼 있던 추출수 보일러가 분리형
보일러에서는 하나로 통합됐다는 차이점이 있다. 때문에 추출수
온도를 그룹별로 다르게 조절하는 것은 불가능하지만 대신 모든
그룹의 온도를 일정하게 맞출 수 있고, 추출수 보일러의 용량이
커진 만큼 연속 추출을 해도 온도가 쉽게 변하지 않는다는
장점이 있다.

분무 건조 커피 (Spray Dried coffee, SD coffee)

분무 건조법으로 만든 커피.
커피 농축액을 25~30m 높이의 탑에서 높은 압력으로 분사시킨
후 열풍을 가해 커피성분만 건조하는 방식이다. 건조 과정에서
커피향미가 일부 손실될 위험이 있긴 하지만 비용이 저렴하고
대량 생산이 가능하다는 장점이 있다.

분쇄도

= 메쉬 mesh, 분쇄입도

분쇄원두의 입자 크기. 분쇄도는 크게 '굵은 *coarse*', '조금
굵은 *medium*', '가는 *fine*', '아주 가는 *micro*'으로 분류할 수 있다.

분카 (bunca)

= 번컴 bunchum

커피나무와 커피체리를 뜻하는 아랍어. 900년대에 활동했던 페르시아 의사 라제스*Rhazes*가 커피를 의약품으로 처방하며 사용한 이름에서 유래했다.

브라이니 (briny)

커피에서 짠맛이 나는 것을 뜻하는 향미 평가 용어. 추출한 커피를 장시간 가열하면 물이 증발하고 무기질 성분이 농축되면서 이러한 결점이 발생한다.

브라이트니스 (brightness)

커피의 산미가 긍정적으로 느껴질 때 사용하는 향미 평가 용어.

브라질 Brazil

세계 주요 커피 생산국 중 하나. 150년 넘게 세계 최대 커피 생산국의 자리를 지키고 있다. 현재 전 세계 커피 생산량의 1/3가량을 차지하고 있으며, 소비국으로서도 세계 2위라는 높은 순위를 기록하고 있다.
브라질에 처음 커피가 들어온 것은 1727년 프랑스령 기아나Guiana로부터다. 브라질 커피는 광활한 국토만큼이나 다양한 기후와 지형에서 재배되며 카투라Caturra, 문도노보Mundo novo, 옐로우 버번Yellow Bourbon, 카투아이Catuai 등의 품종을 개발하기도 했다. 브라질은 오랫동안 파티오patio에 커피체리를 햇볕 건조하는 가공방식을 따랐지만 1990년대 초반 펄프드 내추럴pulped natural을 새롭게 도입하면서 커피품질이 크게 향상되었다. 다른 국가에 비해 산업화된 대형 농장이 발전했으며 대표적인 커피산지로는 미나스제라이스Minas Gerais, 상파울루San Paulo, 바이아Bahia, 파라나Parana 등이 있다.

브레이킹 (breaking)

= 브레이크 break

커핑의 한 과정으로, 분쇄원두에 뜨거운 물을 붓고 4분 정도 지났을 때 커핑 스푼으로 커핑볼 표면의 크러스트crust를 밀어내는 동작을 말한다.

브로워 (blower)

= 송풍기

로스터에서 드럼 안의 공기를 밖으로 빼내는 배기장치.

브로큰 빈 (broken bean)

= chipped bean, cut bean

결점두의 종류 중 하나로 펄핑이나 탈곡, 선별 과정에서 너무 강하게 힘을 주거나 지나치게 건조하여 깨진 생두.

브루어 (brewer)

자동 브루잉 머신.

브루잉 (brewing)

압력을 가하지 않고 순수하게 분쇄원두와 물만으로 커피성분을 추출하는 방식. 대표적으로 여과식, 침출식, 달임식이 있다.

브루잉 커피 (brewing coffee)

= 필터 커피 filter coffee

브루잉 방식으로 추출한 커피.

브루잉 컨트롤 차트 (brewing control chart)

커피의 TDS와 추출수율을 한 눈에 볼 수 있게 정리한 표. 1950년대에 MIT 락하트*Lockhart* 교수가 처음 개발했으며, X축은 추출수율을, Y축은 TDS를 나타낸다. 국가별 소비자 선호도에 따른 이상적인 커피의 농도 기준을 제시하고 있다.

부룬디 (Brundi)

세계 주요 커피 생산국 중 하나. 부룬디에 처음 커피가 들어온 때는 벨기에 식민 시절이던 1920년대로, 1962년 독립 이후 커피산업이 민영화되면서 생산량도 꾸준히 증가했지만 1993년에 발발한 내전으로 급감하기 시작했다.
하지만 최근 부룬디 커피의 품질이 그 가능성을 인정받으면서 다시 회복세를 보이고 있다. 부룬디 커피는 대부분 영세농민에 의해 재배되며 이들은 SOGESTAL*Societes de Gestion des Stations de Lavage*이라는 중앙 조직에서 관리하는 워싱 스테이션 중 한 곳에 거점을 두고 있다. 부룬디는 커피 재배에 적합한 지형과 기후 조건을 갖추고 있으며, 해발 1,350-1,800m에서 재배되어 4-7월 사이에 수확한다. 부룬디 커피는 인접 국가인 케냐, 르완다 커피와 비슷한 특징을 보이면서, 대체로 상큼하고 깔끔한 맛이다.

브룬카 (Brunca)

코스타리카의 주요 커피산지 중 하나. 코스타리카 남부에 위치해 있으며, 해발 600-1,700m에서 재배한 커피를 8-2월 사이에 수확한다. 주요 품종은 카투라*Caturra*, 카투아이*Catuai*이며, 전반적으로 저지대에서 생산된 커피는 맛이 부드럽고 고지대에서 생산된 커피는 산미가 훌륭하다는 평을 받는다.

브리브 (breve)

= 브레베

에스프레소에 우유와 크림을 일대일로 스티밍한 하프앤하프*half and half*를 넣어 만든 음료로, 카페라떼를 미국식으로 변형한 것이다.

브릭스 (Brix)

커피 추출액에 녹아있는 가용성 고형물의 농도를 나타낸 수치. 보통 당도를 표시하는 단위로 많이 사용한다.

블라인드 필터 (blind filter)

= 청소용 가스켓

그룹헤드를 청소할 때 포터필터에 끼우는 필터. 바스켓 홀*basket hole*이 막혀 있는 형태다.

블랙 허니 (black honey)

허니 프로세스*honey process* 방식으로 가공한 커피 중 과육의 약 10%를 제거한 커피.

블랙 빈 (black bean)

= 풀 블랙 full black

결점두의 종류 중 하나로 수확시기가 너무 늦어지거나, 커피체리가 너무 빨리 성숙해 땅에 떨어진 다음 흙과 오래 접촉하여 발효됐을 때 생긴다. 생두 안팎이 전체적으로나 부분적으로 검은색을 띠며 무게가 가볍고 센터컷 center cut이 벌어진 형태다. 블랙빈은 로스팅했을 때 2차 크랙 2nd crack이 일어나지 않고 커피를 추출하면 화학약품같이 시큼한 맛이 난다.

블랙커피 (black coffee)

설탕과 크림을 넣지 않은 커피.

블렌드 커피 (blended coffee)

다양한 산지의 생두를 혼합해 로스팅한 원두 또는 이러한 원두로 내린 커피.

블렌딩 (blending)

산지와 가공방식 등 각각의 특성을 지닌 생두를 2가지 이상 혼합해 단점을 보완하고 강점은 부각시키는 로스팅 방법. 커피의 향미와 질감을 재구성하여 로스터의 개성을 표현하는 과정으로 선블렌딩 방식과 후블렌딩 방식이 있다.

블렌더 (blender)

주로 카페에서 얼음이 들어가는 음료를 만들 때 사용하는 기계. 재료를 분쇄하고 혼합하는 기능이 있다.

블로썸 샤워 (blossom shower)

커피산지에서 건기가 끝나고 내리는 비. 커피나무가 열매를 맺는 데 도움을 준다.

블루 마운틴 (Blue Mountain)

자메이카를 대표하는 커피산지로 세인트앤드류Saint Andrew, 세인트토마스Saint Thomas, 포틀랜드Portland, 세인트메리Saint Mary에 걸쳐 커피를 생산한다. 이 지역은 재배고도를 기준으로 커피의 등급을 엄격히 구분하여 관리하는데, 총 4등급으로 나뉘며 그중 해발 900-1,500m에서 재배된 커피를 블루 마운틴이라고 한다. 수확은 6-7월 사이에 이루어지며, 주요 품종은 티피카Typica와 여기서 파생된 품종인 자메이카 블루 마운틴Jamaica Blue Mountain이다. 블루 마운틴은 오랫동안 주로 일본으로 수출되었으며 마대자루 대신 목재통에 담겨 운송된다는 점이 특징이다. 하와이 코나, 예멘 모카 마타리와 함께 세계 3대 커피로 꼽히며 생산량이 매우 적어 아주 비싼 가격에 거래된다.

블루 마운틴 No.1 (Blue Mountain No.1)

블루 마운틴 커피 중 스크린사이즈*screen size*가 17-18인 생두.

블루 마운틴 No.2 (Blue Mountain No.2)

블루 마운틴 커피 중 스크린사이즈*screen size*가 16인 생두.

블루 마운틴 No.3 (Blue Mountain No.3)

블루 마운틴 커피 중 스크린사이즈*screen size*가 15인 생두.

비야 로보스 (Villa Lobos)

코스타리카에서 볼 수 있는 티피카*Typica*의 돌연변이 품종으로 커피나무의 키가 작은 것이 특징이다.

비야 사르치 (Villa Sarchi)

브라질의 카투라Caturra, 엘살바도르의 파카스Pacas처럼 커피나무의 키가 작은 버번Bourbon의 자연변종으로 이름은 코스타리카의 한 마을에서 비롯되었다. 나뭇가지의 형태가 매우 독특하고 이파리는 청동색을 띤다. 병충해에 강해 화학비료를 사용하지 않는 유기농 방식으로 재배하며 단위 면적당 생산량도 많다. 달콤한 과일향이 나고 품질도 우수한 편이다.

비엔나커피 (Vienna coffee)

= 아인슈페너 Einspanner, 멜란지 melange,
카페 비엔나 Café Vienna

따뜻한 핸드드립 커피에 휘핑한 생크림을 올린 커피메뉴. 아인슈페너는 '말 한 마리가 끄는 마차'라는 뜻으로 과거 오스트리아의 마부들이 달콤한 커피를 한 손으로 마시기 위해 고안한 메뉴에서 비롯됐다. 원래는 멜란지라고 불리다가 오스트리아를 대표하는 커피메뉴가 되면서 카페 비엔나, 비엔나커피라는 이름이 붙었다. 핸드드립 커피 대신 아메리카노를 넣어 만들기도 한다.

비중 선별기 (gravity separator)

좌우로 진동을 가해 생두를 무게별로 분류하는 기계.

비효소적 갈변반응 (non enzymatic browning)

효소 활동 없이 식품 성분 간의 화학반응에 의해 갈색 물질이 생성되는 현상. 로스팅 시 생두 표면이 갈색으로 변하면서 윤기가 생기는 캐러멜화와 메일라드 반응이 여기에 속한다.

비후경로 (retronasal route)

사람의 혀 뒤쪽에서 후두를 경유하여 비점막에 이르는 경로. 미각과 후각, 그리고 촉각의 상호작용이 일어나는 부분이다.

빈 투 컵 (bean to cup)

= 씨드 투 컵 seed to cup

커피나무의 열매인 커피체리가 여러 단계를 거쳐 한 잔의 커피로 우리에게 오기까지의 과정.

시옷

ㅅ

사과산

= 말릭산 malic acid

커피에 포함되어 있는 유기산의 한 종류. 사과, 복숭아 등의 과일에 들어있으며 좋은 향기를 낸다.

사르치모르 (Sachimor)

비야 사르치*Villa Sarchi*와 하이브리드 티모르*Hybrid Timor*의 교배종으로 병충해에 강하며 카티모르*Catimor*와 유사한 성질을 지니고 있다.

사워니스 (sourness)

커피의 산미가 부정적으로 느껴질 때 사용하는 향미 평가 용어.

사이드 메뉴 (side menu)

카페에서 판매하는 디저트, 빵, 브런치 등 음료 이외의 메뉴를 일컫는 말.

사이클론 (cyclone)

로스팅 시 생두에 붙어 있는 채프*chaff*나 미세먼지 등의
오염물질을 한 곳에 모아주는 장치.
사이클론이 작동하면서 드럼 안의 공기는 위로 빠져나가고
채프는 아래에 쌓인다.

사이트 글라스 (sight glass)

에스프레소 머신의 부품 중 하나. 보일러에 물이 어느 정도
채워졌는지 육안으로 확인할 수 있는 창이다.

사이폰 (siphon)

= 배큠 브루어 vacuum brewer

물이 끓을 때 발생하는 수증기의 움직임을 이용한 커피
추출기구.
1842년 프랑스의 바슈 부인*M. Vassieux*이 개발한 진공여과식
추출기구 배큠 브루어를 1924년에 일본인 고노*Kono*가
사이폰이라는 이름으로 상품화한 것이다.
사이폰은 하단 플라스크에 담긴 물이 끓으면서 발생한
수증기가 상단 로드*rod*의 커피가루를 우려내는 방식으로 커피를
추출한다.

사일로 (silo)

생두나 원두를 보관하는 큰 탑 모양의 저장소.

산 라몬 (San Ramon)

티피카Typica의 돌연변이 품종으로 커피나무의 키가 작은 것이 특징이다.

산마르코스 (San Marcos)

과테말라의 주요 커피산지 중 하나. 과테말라에서 가장 따뜻하고 강수량이 많은 지역이다. 우기가 일찍 시작되어 커피꽃의 개화시기도 빠른 편이다. 커피는 해발 1,300~1,800m에서 재배하며, 12-3월 사이에 수확한다. 주요 품종은 버번Bourbon, 카투라Caturra, 카투아이Catuai다.

산미

= 액시디티 acidity

커피에서 느껴지는 신맛의 품질과 강도를 평가하는 항목. 좋은 산미가 느껴질 때는 'bright', 좋지 않은 산미가 느껴질 때는 'sour'라고 표현하는 것이 일반적이다. 산미의 강도는 H^{high}, M^{medium}, L^{low}로 표시하며 오렌지, 레몬 청포도와 같은 상큼한 과일의 신맛은 점수가 높은 반면, 식초처럼 자극적인 신맛은 보통 낮은 점수를 받는다.

산타아나 (Santa Ana)

엘살바도르의 주요 커피산지 중 하나. 엘살바도르 서부의 산타아나 화산 인근에 자리해 있으며 훌륭한 품질의 커피를 생산하는 것으로 유명하다. 해발 500-2,300m에서 커피를 재배하며 수확은 10-3월 사이에 이루어진다. 주로 재배되는 품종은 버번^{Bourbon}, 파카스^{Pacas}이며, 엘살바도르 최대 커피 생산지이자 최초의 커피 경작지로 추정된다.

산토스 항 (Port of Santos)

브라질 상파울루$^{San\ Paulo}$에 위치한 세계적인 커피 수출항.

산호세 (San José)

코스타리카의 수도이자 주요 커피산지 중 하나. 코스타리카 중앙의 센트럴 밸리 Central Valley 지역에 속해 있으며, 코스타리카에서 가장 오래된 커피 생산지이기도 하다. 커피는 해발 900-1,600m에서 재배되어 11-3월 사이에 수확하고 인근에 위치한 화산이 이곳에서 생산되는 커피의 향미에 큰 영향을 미친다.

산화 (oxidation)

커피의 오일 성분이 공기 중의 산소와 반응해 변질되는 현상.

삼원종

커피의 3대 원종인 아라비카, 로부스타, 리베리카 Liberica를 일컬어 삼원종이라고 부른다.

상파울루 (San Paulo)

브라질의 주요 커피산지 중 하나. 브라질 전체 커피 생산량의 약 10%가 이 지역에서 생산된다.
리우데자네이루Rio de Janeiro의 서남쪽에 위치해 있으며 연중 온화한 기후와 해발 800-1,200m의 높은 고도로 커피 재배에 적합한 조건을 갖췄다. 수확은 5-9월 사이에 이루어지며 대표적인 커피산지로 모지아나Mojiana가 있다. 문도노보Mundo Novo와 카투아이Catuai를 많이 재배하며, 이곳에서 생산된 커피 또한 산토스Santos 항을 통해 수출된다.

색 선별기 (color sorter)

생두를 색깔별로 분류하는 기계.

색도계 (color meter)

원두의 로스팅 포인트를 정확히 파악하기 위해 색을 측정하는 기구.

샘플 (sample)

특정 생두나 원두의 표본을 흔히 샘플이라고 부른다.

샘플 로스터 (sample roaster)

= 테스트 로스터 test roaster

본격적인 로스팅에 앞서 소량만 시범적으로 로스팅할 때 사용하는 소형 로스터.

샘플 로스팅 (sample roasting)

= 테스트 로스팅 test roasting

본격적인 로스팅에 앞서 생두를 소량만 시범적으로 로스팅하며 컵 노트 *cup note*를 확인하는 작업.

샘플러 (sampler)

= 확인봉, 테스트 스푼 test spoon, 탐색봉

로스팅을 진행하는 중에 드럼 안에 든 원두를 약간만 꺼내 로스팅 상태를 확인할 수 있게 만든 것.

샘플링 (sampling)

생두를 구매하기 전 커핑을 통해 원하는 샘플을 찾는 작업.

생두

= 그린빈 green bean, 그린 커피 green coffee

수확한 커피체리를 가공한 후 내과피인 파치먼트*parchment*를 벗긴 상태. 로스팅하기 전의 커피를 일컬어 흔히 생두라고 부른다.

샤워 스크린 (shower screen)

= 샤워 필터 shower filter,
디스퍼전 스크린 dispersion screen, 산포망

에스프레소 머신의 부품 중 하나로 그룹헤드에 달려 있는 둥글고 평평한 망. 분쇄원두가 고르게 적셔질 수 있도록 샤워 홀더를 통과한 추출수를 여러 줄기로 분사시키는 역할을 한다.

샤워 홀더 (shower holder)

에스프레소 머신의 부품 중 하나. 그룹헤드에 달려 있는 샤워 스크린을 고정시키는 역할을 한다.

샤커레또 (Shakerrato)

'흔들다'는 뜻을 가진 커피메뉴로, 셰이커에 에스프레소와 얼음을 넣고 흔들어 차갑게 마신다. 진한 에스프레소와 부드러운 거품의 조화가 매력적인 음료다.

샷 (shot)

에스프레소의 용량을 나타내는 단위. 보통 약 30ml, 1oz를 1샷이라고 한다.

샷 글라스 (shot glass)

= 벨 크리머, 샷 잔

에스프레소 머신으로 추출한 커피를 담을 때 쓰는 작은 잔. 주로 테스트 샷*test shot*을 뽑을 때나 베리에이션 커피에 들어갈 에스프레소를 추출할 때 사용한다. 용량은 대부분 30ml이며, 유리나 스테인리스 스틸 소재로 만든다. 눈금이 새겨져 있는 것과 없는 것 두 종류가 있다.

서버 (server)

추출한 커피를 담는 용기.
대부분 유리로 되어 있고 눈금이 새겨져 있어 추출량을 쉽게 확인할 수 있다.

서브 크롭 (sub crop)

= 플라이 크롭 fly crop, 퍼스트 크롭 first crop

부 수확기에 수확한 커피.

서스테이너블 커피 (sustainable coffee)

= 지속가능한 커피, 릴레이션십 커피 relationship coffee

지속가능한 커피 생산을 위해 커피농가의 삶의 질 개선과 환경보호를 추구하는 커피.
현재까지 유기농 인증, 공정무역 인증, 그늘 재배 등 다양한 노력이 이루어지고 있으며 커피 생산국과 소비국 간의 긴밀한 협력을 통해 좋은 품질의 커피를 합리적인 가격에 거래하는 것을 목표로 한다.

석발기

= 디스토너 destoner

파치먼트 *parchment*를 탈곡하기 전에 경사진 진동판 위에 올려놓고 흔들어 돌과 같은 이물질을 골라내는 기계.

선 그로운 커피 (sun grown coffee)

= 햇볕 경작

나무 그늘이 없는 곳에서 햇빛을 그대로 받고 자란 커피. 지리적으로 일조량이 적은 지역이나 브라질과 같이 대량 생산을 하는 곳에서 많이 사용하는 방식이다. 햇볕에 직접 노출되기 때문에 커피나무 주변의 수분이 빠르게 증발하여 광합성이 잘 일어나지 않으며, 당과 유기산도 원활하게 생성되지 못한다. 보통 커피나무는 직사광선을 싫어하기 때문에 키가 큰 나무 옆에 심거나 주변에 셰이드 트리*Shade tree*를 심어 재배하는 경우가 많았지만, 생산성을 늘리기 위해 셰이드 트리를 없애고 그 자리에 커피나무를 더 심기 시작하면서 선 그로운 커피가 등장하게 되었다. 화학비료와 제초제를 사용해 단기간에 많은 열매를 수확할 수 있지만 상대적으로 품질이 떨어지고 환경오염을 일으킬 가능성이 높다.

선물거래 (futures transaction)

현재 시점의 상품을 선물시장*futures market*에서 미리 정해놓은 가격으로 매매할 것을 약정하는 거래. 커피업계에서는 커피의 생산량과 품질을 예측해 일정한 기준에 따라 선물거래를 한다. 추후 가격변동에 의해 발생할 수 있는 손실을 줄일 수 있다는 것이 장점이며 아라비카의 선물거래는 뉴욕 선물거래소*ICE*에서, 로부스타의 선물거래는 런던 선물거래소*EURONEXT*에서 이루어진다.

선블렌딩 (Blending Before Roasting, BBR)

= 프리 블렌딩 pre-blending, 전블렌딩, 혼합 블렌딩

생두를 먼저 혼합한 다음 로스팅하는 블렌딩 방식.
로스팅 전에 블렌딩을 하면 각각의 생두가 잘 어우러져 풍성한 플레이버를 균일하게 유지할 수 있지만 각 커피가 가지고 있는 고유의 개성이 사라질 위험이 있다.

설탕시럽 (sugar syrup)

= 심플 시럽 simple syrup

물과 설탕을 1:1로 끓여 만든 투명한 시럽. 커피나 각종 음료의 단맛을 더하기 위해 사용한다.

세미 드라이 폼 (semi dry foam)

우유와 거품이 서서히 분리되어 거품 사이에 남아있는 우유가 줄어든 상태의 우유거품.

세미 포레스트 커피 (semi-forest coffee)

= 반야생 커피

에티오피아의 커피 재배방법 중 하나로, 커피나무를 야생에 방치해 놓고 키우는 포레스트 커피*forest coffee*와 달리 일조량 조절이나 잡초 제거와 같은 최소한의 관리를 하는 경작 형태다.

세척 (washing)

수확한 커피체리를 흐르는 물에 깨끗하게 씻어내는 작업.

세컨드 웨이브 (2nd wave)

= 제2의 물결

인스턴트커피 중심의 커피 소비 패턴이, 이탈리아 에스프레소와 카페를 미국식으로 변형한 베리에이션 커피와 대형 커피 체인으로 바뀐 시기를 커피업계에서는 '제2의 물결*The Second Wave*'이라고 부른다.

센서리 스킬 테스트 (sensory skills test)

스페셜티커피협회SCA에서 시행하는 큐그레이더 시험 과목 중 하나로, 커피 맛의 기본 요소인 단맛, 짠맛, 신맛의 종류와 강도를 구분하는 작업이다.
시험은 총 세 단계로 이루어지는데, 첫 번째는 맛의 종류만 아는 상태에서 주어진 맛의 강도를 세 가지로 나누는 것이고, 두 번째는 맛에 대한 정보가 아무것도 없는 상태에서 주어진 맛의 종류와 강도를 구분하는 것이다. 마지막 세 번째는 종류와 강도가 제각각인 맛 2-3가지가 섞인 상태에서 각각의 종류와 강도를 구분하는 방식으로 진행된다.

센터컷 (center cut)

생두와 원두 중앙에 파여 있는 홈.
센터컷이 갈라진 모양을 보면 생두와 원두의 밀도, 가공방식, 로스팅 포인트 등을 알 수 있다.

셀프 바 (self bar)

손님들이 기호에 따라 설탕, 시럽, 우유 등의 부재료를 음료에 넣어 마실 수 있도록 카페 한쪽에 마련된 공간. 셀프 바에는 부재료 외에도 냅킨, 빨대, 리드, 슬리브 등의 소모품이 구비되어 있다.

셰이드 그로운 커피 (shade grown coffee)

= 셰이딩 커피 shading coffee, 그늘 재배, 그늘 경작

그늘 재배로 경작한 커피. 셰이드 그로운은 직사광선에 약한 커피나무 옆에 잎이 넓은 나무를 심어 그늘을 만들어주는 재배방법이다. 셰이드 트리 shade tree가 바람을 막아주어 커피체리의 맛과 모양이 잘 유지되며 셰이드 트리의 낙엽이 토양을 비옥하게 해준다. 또한 그늘이 커피나무 주변의 온도를 낮춰 일교차를 줄여주고 수분 증발을 막아주기 때문에 광합성이 천천히 이루어져 결과적으로 커피의 품질이 높아지는 효과가 있다.

셰이드 트리 (shade tree)

커피나무에 그늘을 제공하기 위해 심는 나무.

셰이커 (shaker)

음료를 만들 때 재료를 혼합하기 위해 사용하는 도구. 셰이커에 얼음을 넣고 흔들면 짧은 시간에 시원한 음료도 만들 수 있다.

소스 (sauce)

음료에 맛을 더하거나 장식 효과를 내기 위해 사용하는 부재료. 농도와 점성이 높은 편이며 종류로는 초콜릿과 캐러멜 등이 있다.

소스 에칭 (sauce etching)

라떼아트의 에칭 기법 중 하나. 우유와 함께 초콜릿소스나 캐러멜소스가 들어가는 음료에 활용할 수 있으며 화려하고 다채로운 디자인을 표현할 수 있다는 장점이 있다.

소킹 (soaking)

세척한 파치먼트parchment를 최소 10시간에서 최대 24시간까지 물에 담가두는 것을 말한다. 이 과정에서 커피의 쓴맛을 내는 성분인 폴리페놀과 디터펜Diterpenes이 줄어들고 부드러운 산미가 형성된다. 워시드 가공방식이라고 해서 무조건 소킹을 해야 하는 것은 아니며 선택적으로 추가할 수 있다.

소프트 (soft)

브라질 커피를 평가할 때 잡맛이 없는 부드러운 커피를 뜻하는 말.

소프트 포드 (soft pod)

포드 커피의 종류 중 하나로, 기름종이 사이에 7-10g의 분쇄원두를 넣고 일반 열처리를 해서 봉합한 필터 커피다.

소프티쉬 (softish)

브라질 커피를 평가할 때 소프트*soft*보다 품질이 약간 떨어지는 커피를 뜻하는 말.

손탁 호텔 (Sontag Hotel)

1902년에 설립된 우리나라 최초의 서양식 호텔로, 서울에서 처음 커피숍이 들어선 곳이다.
당시 덕수궁 인근의 1,200평에 달하는 대지에 지어져 큰 화제가 되었고, 윈스턴 처칠, 마크 트웨인 등 국내외 저명인사들이 묵었던 것으로도 유명하다. 6.25 전쟁 때 폭격을 당해 현재는 터만 남아 표석이 세워져 있다.

솔레노이드 밸브 (solenoid valve)

에스프레소 머신의 부품 중 하나로 물의 흐름을 통제하는 역할을 한다. 전기가 통하면 열리고 차단되면 닫히는 방식으로 작동하며, 진행 방향이 몇 개인지에 따라 2way 솔레노이드 밸브와 3way 솔레노이드 밸브로 나뉜다.

솔로 (solo)

> = 싱글 에스프레소 single espresso

에스프레소 1샷의 이탈리아식 표현.

솔리만 아가 (Soliman Aga)

유럽에 처음으로 터키식 커피를 전파한 인물. 1669년 터키 대사로 파리에 파견되어 터키식 커피를 널리 퍼뜨린 것으로 알려졌지만 사실 그는 터키 대사를 사칭한 인물이었으며, 이 사건은 이후 <서민 귀족>이라는 오페라의 소재가 되기도 했다.

솔저 (soldier)

묘포에 커피씨앗을 심으면 얼마 지나지 않아 싹을 틔우는데, 이를 솔저라고 한다. 가늘고 푸른 줄기 끝에 씨앗이 붙어 있는 형태다.

송진향 (turpeny)

생두를 로스팅하는 과정에서 건류 반응에 의해 생성되는 향기 중 하나.

숏 탑 (short top)

커피나무의 키가 1m 정도 됐을 때 가지치기하는 것.

숏베리 (short berry)

에티오피아의 커피산지인 하라*Harrar*에서 평균보다 크기가 작은 생두를 일컬어 부르는 말.

숏블랙 (Short black)

에스프레소의 호주식 표현.

수단 루메 (Sudan Rume)

= 루메 수단 Rume Sudan

1942년 남수단과 에티오피아 국경 지역에 위치한 보마 고원*Boma Plateau*의 루메 계곡에서 처음 발견된 커피품종. 호주 출신의 2015년도 월드바리스타챔피언 사사 세스틱*Sasa Sestic*이 대회 때 사용하면서 더욱 유명해졌다. 품질이 뛰어나고 병충해에도 강하지만 수확량이 적어 그동안은 주로 연구 목적으로 재배됐으며, 2011년 콜롬비아 바예델카우카*Valle del Cauca*에 위치한 카페 인마쿨라다*Cafe Inmaculada* 농장에 의해 상업화에 성공했다.

수동 그라인더 (manual grinder)

= 도저 그라인더 doser grinder

전기로 작동하는 상업용 그라인더 중 분쇄원두의 양을 사용자가 매번 일일이 조절하는 방식. 분쇄원두가 도저*doser*에 쌓이면 레버를 당겨 원하는 만큼 포터필터에 담는다.

수랭식 (water cooling)

제빙기의 작동 원리 중 하나로 물의 흐름을 이용한 냉각 방법이다.

수마트라 (Sumatra)

인도네시아에서 두 번째로 큰 섬이자 아체*Ache*, 토바 호수*Lake Toba*, 망쿠라자*Mangkuraja* 등의 커피산지들이 위치한 곳이다. 인도네시아 전체 커피 생산량의 60% 이상이 이 지역에서 재배되며 수마트라 커피는 풍미가 진하고 여운이 오래 남는 것이 특징이다.

수망 로스터

수망으로 만든 간이 로스팅 도구.

수망 로스팅

프라이팬 모양의 수망 로스터에 생두를 담고 불에 올려 로스팅하는 방식.
손잡이를 일정한 높이에서 위아래나 양옆으로 충분히 흔들어야 생두를 태우지 않고 골고루 익힐 수 있다. 가격이 저렴하고 방법이 간단해 홈로스팅에 많이 쓰이며, 로스팅 과정을 육안으로 확인할 수 있다는 것도 장점이다.

수면계

= 워터 게이지 water gauge

에스프레소 머신의 부품 중 하나로 보일러의 물량을 확인할 수 있는 장치다.

수분 증발 (evaporation)

로스팅의 첫 번째 단계로 생두에 열을 가해 수분을 기화시키는 과정이다. 생두는 로스터에 투입되는 순간부터 수분이 기화하기 시작하는데, 100℃까지는 주로 생두 표면에서 기화가 일어나다가 100℃를 넘어가면서부터 생두 내부에서도 기화가 일어난다. 보통 수분함량이 높은 생두는 그렇지 않은 생두보다 수분이 기화하는 데 더 많은 열량을 필요로 한다.

수분 활성도 (water activity)

수분을 구성하는 자유수와 결합수 중 미생물의 생장을 돕는 자유수를 수치로 환산한 것. 수분 활성도는 생두의 포장 상태와 보관에 영향을 미치며 일반적으로 생두는 수분함량이 높을수록 수분 활성도가 높다.

수압 확산 구역

= 디퓨전 블록 diffusion block

샤워 스크린과 샤워 헤드 사이의 작은 빈 공간. 추출수는 이곳을 통과하면서 균일한 압력으로 분쇄원두를 고루 적신다.

수압계

= 수압 게이지 water pressure gauge

에스프레소 머신의 부품 중 하나로 머신에 공급되는 물의 압력과 단수 여부 등을 확인할 수 있는 장치. 평소에는 2-4bar의 수도 수압을 유지하다가 추출이 시작되면 8-10bar로 상승한다. 머신이 대기 상태일 때는 수압계라고 하지만 작동 중일 때는 펌프 압력 게이지 또는 추출 압력 게이지라고 한다.

수위 센서 (water level sensor)

= 레벨 센서 level sensor

에스프레소 머신의 부품 중 하나로 보일러의 수위를 감지하는 장치다. 보일러는 약 70%가 물로 채워져 있는데, 온수나 스팀 사용 후 수위가 기준치보다 낮아지면 센서가 자동적으로 작동해 물을 보충하고, 반대로 수위가 높아지면 물 공급을 중단한다. 수위 센서에는 프로브*probe* 타입과 보드*board* 타입이 있으며, 둘 다 스케일*scale*이 쌓이면 오작동을 일으킬 수 있다.

수직척도 (vertical scale)

커피향미 평가 시 평가 요소의 인지 강도를 높고 낮음으로 표현하는 척도다.

수평척도 (horizontal scale)

커피향미 평가 시 개인적인 경험에 근거해 평가 요소의 품질 점수를 매기는 척도다.

수프리모 (supremo)

= 콜롬비아 수프리모 Colombia Supremo

콜롬비아 커피는 생두 크기에 따라 4등급으로 나뉘는데 그중 스크린사이즈 screen size가 17인 스페셜티 커피를 가리키는 말.

숙성

= 에이징 aging

생두를 일정 기간 동안 특정 조건에서 보관하여 숙성시키는 작업.
생두를 보관할 때는 실내 온도가 20-25℃인 곳에서 직사광선을 피하고, 제습기나 환기시설을 갖춰 곰팡이가 생기는 것을 방지해야 한다. 종종 콘크리트 바닥에서 습기가 올라오거나 여름철 장마로 곤욕을 치르는 경우가 있기 때문에 세심한 주의를 기울여야 한다. 생두는 자루째 쌓아두는 것이 일반적인데, 이때는 정기적으로 위치를 바꿔주는 것이 좋다.

숙성 커피

= 에이지드 커피 aged coffee

생두를 별도의 보관시설에서 일정 기간 숙성시킨 커피.
생두는 숙성 과정을 거치면서 신맛, 쓴맛, 떫은 맛이 줄어들고 단맛이 증가하며 균형 잡힌 바디가 형성된다. 수확한 지 오래된 커피라는 뜻에서 올드 빈 old bean이라고 부르는 경우도 있지만 단순히 보관기간이 길어져 향미 성분이 손실되는 현상과는 차이가 있다.

술 데 미나스 (Sul de Minas)

브라질의 주요 커피산지 중 하나로 오래전부터 대규모 커피 생산이 이루어졌다.
역사적으로 많은 영세농민이 커피 재배를 해온 곳인 만큼 다른 지역에 비해 협동조합이 발전했으며, 규모는 작지만 기계수확을 하는 농장도 적지 않다. 커피 재배에 적합한 토양과 기후를 지니고 있고 해발 700-1,350m에서 재배한 커피를 5-9월 사이에 수확한다.

술라웨시 (Sulawesi)

= 셀레베스 Celebes

인도네시아의 주요 커피산지 중 하나. 셀레베스는 술라웨시 섬의 옛 명칭이다.
인도네시아 전체 커피 생산량의 약 5%가 이곳에 위치한 대형 커피농장에서 생산되지만 이 지역의 커피 생산자는 대부분 영세농민이다. 커피는 주로 세미 워시드 방식으로 가공하며, 로부스타도 상당량 생산하고 있다. 대표적인 커피산지로는 중앙 고원지대인 타나 토라자Tana Toraja와 남부의 칼로시Kalosi가 있으며 주요 품종은 S795, 티피카Typica 등이다. 커피는 해발 1,000-1,800m에서 재배되어 5-11월 사이에 수확한다.

술탄커피 (Sultan coffee)

과거 오스만투르크 제국에서 즐겨 마셨다는 커피 음료. 말린 커피체리나 생두를 갈아 오랫동안 끓인 다음 향신료를 더해 마신다. 초기의 커피 음용방식으로 이때까지는 로스팅이 이루어지지 않았다.

숯불 로스팅 (charcoal roasting)

숯의 강력한 화력으로 생두를 로스팅하는 방식. 1970년대 일본에서 처음 개발됐으며 숯에서 나오는 원적외선이 생두 내부로 전달되어 겉과 속이 고르게 익는다는 것이 장점이다. 숯이 탈 때 발생하는 스모크 *smoke* 향이 생두에 배어들어 독특한 맛을 즐길 수 있다. 하지만 열조절이 어렵고 자칫하면 높은 복사열이 생두의 세포조직을 파괴해 향미가 쉽게 손실될 수 있다는 단점이 있다.

쉘 빈 (shell bean)

= malformed bean, 조개두

결점두의 종류 중 하나로 성장 과정에서 유전적인 원인에 의해 조개나 귀 모양의 기형이 발생한 생두를 말한다.
이러한 생두는 다른 생두에 비해 로스팅이 빠른 속도로 진행되어 원두의 색깔이 유난히 짙고 잘 부스러지며, 탄내가 커피향미에 좋지 않은 영향을 주기도 한다.

슈가브라우닝 (sugar browning)

로스팅 시 생두의 갈변반응에 의해 발생하는 향.
캐러멜, 견과류, 초콜릿 향이 여기에 속한다.

스몰 배치 (small batch)

생두를 한번에 소량만 로스팅해 품질을 높인 커피.

스무스 (smooth)

커피의 바디를 강도에 따라 나눴을 때 약간 낮은 정도. 보통 버터리*buttery*, 크리미*creamy*, 스무스*smooth*, 워터리*watery* 순이다.

스웨팅 (sweating)

커피의 오일 성분이 로스팅 후 밖으로 배출되면서 원두 표면에 윤기가 생기는 현상.

스위스 워터 프로세스 (Swiss Water Process)

1930년대 스위스에서 개발된 디카페인커피 제조방법. 생두를 뜨거운 물에 넣어 카페인과 향미 성분을 추출한 다음 다시 활성탄으로 카페인만 걸러내는 방식이다. 화학물질을 사용하지 않는다는 점이 특징이다.

스케일 (scale)

금속면에 부착된 불순물을 말한다. 에스프레소 머신처럼 금속으로 된 기계에 뜨거운 물이 흐르면 스케일이 쌓이면서 열효율과 수질이 현저히 떨어지게 된다. 특히 경도가 높은 물은 미네랄이 많이 포함돼 있어 스케일이 생기기 쉬우므로 반드시 정수 과정을 거쳐야 한다.

스코칭 (scorching)

로스터를 장시간 예열하거나 기준치보다 온도가 높은 상태에서 생두를 투입했을 때 발생하는 로스팅 디펙트. 화력이 너무 강해 원두 표면이 타거나 일부가 검게 그을리는 것을 말한다.

스크리너 (screener)

생두를 크기에 따라 분류할 때 사용하는 체. 스크린사이즈 *screen size*별로 일정한 크기의 구멍이 나 있다.

스크리닝 (screening)

생두를 크기별로 분류하는 작업. 생두 300g을 스크리너에 올린 후 진동을 가하는 방식으로 진행한다.

스크린사이즈 (screen size)

생두를 크기별로 분류할 때 사용하는 단위 명칭. 스크린사이즈 1은 폭이 약 0.4mm이며 스크린사이즈가 일정하다는 것은 그만큼 가공 과정에서 생두를 세심하게 다뤘다는 뜻이다.

스키밍 (skimming)

커핑의 한 과정으로, 브레이킹*breaking* 후 커핑볼 표면의 크러스트*crust*를 걷어내는 동작을 말한다.

스킨 드라이 (skin dry)

파치먼트*parchment*를 점액질이 붙어 있는 상태에서 건조장에 말리는 과정. 건조는 2-3일 내에 수분함량이 20-24%가 될 때까지 수분을 제거하는 것이 중요한데, 이를 스킨 드라이라고 한다.

스탠드 (stand)

사이폰의 부품 중 하나로 위쪽 로드*rod*와 아래쪽 플라스크를 연결하는 부분이다.

스터러 (stirer)

= 젓개

에어로프레스나 사이폰으로 커피를 추출할 때 분쇄원두와 물이 잘 섞이도록 젓는 도구다. 보통 나무나 플라스틱으로 만든다.

스트레이너 (strainer)

음료를 만든 후 잔에 따를 때 재료를 걸러주는 도구.

스트레커분해 (Strecker degradation)

로스팅 시 일어나는 화학변화로 메일라드 반응과 함께 갈변현상을 일으키고 향기 화합물을 형성하는 역할을 한다.

스트리핑 (stripping)

= 밀킹 milking, 훑어따기, 스트립 피킹 strip picking

커피나무에 달린 열매를 손으로 훑어 따는 방식. 핸드피킹 *hand picking*과 마찬가지로 수작업으로 진행되지만 속도가 빠르고 인건비도 적게 들어 주로 기계수확이 어려운 지역에서 사용하는 방법이다. 하지만 커피체리를 성숙도와 관계없이 한번에 수확하기 때문에 품질이 고르지 못하고 커피나무에 손상을 줄 위험이 있다. 이러한 단점을 최소화하기 위해 수확시기를 신중히 결정하며, 추후에 잘 익은 열매만 따로 선별하는 과정을 거쳐야 한다.

스트릭트리 소프트 (Strictly Soft, SS)

브라질 커피를 평가할 때 불쾌하거나 자극적인 맛이 없는 부드러운 고품질 커피를 뜻하는 말.

스티밍 (steaming)

= 밀크 스티밍 milk steaming

우유가 담긴 스팀피처에 뜨거운 스팀을 주입해 우유를 따뜻하게 데우고 부드럽고 풍성한 우유거품을 만드는 작업.

스팀 노브 (steam knob)

= 스팀 레버 steam lever

에스프레소 머신에서 스티밍 기능을 담당하는 부분을 통틀어 이르는 말. 크게 스팀 밸브, 스팀 완드, 스팀 노즐, 스팀 팁으로 구성되어 있다.

스팀 노즐 (steam nozzle)

스팀 노브 끝에 달려 있는 노즐. 밖으로 스팀을 분사시키는 부분이다.

스팀 밸브 (steam valve)

스팀 노즐의 열고 닫힘을 조절하는 장치. 손잡이를 반시계 방향으로 돌리면 스팀이 나오고, 시계 방향으로 돌리면 스팀이 멈춘다. 레버가 가장 일반적인 형태지만 버튼을 누르게 되어 있는 것도 있다.

스팀 완드 (steam wand)

스팀 노브에서 스팀이 이동하는 부분에 해당하는 스테인리스 스틸 재질의 관.

스팀 팁 (steam tip)

스팀 노즐에 나 있는 구멍으로 스팀 팁의 크기는 우유거품의 입자 형성에 영향을 주어 스팀밀크의 양과 질을 좌우한다.

스팀가열식 보일러

단일형 보일러의 일종으로 보일러 내부에 형성된 증기압이 그룹헤드에 연결된 직수를 가열하여 추출수로 사용하는 원리다.

스팀밀크 (steamed milk)

스티밍을 통해 미세한 거품 입자가 적절히 혼합된 우유.

스팀피처 (steam pitcher)

= 밀크 피처 milk pitcher

밀크 스티밍을 할 때 사용하는 스테인리스 스틸 재질의 용기. 사용 후에는 바로 세척해야 우유 찌꺼기가 남지 않고 악취가 생기는 것을 막을 수 있다.

스파웃 (spout)

포터필터에서 에스프레소가 흘러나오는 부분. 종류로는 싱글 스파웃과 더블 스파웃이 있다.

스페셜티 커피 (Specialty coffee)

= 스페셜티 Specialty, TOP

스페셜티커피협회SCA의 커핑 시트를 기준으로 80점 이상의 커핑 점수를 받은 커피. 커머셜 커피에 비해 상대적으로 높은 품질과 뛰어난 향미를 지녔으며, 생산 및 유통 과정에서 산지와의 유대관계와 선순환을 중요시한다.

스페셜티커피협회 (Specialty Coffee Association, SCA)

2017년 1월 미국스페셜티커피협회SCAA와 유럽스페셜티커피협회SCAE가 통합되어 새롭게 출범한 단체로, 다양한 활동을 통해 스페셜티 커피산업의 발전과 전문가 양성에 매진하고 있다.

슬러핑 (slurping)

커핑을 할 때 커피가 입안에 골고루 퍼질 수 있도록 후룩 소리를 내며 깊게 들이마시는 동작.

슬로우 커피 (slow coffee)

양질의 커피 한 잔이 만들어지는 과정을 은유적으로 표현한 말. 단순히 여유를 가지고 천천히 커피를 추출하는 것을 넘어 생두 선정부터 로스팅, 추출까지 시간을 가지고 정성을 들인다는 의미를 지니고 있다.

슬리브 (sleeve)

= 컵홀더 cup holder

뜨거운 음료나 차가운 음료를 손잡이가 없는 컵에 담을 때 들기 쉽게끔 끼우는 종이.

시그니처 메뉴 (signature menu)

= 시그니처 커피 signature coffee

특정 인물이나 브랜드의 정체성을 보여주는 이색적이고 차별화된 창작 커피메뉴.

시나몬 로스팅 (cinnamon roasting)

로스팅 레벨 중 생두의 은피가 활발히 제거되는 단계로, 1차 크랙 1st crack이 서서히 끝나가는 시점이다. 표면은 시나몬색을 띤다.

시뇨레 크레모네시 (Signore Cremones)

1938년 피스톤을 이용한 에스프레소 머신을 발명한 인물.
증기압 대신 스프링의 장력으로 커피를 추출하는 원리였으며,
그가 개발한 머신은 레버를 수평으로 움직여 작동시킨다는 점이
특징이었다.

시다모 (Sidamo)

= 시다마 Sidama

하라Harrar, 예가체프Yirgacheffe와 함께 에티오피아를 대표하는
커피산지 중 하나.
시다모라는 이름은 원주민들이 이곳을 '시다마'라고 부른 데서
비롯됐으며 에티오피아에서 재배고도가 가장 높은 지역에
속한다. 워시드 커피와 내추럴 커피를 모두 생산하며 해발
1,400~2,200m에서 재배된 커피를 10-1월 사이에 수확한다.
시다모 커피는 풍부한 산미와 과일향이 특징이다.

시든 콩 (withered bean)

= 주름진 콩

결점두의 종류 중 하나로 작고 가벼우며 건포도처럼 주름진
생두를 말한다. 재배 과정에서 가뭄 등에 의해 수분과 영양분을
충분히 공급받지 못하면 시든 콩처럼 미숙두가 되거나
말라죽는다. 이러한 생두는 짚 냄새나 풋내가 나는 것이
특징이다.

시바오 (Cibao)

도미니카공화국의 주요 커피산지 중 하나. 북부 지역에 위치해 있으며 '바위가 많은 곳'이라는 뜻을 지니고 있다. 해발 400-800m에서 커피를 재배하며, 수확은 9-12월 사이에 이루어진다. 주요 품종은 티피카*Typica*, 카투라*Caturra*이며 시바오 커피는 대체로 바디가 좋다는 평을 받는다.

시에라 마에스트라 (Sierra Maestra)

쿠바 동남부의 긴 해안선을 따라 위치한 쿠바 최초의 커피 생산지로 산간 계곡의 험난하고 가파른 언덕 위에 커피농장이 자리해 있다. 쿠바 커피의 대부분이 이곳에서 생산되며 계단식 건조장과 아치형 송수로 등 19세기의 커피 경작 방식을 현재까지 이어오고 있다. 웅장한 경관과 역사적, 문화적 가치를 인정받아 2000년에는 '쿠바 남동부 최초 커피 재배지 고고 경관 *Archaeological Landscape of the First Coffee Plantations in the South-East of Cuba*'이라는 명칭으로 유네스코 세계문화유산에 등재됐다.

시외르 모닌 (Sieur Monin)

프랑스식 밀크 커피인 카페 오 레*Café au Lait*를 처음 치료 목적으로 처방한 의사.
카페 오 레는 1685년 프랑스 내과의사인 시외르 모닌이 평소 진한 커피를 즐기던 환자들에게 우유를 섞어 마시라고 권하던 데서 유래했으며, 이후 많은 프랑스인들이 가정에서도 카페 오 레를 마시기 시작했다고 한다.

시큼한 (acerbic)

커피에서 시큼하고 떫은 맛이 나는 것을 뜻하는 향미 평가 용어. 추출된 커피를 뜨거운 상태로 오래 보관했을 때 생긴다.

시티 로스팅 (city roasting)

= 중배전

로스팅 레벨 중 2차 크랙 2nd crack이 막 시작된 시점으로, 표면은 초콜릿색을 띤다. 좋은 바디와 산미가 느껴지는 단계다.

신선하지 않은 (stale)

원두가 산소와 습기에 노출되어 나타나는 향미 결점으로 커피에서 오래된 듯한 느낌이 나는 것이 특징이다. 커피의 유기물질이 변질되거나 불포화 지방산이 산화되어 생긴다.

싱글 드럼 (single drum)

로스터의 드럼이 한 겹으로 제작된 것.

싱글 스파웃 (single spout)

스파웃 *spout*이 한 개인 포터필터.

싱글 오리진 커피 (single origin coffee)

= 단종 커피, 스트레이트 커피 straight coffee

특정 산지의 생두 한 가지만 로스팅한 원두 또는 이러한 원두로 내린 커피.

써드 웨이브 (3rd wave)

= 제3의 물결

인스턴트커피와 대형 커피 체인으로 대표되던 기존의 획일화된 대량 생산 방식에서 벗어나 재배부터 가공, 로스팅, 추출에 이르기까지 각각의 커피가 지닌 개성을 살리는 데 중점을 두는 것을 일컬어 커피업계에서는 '제3의 물결 *The Third Wave*'이라고 부른다.

써모 블록 방식 (thermo block)

= 순간 가열식

단일형 보일러의 일종으로, 열전도율이 높은 써모블록에 히팅코일을 감은 후 압력 펌프로 알루미늄 관에 물을 통과시켜 순간적으로 가열하는 방식이다. 주로 가정용 에스프레소 머신과 같은 소형 커피머신에서 추출수를 만드는 데 사용된다.

썩은 (rancid)

= rotten

커피에서 불쾌한 맛이 느껴지는 것을 뜻하는 향미 평가 용어. 로스팅 후 나타나는 결점으로 원두에서 산화된 기름 냄새나 부패한 견과류 냄새가 나는 것을 말한다.

쎄니카페
(Centro Nacional de Investigaeiones de Café, CENICAFE)

콜롬비아 국립커피연구소.
1938년에 설립된 콜롬비아커피생산자협회FNC 산하의 국립커피연구소.

씬 (thin)

커피의 촉감을 고형분에 따라 나눴을 때 가장 약한 정도. 보통 틱thick, 헤비heavy, 라이트light, 씬thin 순이다.

이응

ㅇ

아그트론 (Agtron)

커피 색도계 제조업체.
스페셜티커피협회SCA의 로스팅 정도에 따른 8단계 분류법은 아그트론 사의 M-basic이라는 기계로 측정한 결과를 토대로 만들어졌으며, 이렇게 탄생한 SCA 컬러 타일을 통해 로스팅 레벨을 육안으로 가늠할 수 있게 되었다.

아그트론 넘버 (Agtron number)

아그트론 사에서 제시한 커피 색도를 기준으로 로스팅 컬러를 수치로 표현한 것이다.

아더 마일드 (other mild)

국제 거래에서 편의상 콜롬비아 마일드Colombia mild를 제외한 중남미 아라비카 중 워시드 커피를 일컬어 부르는 말.

아라부스타 (Arabusta)

아라비카와 로부스타의 교배종으로 각각의 장점인 부드러운 향미와 병충해에 강한 내성을 모아 만든 품종이다.

아라비카 (Arabica)

= 코페아 아라비카 Coffea Arabica

학명은 코페아 아라비카이며 전 세계 커피 생산량의 약 60%를 차지한다.
에티오피아 서남부의 카파*Kappa* 지역에서 처음 발견되었고 커피 벨트*coffee belt* 내에서도 해발 1,000m 이상의 고지대에서만 자란다. 로부스타에 비해 뛰어난 맛과 향을 지니고 있지만 병충해에 약하다. 시중에 유통되는 스페셜티 커피는 대부분 아라비카이며, 대표적인 하위 품종으로는 티피카*Typica*와 버번*Bourbon*이 있다.

아로마 (aroma)

= 웻 아로마 wet aroma, 컵 아로마 cup aroma

추출된 커피나 젖은 상태의 분쇄원두에서 느껴지는 향. 분쇄원두에 뜨거운 물이 닿으면 향미 성분이 용해되면서 다양한 향을 내기 시작한다. 커피에서 느낄 수 있는 아로마에는 엔자이매틱*enzymatic* 계열의 꽃, 과일, 허브와 슈가 브라우닝*sugar browning* 계열의 너트, 캐러멜, 초콜릿, 그리고 드라이디스틸레이션*dry distillation* 계열의 송진, 향신료, 탄향이 있다.

아로마 밸브 (aroma valve)

= 원웨이 밸브 one-way valve, 프레쉬 밸브 fresh valve

공기가 한 방향으로만 나가게끔 만든 특수 밸브.
원두 포장지에 부착된 아로마 밸브는 원두에서 발생한 가스를 밖으로 배출하는 역할을 한다.

아로마 키트 (aroma kit)

커피가 가지고 있는 다양한 향미를 보다 쉽게 감별하기 위해 사용하는 도구.
여러 종류가 있지만 프랑스의 르네 뒤 뱅*Le Nez Du Vin* 사에서 개발한 '르네 뒤 카페 *Le Nez Du Café*'가 대표적이다.

아로마 필터 (Aroma filter)

멜리타*Melitta*에서 개발한 아로마*Aroma* 드리퍼의 전용 필터.
필터 전체에 미세한 구멍이 뚫려 있어 커피의 향을 효과적으로 추출할 수 있다.

아로마틱 테인츠 (aromatic taints)

커피체리를 수확하고 가공하는 과정에서 발생하는 향 결점. 흙, 고무, 약품 등의 화학적인 향이 여기에 속한다. 강도가 심할 경우 커피 맛에 부정적으로 작용해 커핑 시 감점 요인이 된다.

아루샤 (Arusha)

탄자니아의 주요 커피산지 중 하나로, 이곳에서 발견된 티피카Typica의 변종도 아루샤라고 불린다.
킬리만자로와 인접한 지역으로 메루 산Mt. Meru에 둘러싸여 있으며, 과거 화산활동이 활발하게 이루어졌던 곳이기도 하다. 커피는 해발 1,100~1,800m에서 재배하며 7-12월 사이에 수확한다. 주요 품종은 켄트Kent, 버번Bourbon, 티피카Typica 등이다. 아루샤 품종은 주로 파푸아뉴기니에서 많이 재배된다.

아리차 (Aricha)

에티오피아의 주요 커피산지 중 하나로, 예가체프Yirgacheffe에 속한 지역이다. 커피는 해발 1,900~2,200m에서 재배하고 대부분 펄프드 내추럴pulped natural 방식으로 가공한다. 화려한 꽃향기와 감귤, 복숭아, 딸기 등의 뉘앙스를 풍기며 단맛이 좋고 뒷맛에 초콜릿 향이 느껴지는 것이 특징이다.

아메리카노 (Americano)

에스프레소에 물을 섞어 연하게 마시는 커피로 미국에서 처음 등장해 아메리카노라고 불린다. 에스프레소 특유의 진하고 강렬한 향미는 희석되지만 좀 더 부드러운 느낌이 있다.

아멕스 (AMEX)

= AF

탄자니아 커피의 등급을 생두 크기에 따라 나눴을 때 스크린사이즈 screen size가 17-18이지만 클린컵 판정을 받지 못한 커피.

아멕스 플러스 (AMEX Plus)

= AAA

탄자니아 커피의 등급을 생두 크기에 따라 나눴을 때 스크린사이즈 screen size가 19 이상이고 클린컵 판정을 받은 고품질 커피.

아볼 (Abol)

에티오피아의 커피 세리머니 *coffee ceremony*에서 첫 번째 잔을 뜻하는 말로 우정이라는 의미를 담고 있다. 세 잔 중 맛이 가장 진하다.

아비시니아 (Abisinia)

에티오피아의 옛 이름. 과거 이 지역에 정착했던 부족의 이름을 따서 지은 것이다.

아사란 (asaran)

반건조 상태의 생두를 일컫는 말. 세미 워시드 방식으로 가공한 파치먼트 *parchment*를 탈곡하면 아사란이 된다.

아이리시 커피 (Irish coffee)

커피와 위스키로 만든 칵테일. 도수가 높은 위스키를 넣어 몸을 따뜻하게 하는 효과가 있으며, 위에 생크림을 올려 한층 더 부드럽게 즐길 수 있다. 1940년대 아일랜드 더블린 공항에서 추위에 떨던 승객들을 위해 알코올 음료를 만들어준 데서 유래했다고 한다.

아카테낭고 (Acatenango)

과테말라의 주요 커피산지 중 하나. 아카테낭고 밸리*Acatenango Valley* 주변에 위치해 있으며, 지명은 인근에 자리한 화산 이름에서 유래했다. 커피는 해발 1,300~2,000m에서 그늘 재배되며 12~3월 사이에 수확하고 주요 품종은 버번*Bourbon*, 카투라*Caturra*, 카투아이*Catuai*다. 과거에는 가격이 더 높은 안티구아*Antigua* 커피로 둔갑되어 팔리는 일이 종종 있었지만 지금은 이 지역 커피도 좋은 품질을 인정받아 예전과 같은 관행은 줄어드는 추세다.

아킬레 가찌아 (Achile Gaggia)

이탈리아의 엔지니어로 1946년 오늘날과 같은 피스톤 방식의 머신을 최초로 개발한 인물이다.

아티틀란 (Atitlan)

과테말라의 주요 커피산지 중 하나로 아티틀란 호수 주변에 위치해 있다. 매일 아침과 오후에 부는 바람인 소코밀*xocomil*이 커피 재배에 알맞은 기후를 조성하며, 과테말라에서 토양의 유기물 함량이 가장 높은 곳이기도 하다. 커피는 해발 1,500~1,700m에서 재배하여 12~3월 사이에 수확하고 대부분 워시드 방식으로 가공한다. 이 지역 커피는 아로마와 산미가 풍부하고 바디가 좋은 것이 특징이다.

아틸리오 칼리마니 (Attilio Calimani)

1930년 프렌치프레스를 발명한 이탈리아인.

아파네카 산맥 (Cordillera Apaneca)

엘살바도르 중서부에 위치한 산맥. 엘살바도르 최대 커피 생산지이며 엘살바도르에서 처음 커피 재배를 시작한 곳으로 추정된다. 화산 활동이 커피 재배에 이상적인 토양을 제공한다.

아포가토 (Affogatto)

아포가토는 이탈리아어로 '끼얹다'는 뜻을 가진, 바닐라 젤라토 위에 에스프레소를 얹은 메뉴다. 취향에 따라 견과류나 초콜릿을 첨가하기도 한다.

아프리카파인커피협회 (African Fine Coffee Association, AFCA)

2000년 아프리카의 주요 커피 생산국들이 모여 설립한 비영리 단체다. 회원국은 총 11개국으로 에티오피아, 케냐, 탄자니아, 르완다, 부룬디, 짐바브웨, 말라위, 콩고, 잠비아, 우간다, 남아프리카공화국이며 일 년에 한 번씩 돌아가면서 전시회를 개최한다.

안디솔 (andisol)

화산재가 다량 포함된 토양. 검은색을 띠며 유기물 함량이 높아 커피 재배에 적합하다.

안티구아 (Antigua)

과테말라의 주요 커피산지 중 하나. 과테말라에서 가장 잘 알려진 산지이기도 하다.
비옥한 화산성 토양과 일정한 습도 등 커피 재배에 탁월한 조건을 갖춘 덕분에 훌륭한 품질의 커피를 생산하고 있다. 해발 1,500~1,700m에서 재배한 커피를 1-3월 사이에 수확하며, 주요 품종은 버번Bourbon, 카투아이Catuai, 카투라Caturra이다.

안티오키아 (Antiochia)

콜롬비아에서 커피 생산량이 가장 많은 지역이자 콜롬비아커피생산자협회FNC가 출범한 곳이다. 대형 농장과 영세농민의 협동조합이 고르게 분포되어 있으며, 특히 메델린Medellin 지역에서 생산되는 커피가 철저한 품질 관리로 유명하다.

알그레이더 (R-grader)

로부스타 전문 감별사. 알그레이더 자격 시험은 스페셜티커피협회SCA에서 주관하며 로부스타의 품질을 전문적으로 평가하는 커퍼 양성을 목표로 한다.

알마 네그라 (alma negra)

커피체리를 일정 기간 비닐 백에 넣어 그늘에 두고 수분을 유지하며 천천히 건조하는 방식이다. 펠라 네그라*perla negra*와는 건조 기간이나 위치에 따라 약간 차이가 있다. 알마 네그라는 커피체리를 비닐 백에서 꺼내 파티오*patio*에 두껍게 쌓거나 비닐을 덮은 후 단기간 건조 숙성시키는 것이다. 과발효를 방지하기 위해 중간에 한 번씩 커피체리를 뒤집어주기도 한다.

알칼로이드 (alkaloid)

질소가 함유된 염기성 유기화합물로 동물이 섭취할 경우 다양한 생리작용을 일으킨다. 알칼로이드는 250가지가 넘는 화학물질을 포함하고 있으며 카페인도 그중 하나다.

알코올 램프 (alcohol lamp)

사이폰의 열원 중 하나. 할로겐에 비해 물을 끓이는 데 시간이 더 오래 걸린다.

알투라 (Altura)

= Altura Lavado, AL

1. 쿠바 커피의 등급은 생두 크기에 따라 나뉘는데 그중 스크린사이즈*screen size*가 **16-17**인 것을 말한다.
2. 멕시코 커피 중 해발 1,700m 이상에서 재배된 커피에 매기는 등급.

알폰소 비알레띠 (Alfonso Bialetti)

1933년 모카포트를 발명하고 특허를 낸 인물.

압력 센서 (pressure sensor)

에스프레소 머신의 부품 중 하나. 보일러의 압력을 감지하여 전기히터의 작동 여부를 제어하는 기능이 있다.

압력 스위치 (pressure switch)

에스프레소 머신의 부품 중 하나로 상단의 압력조절나사를 이용해 압력을 수동으로 조절할 수 있는 장치다.
압력조절나사를 시계 방향으로 돌리면 스프링의 장력이 약해져 압력이 낮아지고, 반시계 방향으로 돌리면 스프링의 장력이 강해져 압력이 높아진다.

애프터버너 (after burner)

로스팅 시 발생하는 연기를 650℃ 이상의 고온으로 연소시키는 장치.
설치 공간이 좁고 냄새 제거율도 높지만 가스비가 많이 나오고 도시가스가 들어오지 않는 곳에는 설치하기 힘들다는 것이 단점이다. 때에 따라 가스 증설이 필요한 경우도 있다.

애프터테이스트 (aftertaste)

= 뒷맛, 후미

커피를 마시고 난 후 입안에 남은 향의 여운.

액상커피

= 리퀴드 커피 liquid coffee, 액체커피

커피를 시간과 장소에 구애받지 않고 언제 어디서나 쉽게 마실 수 있도록 만든 음료 형태의 제품을 통틀어 이르는 말. 캔, 컵, 병 등 다양한 용기에 담겨 판매된다.

앨런 애들러 (Alan Adler)

2005년 에어로프레스를 최초로 개발한 미국 에어로비*Aeorobie*사의 회장.

앰버 빈 (amber bean)

금빛 노란색을 띠는 생두. 강수량이 부족해 생기며 디펙트로 분류된다.

야곱 (Jacob)

1605년 옥스퍼드*Oxford*에 영국 최초의 커피하우스를 연 인물.

약간 갈색인 (brownish)

국제표준기구*ISO*에서 정한 5단계의 생두 색상 중 하나. 주로 자연적으로 생긴 연한 갈색 생두에서 나타나는 컬러다.

약배전

로스팅 컬러가 밝은 축에 속하는 단계로 라이트 로스팅*light roasting*, 시나몬 로스팅*cinamon roasting*이 여기에 해당된다.

약전정 (light pruning)

커피나무의 가지를 조금만 자르는 것.

약한 (weak)

약한 맛을 표현할 때 쓰는 말.

언더 (under)

로스팅 디펙트의 일종으로, 1차 크랙 *1st crack* 때 열량이 부족하거나 1차 크랙 도중에 원두를 배출하여 플레이버가 충분히 형성되지 않은 것을 말한다. 표면은 밝은 색을 띠며 열이 생두 내부까지 고르게 전달되지 않아 속이 덜 익은 경우가 많다.

언더 도징 (under dosing)

포터필터에 분쇄원두를 담을 때 바스켓 크기보다 적게 담는 것을 말한다.

업 도징 (up dosing)

포터필터에 분쇄원두를 담을 때 바스켓 크기보다 많이 담는 것을 말한다.

에드워드 로이셀 드 산타이스
(Edward Loysel de Santais)

1854년 오늘날 에스프레소 머신의 원형인 정수압을 이용한 트로피 모양의 추출기구를 개발한 인물.
물탱크를 채우면 증기압에 의해 관을 타고 올라간 물이 아래로 떨어지면서 커피를 추출하는 원리다. 1855년 파리 만국박람회에 소개된 이후 에스프레소 머신의 발전에 크게 기여했다.

에멀전 (emulsion)

= 유화

분쇄원두에 고온 고압의 추출수를 주입하면 커피의 오일 성분이 작게 쪼개진 형태로 물에 섞이게 되는데 이를 에멀전이라고 한다. 에스프레소에서 다른 커피에 비해 진한 풍미와 매끄러운 촉감을 느낄 수 있는 이유도 이 때문이다.

에스메랄다 (Esmeralda)

= 아시엔다 라 에스메랄다 Hacienda La Esmeralda

파나마 보케테Boquete 지역의 커피농장으로 1964년부터 피터슨 가Peterson Family가 소유, 운영하고 있다. 1999년 곰팡이 피해를 입고 대책을 마련하는 과정에서 농장 끝자락에 위치한 커피나무가 수확량은 적지만 곰팡이 병에 강하다는 사실을 알게 되었고, 다른 곳에 옮겨 심은 후 2003년부터 본격적으로 수확을 시작했다. 추후 커피나무의 품종은 게이샤Geisha로 밝혀졌으며, 에스메랄다 농장은 파나마스페셜티커피협회SCAP가 주관하는 '베스트 오브 파나마Best of Panama' 대회에서 수차례 우승할 만큼 좋은 품질의 커피로 명성을 쌓았다. 현재 이곳은 단일 농장으로는 세계에서 가장 비싼 커피를 생산하며 파나마는 물론 중미 전역의 커피가격에 막대한 영향력을 행사하고 있다.

에스테이트 커피 (Estate coffee)

같은 지역에서 생산한 커피를 농장 단위로 구분할 때 붙이는 명칭.

에스프레소 (espresso)

분쇄원두에 90-95℃의 물과 8-10bar의 압력을 가해 추출한 커피로, 이탈리아어로 '빠르다'는 뜻을 지녔다.
추출시간과 추출량에 따라 리스트레또, 룽고, 도피오 등으로 불리고 데미타세demitasse라는 전용 잔에 담아 제공한다.
에스프레소는 고온 고압으로 커피성분을 빠르고 진하게 추출하는 방식이기 때문에 물에 녹지 않는 불용성 물질과 오일 성분을 다량 함유하고 있으며, 그 결과 크레마crema라고 하는 갈색 거품층이 생기게 된다.

에스프레소 그라인더 (espresso grinder)

에스프레소 추출에 적합한 굵기로 원두를 분쇄하는 그라인더. 드립 그라인더보다 분쇄원두의 입자가 가는 편이다.

에스프레소 머신 (espresso machine)

증기압을 이용해 높은 온도로 단시간에 커피를 추출하는 기계. 에스프레소 머신을 계기로 바리스타라는 새로운 직업군이 등장했으며, 에스프레소가 바쁜 현대인들의 기호식품으로 자리 잡게 되었다. 오늘날 에스프레소 머신은 사용자가 추출수의 온도와 압력, 인퓨전infusion 기능 등을 자유롭게 조절하여 원하는 커피 향미를 효과적으로 구현할 수 있으며, 에스프레소를 여러 잔씩 연속 추출해도 매번 일정한 결과를 얻을 수 있도록 개선되고 있다.

에스프레소 블렌드 (espresso blend)

에스프레소를 추출할 용도로 만든 블렌드.

에스프레소 피처 (espresso pitcher)

에스프레소, 크림, 시럽 등을 서비스할 때 사용하는 작은 사이즈의 피처.

에스프로프레스 (EsproPress)

캐나다 에스프로*Espro* 사에서 개발한 추출도구로, 프렌치프레스와 유사한 형태지만 프렌치프레스의 단점이었던 미분을 이중으로 된 마이크로 필터로 걸러 맛이 한층 더 깔끔하다. 침출식 추출의 장점인 커피 본연의 맛을 살리면서도 텁텁한 느낌이 덜해 누구나 편하게 즐길 수 있다.

에어로프레스 (AeroPress)

침출식 추출과 가압식 추출의 장점을 결합해 만든 커피 추출도구. 사용방법이 간단하고 휴대가 간편해 집이나 사무실, 야외에서 사용하기에도 좋다. 에어로프레스로 내린 커피는 맛이 깔끔하면서도 향미가 풍부한 것이 특징이다.
모양은 주사기처럼 생겼으며 하단 체임버*chamber*에 분쇄원두와 뜨거운 물을 부은 후 상단 플런저*plunger*를 끼우고 아래로 누르면 피스톤의 원리로 커피가 추출된다.

에칭 (etching)

미술에서 사용하는 동판화 용어로, 날카로운 도구를 이용해 그림을 그리는 기법이다. 라떼아트에서는 끝이 뾰족한 도구로 우유거품이나 소스 위에 선을 그어 모양을 내는 것을 말한다. 에스프레소에 스팀밀크를 바로붓는 프리 푸어링 free pouring보다 비교적 쉽다는 장점이 있다.

에칭 펜 (etching pen)

= 에칭 핀 etching pin

라떼아트에서 에칭을 할 때 사용하는 도구. 송곳처럼 끝이 뾰족하며 다양한 재질과 디자인이 있다. 에칭 펜을 담그는 깊이에 따라 표현하고자 하는 선의 굵기를 조절할 수 있다.

에코 펄퍼 (eco pulper)

= 아쿠아 펄퍼 aqua pulper

펄퍼 pulper의 일종으로 커피체리에서 벗겨내는 과육의 양을 조절할 수 있고, 발효 과정 없이도 점액질을 제거할 수 있어 폐수로 인한 환경 오염과 물 사용량이 줄어든다는 장점이 있다. 또한 기후와 같은 외부요인의 영향이 적고 대규모 설비가 필요없다. 주로 허니 프로세스 honey process를 개발한 코스타리카에서 볼 수 있는 방식이다.

에콰도르 (Ecuador)

세계 주요 커피 생산국 중 하나. 에콰도르에 처음 커피가 들어온 것은 1860년대이며, 아라비카와 로부스타를 모두 생산하고 있다.
에콰도르 사람들은 평소 인스턴트커피를 즐겨 마시는데, 자국에서 생산한 커피는 가격이 높기 때문에 대부분 베트남에서 수입한 로부스타를 소비한다. 에콰도르는 커피 재배에 적합한 기후와 지형을 갖추고 있으며, 달콤하고 복합적인 향미를 지닌 커피가 갈수록 많아지는 추세다. 에콰도르 커피의 약 80%가 내추럴 방식으로 가공되며, 대표적인 커피산지로는 마나비Manabi, 로하Loja, 엘오로El oro 등이 있다.

에티오피아 (Ethiopia)

세계 주요 커피 생산국 중 하나로 '커피의 고향'이라 불릴 만큼 오랜 역사를 지닌 곳이다.
아라비카는 남수단에서 최초로 발견됐지만 에티오피아에 전해져 크게 번성했으며, 인류가 처음 커피를 마시기 시작한 곳도 에티오피아다. 에티오피아는 1600년대부터 예멘과 중동 지역에 커피를 수출했으며 1950년대에 이르러 커피산업이 구조적으로 큰 변화를 겪으면서 새로운 등급체계가 도입되었다. 에티오피아는 워시드 커피와 내추럴 커피를 모두 생산하는데, 둘 다 다채롭고 특별한 향미를 지니고 있으며 그중에서도 강렬한 꽃향기와 과일향은 에티오피아 커피 하면 연상되는 단어다. 대표적인 커피산지로는 시다모Sidamo, 리무Limu, 짐마Djimmah, 하라Harrar, 예가체프Yirgacheffe 등이 있다.

에티오피아 상품거래소 (Ethiopia Commodity Exchange, ECX)

2008년 에티오피아에서 커피 생산자와 소비자를 보호한다는 취지로 도입한 커피 무역체계의 운용 기관.
각 지역에서 수확한 열매를 일괄적으로 취합해 등급을 분류한 다음 가공 과정을 거쳐 수출한다. 커피 재배가 특정 농장에 편중되는 것을 막고, 거래 투명성을 확립함으로써 농부들의 권익을 보호한다는 장점이 있지만 이력을 정확히 추적하기가 어렵고 직거래가 쉽지 않다는 것이 단점이다.

에티오피아 원종 (Ethiopian Heirloom)

오래전부터 에티오피아에 자생해온 커피품종. 그 종류가 무려 3천여 개에 달해 커피나무의 형태를 엄밀히 구분하는 것은 거의 불가능하다. 에티오피아 커피가 지역마다 다른 향미를 지니는 것은 이러한 품종의 다양성 덕분이다.

엑셀소 (Excelso)

콜롬비아 커피는 생두 크기에 따라 4등급으로 나뉘는데 그중 스크린사이즈 *screen size*가 16인 수출용 커피를 가리키는 말.

엑스트라 투르키노 (Extra Turquino)

= Extra Turquino Lavado, ETL

쿠바 커피의 등급을 생두 크기에 따라 나뉘는데 그중 스크린사이즈screen size가 18인 것을 말한다.

엔지매틱 (enzymatic)

= 엔자이매틱

커피나무가 자라면서 일어나는 생두의 효소반응에 의해 발생하는 향. 꽃, 과일, 허브 향이 여기에 속한다.

엘살바도르 (El Salvador)

세계 주요 커피 생산국 중 하나. 엘살바도르는 1850년대부터 상업적인 커피 생산을 시작했으며 한때 세계에서 네 번째로 많은 커피를 생산할 만큼 커피가 주요 수출품으로 각광받기도 했다. 1980년대 발발한 내전으로 인해 커피산업이 하락세에 접어들었지만, 중미의 다른 생산국과 달리 품질이 뛰어난 아라비카 재래종을 지속적으로 재배해온데다 미네랄이 풍부한 화산성 토양을 가지고 있어 잠재가능성이 크다고 볼 수 있다. 인프라가 비교적 잘 갖춰져 있으며 많은 농장이 마이크로랏Micro Lot을 생산한다. 엘살바도르 커피는 전반적으로 단맛과 복합성이 좋고, 주로 워시드나 펄프드 내추럴pulped natural 방식으로 가공한다. 주요 품종은 버번Bourbon, 파카스Pacas이며, 커피는 지역별로 해발 500-2,200m에서 재배되어 10-3월 사이에 수확한다.

여과식

= 투과식

분쇄원두를 종이나 천, 금속으로 된 필터에 담고 뜨거운 물을 통과시켜 커피성분을 추출하는 방식.

여열 로스팅

로스팅 시 열원을 끄고 남은 잔열로 로스팅을 조금 더 진행하는 것.

역류 방지 밸브

= 체크 밸브 check valve, 원웨이 밸브 one-way valve, 익스팬션 밸브 expansion valve

에스프레소 머신의 부품 중 하나로, 보일러의 열교환기에 물을 유입시키는 역할을 한다.
보일러에서 가열된 추출수가 반대로 역류하지 못하게 한 방향으로 되어 있지만, 역류 방지 밸브의 오링o-ring이 경화되거나 마모되면 추출수가 펌프 모터와 수압계, 정수필터 등으로 역류해 머신이 망가질 수 있다.

역삼투 (reverse osmosis)

물을 삼투막에 통과시켜 여과하는 방식이다.
물이 고농도의 용액에서 저농도의 용액으로 이동하는
역삼투현상을 이용하여 TDS, 경도, 알칼리도를 90% 이상 낮춰
최대한 순수한 물에 가깝게 만들어준다.

역치 (threshold)

생물이 반응을 일으키는 데 필요한 최소한의 자극. 커피에서는
개인이 맛에 대해 느끼는 감각의 세기를 뜻한다. 역치는
사람마다 다르기 때문에 커피의 단맛, 신맛, 쓴맛, 짠맛을
느끼는 정도에도 차이가 있다.

연기 냄새 (smoky)

커피에서 연기 냄새가 나는 것을 뜻하는 향미 평가 용어.

연속추출 (continuous extraction)

에스프레소를 연속적으로 추출하는 것. 일반적으로 에스프레소
머신은 일정 횟수 이상 연속 추출을 하면 보일러의 온도가
떨어져 맛에도 영향을 준다.

연수 (soft water)

미네랄이 거의 없는 경도가 낮은 물. 미네랄 함량이 적어 커피 맛에 영향을 주지 않는다는 점이 장점이지만 커피는 적당량의 미네랄이 포함된 물로 추출해야 맛이 더 좋다.

연수필터 (water softner)

경수에 녹아있는 다량의 칼슘과 마그네슘을 걸러내 연수로 만들어주는 장치. 주로 지하수를 사용하는 곳에 설치한다.

열 센서 (heat sensor)

에스프레소 머신의 부품 중 하나로 보일러 내부의 열을 감지해 온도를 제어한다.

열교환기 (heat exchanger)

에스프레소 머신의 부품 중 하나로 보일러 내부의 열을 이용해 추출수를 간접 가열하는 장치. 평균 300~600ml의 물이 열교환기를 순환하다 추출수로 사용되며, 열교환기의 형태에 따라 다양한 보일러 방식이 있다.

열분해 (pyrolysis)

로스팅의 3단계인 건조, 열분해, 냉각 중 두 번째 단계. 생두가 열에너지를 흡수하면서 유기화합물이 분해되는 과정이다. 생두 표면에 갈변현상이 일어나고 커피의 맛과 향을 구성하는 성분이 생성되어 향미를 발산하기 시작한다.

열수 흘리기

포터필터를 그룹헤드에 장착하기 전, 추출버튼을 눌러 2~3초 정도 물을 빼주는 동작. 그룹헤드에 남아있는 커피 찌꺼기를 제거하고 추출온도를 맞추기 위한 작업이다. 포터필터에 블라인드 필터*blind filter*를 끼우고 열수를 흘려도 된다.

열전달 (heat transfer)

로스팅 시 열에너지가 생두에 전달되는 방식에는 전도, 대류, 복사가 있으며 로스팅 과정에서는 이 세 가지 유형의 열이 복합적으로 작용한다. 로스터의 종류도 이러한 열전달 방식에 따라 직화식, 반열풍식, 열풍식으로 나뉘며 각 유형의 열이 차지하는 비중은 종류별로 다르다.

열평형 (thermal equilibrium)

예열된 드럼에 생두를 투입한 후 일정 시간이 지나 드럼 안의 생두 온도와 에어 온도가 같아지는 것을 말한다.

열풍식

= 강제 대류식

로스터의 열전달 방식 중 하나. 뜨거운 공기를 드럼 안에 강제로 유입시켜 로스팅하는 방식이다. 열효율이 높고 균일한 로스팅이 가능해 대형 로스터리에서 많이 사용한다.

영구필터

일회용 종이필터와 달리 영구적으로 사용할 수 있는 필터. 주로 금속이나 나일론 소재로 되어 있으며 커피를 추출한 후 깨끗이 세척해 보관하면 지속적으로 사용할 수 있다.

영세농민 (smallholder)

소규모 경작지에서 커피를 재배하는 농부.

예가체프 (Yirgacheffe)

    = 이르가체페

에티오피아의 대표적인 커피산지로 일찍이 커피 재배를 시작한 곳이다. 이 지역 커피는 해발 1,750~2,200m의 고지대에서 재배하며 10-1월 사이에 수확한다. 내추럴 커피도 생산하지만 대부분 워시드 커피이며 화사한 시트러스향과 꽃향기, 가볍고 고급스러운 바디를 가지고 있다.

예멘 (Yemen)

세계 주요 커피 생산국 중 하나. 예멘의 커피 생산은 15-16세기 에티오피아로부터 커피가 들어온 이후 시작됐다. 예멘의 커피산지는 대부분 고립된 지역에 위치해 있는데, 예멘에 유독 아라비카 재래종과 변종이 많은 이유도 그 때문이다. 예멘의 커피 재배는 주로 영세농민에 의해 이루어지며 수확한 커피체리는 햇볕에 건조한다. 하지만 건조 공간이 충분하지 않아 종종 곰팡이가 생기는 경우도 있다. 예멘 커피는 약간 발효된 듯 거칠면서도 독특한 맛을 지니고 있는데 이에 대한 평가는 사람마다 분분하다. 커피는 해발 1,500~2,200m에서 재배되어 10-12월 사이에 일일이 손으로 수확하는데, 그럼에도 별도의 선별 과정을 거치지 않아 품질이 고르지 못한 편이다. 대표적인 커피산지로는 사나*Sana'a*, 라이마*Raymah*, 마위트*Mahweet* 등이 있다.

예열 (preheating)

로스팅이나 에스프레소 추출을 시작하기 전에 미리 기계의 전원을 켜서 온도를 맞춰두는 것이다. 예열을 하지 않으면 초반에 열손실이 커서 로스팅이나 에스프레소 추출이 안정적으로 이루어지지 않는다.

옐로우 (Yellow)

로스팅 시 생두는 수분이 제거되고 엽록소가 파괴되면서 노란색 색소인 엽황소에 의해 색깔이 점차 변하는데 이 과정을 옐로우라고 한다. 보통 터닝 포인트 *Turning Point* 이후 생두가 열을 흡수하는 흡열구간에 들어가면서 온도가 상승함에 따라 생두 표면이 노란색을 띠게 된다.

옐로우 버번 (Yellow Bourbon)

아마렐로 *Amarello* 품종 중 하나로 표면이 노란색을 띤다.

옐로우 체리 (yellow cherry)

표면이 노란색을 띠는 커피체리.

옐로우 카투아이 (Yellow Catuai)

= 카투아이 아마렐로 Catuai Amarello, 토파지오 Topazio

아마렐로*Amarello* 품종 중 하나로 카투라*Caturra*와 문도노보*Mundo Nobo*의 교배종이며 표면이 노란색을 띤다. 건조에 강하고 수확량이 많다는 특징이 있다.

옐로우 허니 (yellow honey)

허니 프로세스*honey process* 방식으로 가공한 커피 중 과육의 60~80%를 제거한 커피.

오렌지 버번 (Orange Bourbon)

버번 품종 중에서 커피체리의 표면이 주황색인 것.

오로시 (Orosi)

코스타리카의 주요 커피산지 중 하나. 산호세*San Jose* 동쪽 오로시 계곡 인근 지역으로, 100년 넘게 커피를 생산한 역사를 지니고 있다. 커피농장은 해발 1,000~1,400m에 위치해 있으며 8~2월 사이에 수확이 이루어진다. 비옥한 화산성 토양에서 적당한 산미와 밸런스를 가진 커피를 생산한다.

오링 (o-ring)

물이 새는 것을 막는 데 쓰는 원형 고무 패킹. 에스프레소 머신의 각종 부품에 활용된다.

오마르 (Omar)

커피 기원 설화에 등장하는 주인공의 이름.
아라비아의 승려 오마르가 승려직을 박탈당한 후 산속을 떠돌며 지내다 우연히 커피체리를 발견하고 약으로 활용하여 성자가 됐다는 이야기와, 아라비아 모카의 수호 성주 셰이크 칼데의 제자 오마르가 공주와 사랑에 빠져 추방당했다가 커피를 발견하고 면죄부를 받았다는 이야기가 있다.

오버 (over)

로스팅 디펙트의 일종으로, 생두를 너무 강한 화력으로 로스팅하거나 2차 크랙 2nd crack 이후에도 계속 로스팅을 해서 표면이 타거나 검게 변하고 커피오일이 과도하게 형성된 것을 말한다. 이러한 원두는 부피가 지나치게 팽창하여 약한 충격에도 잘 부서지고 아로마와 플레이버가 떨어지는 편이다.

오버롤 (overall)

커핑 평가 항목 중 하나. 평가자가 커피에 대한 전반적인 느낌을 점수로 매기는 것이다. 개인의 취향과 기호를 반영하기 때문에 주관적인 평가 항목이라고 볼 수 있다.

오븐 건조법 (oven drying method)

원두의 수분함량과 커피의 추출수율을 정량적으로 측정할 때 사용하는 방법 중 하나. 건조 전후의 무게차를 이용해 계산하는 방식이다.

오악사카 (Oaxaca)

멕시코의 주요 커피산지 중 하나. 안데스 산맥 남쪽에 위치해 있으며, 커피는 대부분 영세농민에 의해 재배되지만 대형 농장과 협동조합도 일부 존재한다. 커피농장은 해발 800~1,700m에 들어서 있으며 수확은 12-3월 사이에 이루어진다. 주요 품종은 버번*Bourbon*, 티피카*Typica*, 카투라*Caturra*, 마라고이페*Maragogype*다.

오크라톡신 A (Ochratoxin A)

Aspergillus ochraceus, Penicillium viridicatum 곰팡이에 의해 생성되는 마이코톡신Mycotoxin 독성물질이다. 곡물, 커피, 견과류 등에서 발견되며 자칫하면 신장과 간에 치명적인 위험을 초래할 수 있다. 생두에 생긴 오크라톡신 A는 로스팅을 한다고 해서 없어지지 않으며, 주로 결점두에서 발견되므로 사전에 꼼꼼히 선별해야 한다.

오프 등급 (Off grade)

스페셜티커피협회SCA가 정한 기준에 따라 등급을 나눴을 때 생두 350g당 결점두 수가 86개 이상인 커피.

온도계 (thermometer)

물 온도를 측정하는 기구로, 특히 핸드드립 커피를 내릴 때 많이 사용한다.

온두라스 (Honduras)

세계 주요 커피 생산국 중 하나. 중미에서 가장 많은 커피를 생산하는 나라이기도 하다.
니카라과와 과테말라 사이에 위치해 있으며 1799년 처음 커피가 들어왔을 것으로 추정된다. 1970년에 설립된 온두라스커피협회*IHCAFE*를 통해 품질향상을 위한 다양한 활동이 이루어지고 있다. 커피 재배에 적합한 토양을 지니고 있지만 기후 조건이 좋지 않아 햇볕 건조와 기계 건조를 병행하고 있다. 온두라스 커피는 대부분 대표 산지인 산타바바라*Santa Barbara*라는 이름으로 판매되는데, 산지 일부는 이 지역을 벗어나 있다. 커피는 해발 1,000~1,600m에서 재배되어 11~4월 사이에 수확하며 과일향과 복합성이 대체로 훌륭하다.

온수 노즐 (hot water nozzle)

에스프레소 머신에서 온수가 나오는 부분.

온수 버튼 (hot water button)

에스프레소 머신의 부품 중 하나로 온수 노즐을 작동시키는 스위치. 경우에 따라 물 양을 조절할 수도 있으며 수동 머신은 레버 형태로 되어 있다.

온수기 (water heater)

= 핫워터 디스펜서 hot water dispenser

뜨거운 물을 공급해주는 기계. 에스프레소 머신에서 나오는 온수는 너무 자주 사용하면 보일러의 온도 유지력이 떨어지고 수명이 단축될 수 있으므로 온수기를 따로 구입하는 것이 좋다.

온스 (ounce)

= oz

중량이나 액량을 나타내는 단위. oz는 ounce의 약칭이며, 1oz는 약 30ml, 30g과 같다.

온실 건조

= 비닐하우스 건조

커피체리나 파치먼트parchment를 온실처럼 투명 비닐을 씌운 하우스에 건조하는 방식.
파티오patio와 아프리칸 베드African bed를 이용하되 건조 작업이 원활히 이루어질 수 있도록 비닐을 쳐서 내부 온도를 10-15℃로 유지하고, 습기는 환풍기로 배출한다. 일조량은 충분히 확보하면서 이슬이나 비로부터 생두를 보호할 수 있다는 것이 장점이지만 비용이 많이 들기 때문에 규모가 작은 농장이나 프리미엄 커피를 생산하는 곳에서 주로 사용한다.

올드 브라운 자바 (Old Brown Java)

과거 인도네시아에서 유럽으로 커피를 수출할 당시 항해 기간 동안 생두가 숙성되면서 표면이 청록색에서 진흙빛 갈색으로 변하고 맛도 독특한 나무향을 갖게 됐는데, 이를 자바의 일부 농장에서 '올드 브라운 자바'라는 이름으로 재현하여 유명세를 타기 시작했다.

올드 크롭 (old crop)

= 올드 빈 old bean

수확한 지 2년이 넘은 생두.
산미가 거의 없고 불쾌한 건초 냄새와 나무 냄새로 인해 상품성도 떨어진다.

올팩토리 스킬 테스트 (olfactory skills test)

스페셜티커피협회SCA에서 시행하는 큐그레이더 시험 과목 중 하나로, '르네 뒤 카페Le Nez Du Cafe'에 속한 36가지 향을 엔자이매틱enzymatic, 슈가브라우닝sugar browning, 드라이디스틸레이션dry distillation, 아로마틱 테인츠aromatic taints로 카테고리를 분류하는 것이다. 아로마 키트를 이용해 커피가 지닌 다양한 향의 종류와 강도를 구분하며, 이를 통해 향미 표현 능력을 키우는 것을 목적으로 한다.

왜성식물 (dwarf plant)

키가 작은 특성을 가진 식물. 왜성식물에 속하는 커피나무는 키가 작아 손으로 열매를 따기 쉽다.

외과피 (outer skin)

= 겉껍질, 외피

커피체리의 맨 바깥쪽을 감싸고 있는 껍질.

우마미 (umami)

커피의 다섯 가지 맛 중 가장 늦게 발견된 맛으로 감칠맛을 뜻한다.

우에우에테낭고 (Huehuetenango)

과테말라의 주요 커피산지 중 하나로, 지대가 높고 험한 지역에 속한다.
이 곳의 이름은 원주민 언어로 '선조들의 땅'이라는 뜻이다. 고도가 높은데다 건조한 바람이 불어 커피 재배에 적합한 조건을 갖추고 있으며 해발 1,500~2,000m에서 재배된 커피는 1~4월 사이에 수확한다. 이 지역 커피는 고소한 단맛과 적당한 산미가 조화를 이루는 것이 특징이다.

우유거품

= 스팀폼 steamed foam, 밀크폼 milk foam

뜨거운 스팀을 가해 만든 미세하고 두터운 우유거품.

우유거품 스푼

우유거품을 뜰 때 사용하는 도구. 일반 스푼에 비해 크기가 크고 가로로 넓은 주걱 모양이다.

우유거품기

우유거품을 만들 때 사용하는 기계. 수동식과 전동식이 있다.

워머 (warmer)

에스프레소 머신의 상부에 해당한다. 이곳에 잔을 올려두면 보일러의 열이 전달되어 따뜻하게 데울 수 있다.

워시드 프로세스 (washed process)

= 수세식, 풀리 워시드 fully washed, 습식,
웻 프로세스 wet process

수확한 커피체리를 수조에 담가 덜 익은 열매와 불순물을 걸러낸 다음 껍질과 과육을 벗겨내고 다시 수조에서 일정기간 발효시켜 점액질을 제거한 파치먼트parchment를 건조하는 가공방식.
내추럴 커피에 비해 품질이 균일하며, 산미와 깔끔하고 부드러운 맛이 특징이다.

워터리 (watery)

커피의 바디를 강도에 따라 나눴을 때 매우 낮은 정도. 보통 버터리buttery, 크리미creamy, 스무스smooth, 워터리watery 순이다.

원두 (roasted bean)

= 홀빈 whole bean

생두를 로스팅한 후 분쇄하지 않은 상태의 커피.

원두커피

= 레귤러 커피 regular coffee

생두를 로스팅한 원두로 만든 커피. 인스턴트커피와 상반되는 개념으로 쓰인다.

원심분리형 로스터 (centrifugal roaster)

아주 많은 양의 생두를 빠른 속도로 로스팅할 수 있는 거꾸로 된 원뿔 형태의 로스터. 원심분리를 이용한 것으로 생두를 드럼 안에 넣으면 아래로 내려갔다가 다시 안쪽 벽을 타고 올라오면서 회전을 반복한다. 짧으면 90초 안에도 로스팅이 가능하며 중량 손실을 최소화하고 커피성분은 최대한 추출해 인스턴트커피 제조에 많이 활용된다.

월드커피이벤트 (World Coffee Event, WCE)

전 세계 50여 개 국에서 각국을 대표하는 바리스타들이 참가하는 세계 최대 규모의 커피 대회. 2000년 모나코 몬테카를로에서 열린 제1회 월드바리스타챔피언십 *World Barista Championship, WBC*을 시작으로 현재까지 월드라떼아트챔피언십 *World Latte Art Championship, WLAC*, 월드브루어스컵 *World Brewers Cup, WBrC*, 월드커피인굿스피릿 *World Coffee In Good Spirit Championship, WCIGSC*, 월드컵테이스터스챔피언십 *World Cup Tasters Championship, WCTC*, 월드커피로스팅챔피언십 *World Coffee Roasting Championship, WCRC*, 월드체즈베/이브릭챔피언십 *World Cezve/Ibrik Championship, WCIC*, 월드사이포니스트챔피언십 *World Siphonist Championship, WSC* 등 다양한 종목의 대회가 매년 전 세계를 돌며 개최되고 있다.

웨스트 밸리 (West Valley)

코스타리카의 주요 커피산지 중 하나로 19세기 무렵 이곳에 정착한 농민이 커피나무를 경작하기 시작했다.
일 년 내내 쾌적한 기후를 자랑하며 총 6개의 세부 지역으로 나뉘는데, 그중 사르치Sarchi는 비야 사르치Villa Sarchi라는 품종이 유래한 곳이기도 하다. 해발 700-1,600m에서 훌륭한 품질의 커피를 재배하며 10-2월 사이에 수확한다.

웻 밀 (wet mill)

= 워싱 스테이션 washing station

수확한 커피체리를 파치먼트parchment 상태로 가공하는 시설. 커피체리의 껍질과 과육을 제거하고 세척, 발효, 건조 단계를 거쳐 최종적으로 등급을 구분하는 곳이다. 생산국마다 웻 밀, 워싱 스테이션 등 다양한 명칭으로 불린다.

웻 카푸치노 (wet cappuccino)

카푸치노는 우유거품의 양에 따라 두 가지 종류로 나뉘는데, 그중 우유거품보다 스팀밀크의 비중이 더 높은 카푸치노를 웻 카푸치노라고 한다. 농도와 질감은 카페라떼와 드라이 카푸치노dry cappuccino의 중간 정도다.

웻 폼 (wet foam)

우유와 거품이 적절히 혼합되어 거품 사이에 우유가 많이 남아있는 상태의 우유거품.

유기농 커피

= 오가닉 커피 organic coffee

농약이나 비료를 사용하지 않고 재배해 유기농 인증을 받은 커피.

유기물질 (organic material)

= 유기물, 유기화합물

탄수화물, 지방, 단백질 등 생물을 구성하는 화합물이나 생물에 의해 만들어지는 화합물을 의미한다. 커피의 재료인 생두도 다양한 유기물질로 구성되어 있다.

유기산 (organic acid)

산성을 띠는 유기화합물. 커피에 포함된 유기산에는 구연산, 사과산, 초산이 있다.

유기산 매칭 페어 (organic acid matching pairs)

스페셜티커피협회SCA에서 시행하는 큐그레이더 시험 과목 중 하나로, 유기산이 커피 맛에 미치는 영향을 알아보는 작업이다. 4개의 원두 중 유기산이 들어있는 원두 2개를 구별하는 방식으로 진행된다.

유기용매 추출법 (organic solvent extraction)

에틸아세테이트ethyl acetate나 메틸렌클로라이드methylene chloride와 같은 유기용매를 이용해 카페인을 제거해 디카페인커피를 제조하는 방법이다. 생두에 압력을 가한 상태에서 증기를 분사하면 표면적이 넓어져 용매를 더 잘 흡수할 수 있게 된다. 커피품질에는 영향을 주지 않으면서 카페인만 제거할 수 있고, 용매 일부가 생두에 남긴 하지만 인체에 해롭진 않다. 과거에는 벤젠benzene, 트리클로로에틸렌trichloroethylene 등을 사용했지만 발암물질이라는 사실이 밝혀지면서 현재는 사용이 금지되었다.

유니포미티 (uniformity)

커핑 평가 항목 중 하나. 커피의 향미가 얼마나 균일한지를 평가하는 항목이다. 샘플에 결점두가 섞여 있거나 컵마다 향미가 다를 경우 감점 요인이 되며 커핑 폼에 따라 기록하지 않기도 한다. 모든 컵에서 동일한 향미가 느껴져야 일관성 있는 커피로 평가받는다.

유동층 로스터

= 플루이드 베드 로스터 fluid-bed roaster

1970년대 미국의 커피과학자 마이클 시베츠Michael Sivetz가 개발한 로스터로, 드럼 안에 열풍을 불어넣는 방식으로 생두에 열을 전달한다. 로스팅 시간이 짧고 로스팅 결과가 균일하다는 장점이 있다.

유량 (discharge)

라떼아트를 할 때 스팀피처에서 흘러나오는 스팀밀크의 양. 스팀밀크의 속도를 의미하는 유속과 비례하며 유량이 많으면 유속이 빨라지고 유량이 적으면 유속도 느려진다. 라떼아트 시 디자인과 크기에 영향을 주는 요소다.

유리화 (vitrification)

단단한 물질이 외부 요인에 의해 부드러워지는 것을 말한다. 로스팅에서는 생두의 조직이 팽창하는 현상을 가리키며, 생두는 100℃를 기준으로 유리화가 시작된다.

유속 (velocity of flow)

라떼아트를 할 때 스팀피처에서 흘러나오는 스팀밀크의 속도.
유속은 라떼아트의 크기와 위치를 조절하는 역할을 하며,
유량과 비례하기 때문에 유량이 너무 적으면 유속이 느려져
그림이 작게 그려질 수 있다.

유지방 (milk fat)

우유의 지방 성분.

유청 단백질 (whey protein)

우유의 단백질 성분으로 락트알부민*lactalbumin*과
락토글로불린*lactoglobulin*으로 구성되어 있으며, 우유를 높은
온도에서 가열했을 때 생기는 가열취의 원인이다.

융 드립 (jung drip)

= 넬 드립 nel drip

융필터를 사용해 드립 커피를 추출하는 방법. 페이퍼 드립이
등장하기 전부터 널리 사용되었으며, 커피오일과 불용성
고형분이 그대로 추출되어 부드럽고 진한 맛을 느낄 수 있다.

융필터 (jung filter)

   = 플란넬 flannel

1800년대 중반 프랑스에서 발명된 천 필터의 일종으로, 정식명칭은 플란넬이지만 일본식 표현으로 융이라 불린다. 한 면은 직모, 다른 한 면은 기모로 되어 있으며 기모가 물길을 만드는 리브rib 역할을 하기 때문에 드리퍼가 따로 필요 없다. 두 겹 또는 세 겹으로 제작되며 종류도 세로로 긴 모양과 가로로 긴 모양, 양면이 기모인 것과 단면이 기모인 것 등 여러 가지가 있다. 깨끗이 세척하면 반영구적으로 재사용이 가능하지만 30회를 넘지 않는 것이 좋다. 사용 후에는 솔로 흐르는 물에 씻은 다음 밀폐용기에 담아 냉장이나 냉동에 보관한다.

은피

   = 실버스킨 silver skin

생두를 감싸고 있는 은색의 얇은 막. 로스팅 시 채프chaff라는 부산물이 되어 떨어져 나간다.

음베야 (Mbeya)

탄자니아의 주요 커피산지 중 하나로, 남부에 위치해 있다. 최근 커피품질 향상을 위한 비정부기구의 노력이 활발하게 이루어지고 있으며, 해발 1,200~2,000m에서 재배한 커피를 6~10월 사이에 수확한다. 주요 품종은 켄트Kent, 버번Bourbon, 티피카Typica이다.

이뇨작용 (diuresis)

커피에 함유된 카페인은 알칼로이드*alkaloid* 성분이 신장 기능을 활성화시켜 몸속 수분을 배출하는 효과가 있다.

이력추적 가능성 (Traceability)

= 커피 이력 추적

커피의 생산, 공급 과정을 투명하게 확인할 수 있는 지표. 어떤 커피가 어디에서 어떻게 재배되었는지를 생산자, 농장, 가공소, 가공방식 등의 정보를 통해 파악할 수 있다.

이물질 (foreign matter)

가공 과정에서 선별 작업이 제대로 이루어지지 않아 생두에 돌이나 잔가지 등의 이물질이 섞인 것을 말한다. 이물질이 들어있는 생두는 로스팅 시 화재 위험이 높고, 원두를 분쇄했을 때 그라인더의 날이 손상될 수도 있다.

이미지 스케일 (image scale)

커피향미의 강도와 품질에 대한 느낌을 숫자나 표정을 통해 시각적으로 표현한 것.

이브릭 (Ibrik)

= 체즈베 Cezve, 브리키 Briki

터키식 커피를 내릴 때 사용하는 역사가 가장 오래된 추출기구.
놋쇠나 구리로 만든 주전자에 손잡이가 달린 형태이며
원래 이름은 체즈베지만 그리스에서는 브리키, 미국에서는
이브릭이라고 부른다. 물에 분쇄원두를 끓여 커피를 추출하는
비교적 단순한 방법이지만 시간이 오래 걸리고 미분이 많이
남는다는 단점이 있다.

이스테이트 케냐 (Estate Kenya)

케냐 커피 중 최상급에 해당하는 커피. 케냐AA보다 두 배 더
높은 가격에 거래된다. 표면은 밝은 청록색을 띠며, 향이 진하고
강렬한 산미와 씁쓸한 맛이 느껴지는 것이 특징이다.

이중발효 (double fermentation)

발효탱크에서 파치먼트parchment의 점액질을 제거한 후 한 번
더 발효하는 방식. 1차 발효에서 미처 제거하지 못한 점액질을
말끔히 없애고, 쓴맛이 나는 성분을 제거하여 커피향미가 보다
깔끔하고 선명해진다. 나라별로 다양한 방식이 있으며 보통
습식발효와 건식발효를 혼합해 사용한다. 케냐의 이중발효
방식이 가장 많이 알려져 있는데, 파치먼트를 약 30시간 동안
건식발효한 후 다시 18시간 정도 수조에 담가 발효하는 것이다.

이카투 (Icatu)

문도노보Mundo Novo와 카투라Caturra를 반복적으로 역교배한 품종. 1950년 브라질에서 탄생했다.
일반 문도노보에 비해 수확량이 30-50%가량 많으며, 커피나무의 키가 크고 가뭄과 추위에 약하지만 품질이 뛰어나다는 특징이 있다.

이카페 (Instituto del Café de Costa Rica, ICAFE)

= 코스타리카 국립커피연구소

코스타리카는 철저한 커피품질 관리를 위해 관련 기관 및 단체가 활발히 활동하고 있는데, 그중 대표적인 곳이 바로 국립커피연구소다.

이탈리안 로스팅 (Italian roasting)

로스팅 레벨 중 2차 크랙2nd crack이 막 끝난 시점으로, 표면이 검은색을 띠고 강한 쓴맛과 약한 탄내가 난다.

이파네마 (Ipanema)

단일 농장으로는 브라질 최대 규모를 자랑하는 스페셜티 커피농장. 면적만 해도 서울의 약 9%에 달하며 해발 1,200m에서 50만 그루 정도의 커피나무를 재배하고 있다. 구역마다 재배조건은 다르지만 내추럴 방식으로 가공해 전체적으로 단맛이 뛰어나고, 잘 익은 과일의 산미와 고소한 너트향, 풍부한 바디와 좋은 밸런스가 특징이다.

익스체인지 등급 (Exchange grade)

스페셜티커피협회SCA가 정한 기준에 따라 등급을 나눴을 때 생두 350g당 결점두 수가 9-23개인 커피.

인도 (India)

세계 주요 커피 생산국 중 하나. 인도의 커피 생산 역사는 1670년 순례자 바바 부단Baba Budan이 메카에서 돌아오는 길에 예멘을 거치면서 가져온 일곱 개의 커피씨앗에서 비롯되었다. 영국 식민지 시절이던 19세기 중반부터 인도 남부의 커피 생산이 활성화되기 시작했으나 1870년대 발생한 커피녹병의 여파로 많은 농장이 차 재배로 전환했다. 하지만 이는 병충해에 강한 품종을 연구하는 계기가 되기도 했다. 인도는 낮은 고도와 기후적 특성으로 인해 많은 양의 로부스타를 생산하고 있고 대부분 영세농민이 재배하며 몬순 커피Monsooned coffee로도 유명하다. 인도 커피는 대체로 생두 크기가 크고 표면이 매끄러운 녹색을 띠는데 묵직하고 부드러운 바디가 특징이다. 커피의 등급은 가공방식이나 생두 크기를 기준으로 나뉘며, 대표적인 커피산지로는 바바부단기리Bababudangiri, 풀니Pulney, 케랄라Kerala 등이 있다.

인도네시아 (Indonesia)

세계 주요 커피 생산국 중 하나. 인도네시아에 처음 커피가 들어온 것은 1696년 말라바Malabar의 네덜란드 주지사를 통해서였으며, 1711년에 이르러 네덜란드 동인도 회사에 의해 본격적인 수출이 시작되었다. 원래는 아라비카만 생산했지만 1876년 커피녹병이 발생한 이후 로부스타도 생산하게 되었다. 수마트라Sumatra, 자바Java, 술라웨시Sulawesi 등의 큰 섬으로 이루어져 있으며, 미네랄이 풍부한 화산성 토양이 커피 재배에 적합한 환경을 조성한다. 커피는 대부분 워시드 방식으로 가공되지만 길링 바사Giling Basah를 도입한 농장도 일부 있다. 커피의 등급은 결점수에 따라 7등급으로 나뉜다.

인산 (phosphoric acid)

커피에 포함되어 있는 유기산의 한 종류.

인스턴트커피 (instant coffee)

= 솔루블 커피 soluble coffee

커피 추출액을 건조해 분말로 만든 커피. 물에 잘 녹는 성질을 지니고 있어 그대로 물에 타 마실 수 있다. 제2차 세계대전 당시 미군들에게 군용품으로 보급되면서 전 세계로 빠르게 전파되었다. 기호에 따라 크림이나 우유, 설탕 등을 첨가한다.

인퓨저 (infuser)

차를 우리는 데 사용하는 망.

일조시간 (duration of sunshine)

> = 일조량

태양광선이 구름이나 안개에 가려지지 않고 지표면을 비추는 시간. 커피나무가 잘 자라기 위해서는 적정한 일조시간이 반드시 필요하다. 커피나무는 심은 지 얼마 안 됐을 때 직사광선을 너무 많이 받으면 오히려 광합성 기능이 저하되고 잎이 시들어 주로 동쪽에 위치한 산비탈에서 재배하며 주변에 셰이드 트리*shade tree*를 심어 그늘을 만들기도 한다.

임펠러 (impeller)

에스프레소 머신의 유량을 제어하는 장치인 플로우 미터*flow meter*의 부속품으로 물의 흐름에 따라 회전하는 전자석 프로펠라다. 임펠러의 회전 수는 유속과 비례해 유량을 측정하는 기준이 된다.

입자 조절판

그라인더에서 원두의 분쇄도를 조절하는 부분. 수동 방식은 조절나사를 조였다 푸는 형식으로, 자동 방식은 호퍼*hopper*와 날 사이에 원형 디스크를 움직이는 형식으로 입자를 조절한다. 평상시에는 날이 움직이지 않게 고정하는 역할을 하지만 고정핀을 제거하거나 다이얼을 돌리면 원하는 분쇄도를 맞출 수 있다.

잎 면적지수 (Leaf Area Index, LAI)

커피나무의 잎 면적과 경작지 면적의 비율. 아라비카의 경우 LAI가 6-10일 때 생산량이 높은 편이다.

잎마름병 (Leaf blight)

커피나무의 잎이 마르면서 노란 반점이나 얼룩무늬가 생기는 현상.

지읒

ㅈ

자가 수분 (self-pollination)

식물이 자신의 꽃가루를 자신의 암술머리에 붙이는 현상.
아라비카는 자가수분을 통해 열매를 맺고 번식한다.

자가배전

카페에서 다른 로스터리의 원두를 납품받지 않고 매장에서 직접
로스팅한 원두를 사용하는 것.

자당 (sucrose)

다당류의 일종으로 로스팅 시 나타나는 캐러멜화는 자당의
열분해에 일어나는 현상이다.

자동 드립 (auto drip)

= 기계 드립 electric drip

커피메이커 등의 기계를 이용해 자동으로 드립 커피를 내리는
방식.

자동 머신 (automatic espresso machine)

> = 전자동 머신

원두 분쇄 기능이 내장되어 있는 커피머신.

자메이카 (Jamaica)

세계 주요 커피 생산국 중 하나. 자메이카의 커피 생산은 1728년 자메이카 총독이 마르티니크Martinique 섬에서 가져온 커피나무로부터 시작되었다.
커피나무를 처음 심은 곳은 세인트앤드류St. Andrews이며 이곳은 높은 고도, 서늘한 기후 등의 자연 환경이 커피 재배에 이상적인 조건을 갖추고 있다. 특히 자메이카에서 가장 유명한 커피산지인 블루 마운틴Blue Mountain은 짙은 안개가 커피나무의 성장속도를 늦춰 다른 지역에 비해 밀도가 높고 품질이 좋은 커피를 생산한다. 자메이카 커피는 재배고도에 따라 4등급으로 나뉘며 전반적으로 깔끔하고 달콤한 맛이다.

자메이카 수프림 (Jamaica Supreme)

> = 자메이카 로우 마운틴 Jamaica Low Mountain,
>   프라임 베리 Prime Berry

자메이카 블루 마운틴Blue Mountain 지역에서 생산되는 커피 중 재배고도가 해발 450m 이하인 커피.

자메이카 커피 위원회
(Jamaica Coffee Industry Board, JCIB)

자메이카의 커피 생산과 수출을 관할하는 기관으로, 특히 블루 마운틴 Blue Mountain 커피의 선정 기준을 정하고 철저한 품질 관리에 따라 생산량을 적정수준으로 제한하고 있다. 또한 고급스러운 브랜드 이미지를 강조하기 위해 수출용 커피를 주트백 jute bag이 아닌 오크통에 담아 차별화를 두고 있다.

자메이카 하이 마운틴 (Jamaica High Mountain)

= 자메이칸 Jamaican, 프라임 워시드 Prime Washed, PW

자메이카 블루 마운틴 Blue Mountain 지역에서 생산되는 커피 중 재배고도가 해발 450~900m인 커피.

자바 (Java)

인도네시아의 주요 커피산지 중 하나로 네덜란드에 의해 처음 커피 재배를 시작했다. 규모가 큰 대형 농장이 많이 들어서 있으며, 커피는 해발 900~1,800m에서 재배해 7-9월 사이에 수확한다. 대부분의 농장이 섬 동쪽 이젠 화산 Ijen Volcano 근처에 밀집되어 있지만 서쪽에도 많은 커피산지가 있다. 자바 커피는 주로 워시드 방식으로 가공한다.

자블럼 (Jablum, JBM)

자메이카에서 로스팅한 블루 마운틴*Blue Mountain* 커피를 수출할 때 붙이는 상표.

잔류 산소 (residual oxygen)

= 잔존 산소

원두는 포장 방법에 따라 패키지에 들어있는 잔류 산소의 양이 달라지는데, 산소가 전체 공기의 1% 미만이어야 약 12주 정도 보관할 수 있다.

잠비아 (Zambia)

아프리카의 주요 커피 생산국 중 하나. 1950년대 선교사들이 탄자니아와 케냐에서 처음 커피를 들여왔고, 1970-1980년대에 본격적으로 커피를 생산하기 시작했다.
잠비아 커피는 대부분 대형 농장에서 재배되며 다국적기업이 소유하고 있는 경우가 많다. 물 부족과 열악한 가공시설로 인해 커피품질을 높이는 데 어려움이 있지만 좋은 잠비아 커피는 밝고 화사한 꽃향기와 과일향을 갖고 있다. 커피농장은 해발 900~2,000m에 들어서 있으며 수확은 4-9월 사이에 이루어진다. 주요 품종은 버번*Bourbon*과 카티모르*Catimor*다.

잠열 (latent heat)

= 잠재열

1. 물질의 상태가 고체에서 액체, 액체에서 기체로 변할 때 흡수하거나 방출하는 열. 로스팅 시 생두의 열반응에 영향을 주는 요소다.
2. 로스팅 후 생두에 남아있는 열.

재 냄새 (ashy)

커피에서 재떨이나 흡연자에게서 나는 냄새가 느껴질 때 사용하는 향미 평가 용어.

재래품종 (Heirloom Varieties)

특정 지역에서 오랫동안 재배되어온 전통적인 커피품종. 티피카Typica와 버번Bourbon은 대표적인 아라비카 재래종에 속한다.

저온 살균
(Low Temperature Long Time pasteurization)

우유를 62-65℃에서 30분가량 살균하는 방법.
프랑스 화학자 루이 파스퇴르*Louis Pasteur*에 의해 발명됐으며 원유의 영양과 풍미 손실을 막아 고품질 우유를 생산할 수 있지만 시간과 비용이 많이 든다.

저온 장시간 로스팅
(Low Temperature Long Time, LTLT)

= 슬로우 로스팅 slow roasting

낮은 온도에서 긴 시간 로스팅을 진행하는 방식.
화학반응이 느리게 일어나 생두 내부의 압력이 천천히 상승하며 상대적으로 원두의 팽창도가 작고 밀도가 높은 것이 특징이다. 산미와 바디가 낮고 쓴맛은 높으며 추출 시 커피의 가용 성분이 적게 빠져나오는 편이다.

저지방 우유 (low fat milk)

지방 함량을 2% 이하로 낮춘 우유.

전기 전도도 (electric conductivity)

커피의 농도인 TDS 수치를 계산할 때 필요한 값. 일반적인 TDS 측정기는 커피 추출액에 포함된 수용성 고형물의 전기 전도도에 전환 계수를 곱하는 방식으로 TDS 수치를 계산한다.

전도열 (conduction heat)

로스팅에 사용되는 열의 유형 중 하나. 온도가 높은 물체에서 낮은 물체로 열이 전달되는 것을 말하며, 로스팅에서는 생두가 드럼에 닿았을 때나 온도가 다른 생두가 서로 접촉했을 때 수분을 매개로 한 열전도가 일어난다. 때문에 전도열은 드럼의 소재와 두께, 타공 형태는 물론 생두의 수분함량에 따라서도 달라질 수 있다. 전도열은 생두 표면에 직접 가해지기 때문에 특정 부분에 열이 집중되지 않도록 교반 과정에 신경 써야 한다.

전동 그라인더 (electronic grinder)

= 자동 그라인더 automatic grinder,
　도저리스 그라인더 doserless grinder

전기로 작동하는 상업용 그라인더 중 분쇄원두의 양을 자동으로 맞출 수 있는 방식. 일정한 양의 분쇄원두가 도저*doser*를 거치지 않고 바로 포터필터에 담기기 때문에 레버를 일일이 당길 필요가 없어 좀 더 편리하게 사용할 수 있다.

전지우유 (whole milk)

지방을 제거하지 않은 우유. 우유는 지방 함량이 높을수록 스티밍 시 밀도가 높고 안정적인 우유거품이 만들어지기 때문에 라떼아트를 할 때는 주로 전지우유를 많이 사용한다.

점도 (viscosity)

액체의 점성을 뜻하는 말로, 에스프레소는 순수한 물보다 점도가 약 2배 더 높다.

점드립

핸드드립 방식 중 하나로 일정한 시간 간격을 두고 물을 조금씩 떨어뜨리는 것이다. 분쇄원두를 가운데부터 천천히 적시기 때문에 일반적인 핸드드립 커피에 비해 깊고 진한 향미를 느낄 수 있다. 주로 융 드립이나 고노 Kono 드리퍼로 커피를 추출할 때 많이 사용한다.

점액질 (mucilage)

커피체리의 파치먼트 parchment 표면에 붙어 있는 끈적끈적한 물질. 다당류의 일종인 펙틴 pectin 성분이 들어 있어 단맛을 내는 역할을 한다.

점액질 제거기 (demucilager)

파치먼트parchment의 점액질을 제거하는 기계. 파치먼트가 손상될 위험을 줄여주고 가공의 효율성을 높인다. 점액질을 일괄적으로 제거하기 때문에 커피향미가 균일하다는 장점이 있으나 발효 과정에서 생성되는 특유의 향미 성분이 없어 커피향미의 다양성이 떨어진다는 단점이 있다. 경우에 따라 점액질을 제거한 후 발효 공정을 추가하기도 한다.

접촉식 로스터 (tangential roaster)

프로바트Probat 사에서 개발한 로스터로, 드럼 로스터와 유사하지만 드럼 내부에 금속 날개를 달아 많은 양의 생두도 빠르게 골고루 로스팅할 수 있다는 것이 장점이다.

정관헌

1900년 고종황제가 아관파천 후 덕수궁에 지은 서양식 건물로, 커피를 마시며 휴식을 취하거나 외교사절단을 맞이하는 장소로 활용했다고 한다.

정상 추출

= 적정 추출

원두와 물의 양, 분쇄도, 물 온도, 추출시간 등의 변수를 알맞게 설정해 커피향미를 가장 잘 느낄 수 있는 수율과 농도로 커피를 추출하는 것.

정수필터

물에 포함된 각종 이물질과 녹, 염소 등을 제거하는 장치. 주로 수돗물을 사용하는 곳에 설치한다. 주기적으로 교체해야 스케일scale로 인한 에스프레소 머신의 고장을 막고 최상의 커피 맛을 유지할 수 있다. 주로 카본carbon 활성탄으로 만든 흡착방식의 필터를 사용한다.

정점 로스팅 (peak roasting)

각 생두가 지닌 맛과 향을 최대치로 끌어내는 로스팅 포인트. 로스팅이 정점을 넘어서면 쓴맛과 탄맛만 남아 커피 고유의 향미를 느낄 수 없게 된다.

제너럴 커피 놀리지 (general coffee knowledge)

스페셜티커피협회SCA에서 시행하는 큐그레이더 시험 과목 중 하나로 커핑, 그레이딩grading, 로스팅, 브루잉, 커피 재배와 수확, 가공에 관한 100가지 문제를 O, X 형식으로 출제한 필기시험이다.

제베나 (Jebena)

에티오피아 커피 세리머니coffee ceremony에 사용하는 전통 커피 주전자. 토기와 비슷한 모양이며, 절구에 곱게 빻은 원두와 물을 넣고 끓이는 방식으로 커피를 추출한다.

제빙기 (ice machine)

= ice maker

물이나 공기를 이용해 얼음을 만드는 기계로, 냉각 방식에 따라 수랭식과 공랭식으로 나뉜다.

제연기 (bore evacuator)

= 전기 집진기 electrostatic precipitator

로스팅 시 발생하는 연기를 특수 모래나 활성탄 필터를 이용해 제거하는 장치. 저비용으로 연기를 없앨 수 있는 방식이지만 냄새 제거율이 낮고 필요로 하는 설치 공간이 넓은 편이다. 한편 소비전력이 작아 전력을 증설할 필요가 없으며, 로스터에 무리가 가지 않고 고온으로 인한 화재 위험도 상대적으로 적다는 장점이 있다.

제트 브레이커 (jet breaker)

에스프레소 머신의 부품 중 하나. 그룹헤드에서 배출되는 추출수를 샤워 스크린에 골고루 분사하는 역할을 한다.

존 허친스 (John Hutchins)

1696년 뉴욕 최초의 커피하우스인 더 킹스 암스*The King's Arms*를 창업한 인물.

종이필터 (paper filter)

= 여과지

종이 재질의 필터. 종이가 커피의 오일 성분을 걸러주기 때문에 다른 필터에 비해 미분이 적고 맛이 깔끔하다는 특징이 있다. 일회용이라 사용이 간편하고 위생적이지만 장기간 보관할 경우 오염될 수 있어 밀봉하는 것이 좋다. 드리퍼 형태별로 다양한 종류가 있으며, 표백유무에 따라 갈색 천연 펄프 여과지와 흰색 표백 여과지로 나뉜다.

주석산

= 타르타르산 tartaric acid

커피에 포함되어 있는 유기산의 한 종류.

주트백 (jute bag)

= 생두 마대, 커피 포대

산지에서 가공 작업이 끝난 후 생두를 담는 데 쓰는 포대. 공기가 잘 통하는 마 소재로 되어 있으며 비용은 저렴하지만 외부 냄새와 수분을 차단하지 못해 커피향미에 부정적인 영향을 끼칠 수 있다.

중합 반응 (polymerization)

로스팅 시 생두의 내부 압력이 높아지면서 열이 방출되고 화학반응이 일어나 커피의 플레이버가 발달하는 단계.

증산작용 (transpiration)

식물체 속의 물이 수증기가 되어 기공을 통해 밖으로 빠져나가는 작용.
생두는 고온에 노출되면 증산작용이 활발해져 수분함량이 줄어들므로 20℃ 이하의 온도에서 보관해야 한다.

지거 (jigger)

액체의 용량을 잴 때 사용하는 도구. 크기가 서로 다른 삼각형 두 개가 위아래로 붙어 있는 형태다.

지글러 (gigleur)

에스프레소 머신의 부품 중 하나인 그룹헤드의 부속품으로, 추출수가 분쇄원두에 적절한 속도로 주입될 수 있도록 유량을 조절하여 안정적인 추출을 돕는다. 가운데 구멍이 뚫려 있는 작은 동전 모양이며, 스케일scale이 생기면 구멍이 막혀 추출속도가 느려질 수 있으므로 추출시간이 평소보다 길어졌다면 지글러 상태를 확인해봐야 한다.

지역품종 (varietal)

특정 지역에서 생산한 품종을 가리킬 때 쓰는 표현. 예를 들어 케냐의 SL-28 품종을 말할 때는 일반 품종이라고 하고, 케냐 니에리*Nyeri*에 있는 협동조합에서 생산한 SL-28 품종을 말할 때는 지역품종이라고 한다.

지질 (lipids)

물에는 잘 녹지 않고 벤젠*benzene*, 아세톤*acetone*, 석유 등의 유기용매에는 잘 녹는 물질. 커피에 포함된 방향족 화합물은 지용성이기 때문에 품종, 토양, 기후 등의 영향을 받으며 생성된 지질 성분이 커피향미와 바디를 형성하는 역할을 한다.

직접 가열식 (direct water heater)

에스프레소 머신의 보일러 작동 원리 중 하나. 보일러 내부의 히팅코일*heating coil*이 추출수를 직접 가열하는 방식이다. 주로 그룹 보일러가 장착돼 있는 독립형 머신에서 볼 수 있으며, 열효율은 좋지만 스케일*scale*이 생길 가능성이 크다.

직화식

로스터의 열전달 방식 중 하나. 드럼에 직접 닿는 전도열과 드럼 안을 회전하는 대류열을 이용해 로스팅하는 방식이다.

진공 여과 추출 (vacuum filtration)

침지식 추출의 한 형태로, 추출기구 하단에 담긴 물이 가열을 하면 증기압에 의해 분쇄원두가 담긴 상단으로 올라가 섞인 후 찌꺼기는 걸러내고 추출액만 아래로 떨어지는 방식이다. 대표적으로 사이폰이 있다.

진공 포장 (vacuum package)

= 탈산소 포장

원두를 금속 용기나 가스가 투과하지 못하는 복합필름에 진공 포장하는 방법. 부피를 최소화해 효율적으로 운송할 수 있고, 보관기간이 길어도 커피향미와 품질을 일정하게 유지할 수 있다.

질소커피

= 니트로 커피 nitro coffee

콜드브루 커피에 질소를 주입해 맥주처럼 시원하고 부드럽게 즐기는 커피.

짐마 (Djimmah)

커피의 고향으로 알려진 에티오피아에서 커피가 처음 발견된 곳으로 추정된다. 에티오피아 서남부에 위치해 있으며 옛 지명은 카파*Kaffa*다. 이 지역 커피는 해발 1,400~2,000m의 농장에서 재배되며 수확은 11-1월 사이에 이루어진다.

짚 냄새 (strawy)

커피에서 건초 냄새가 나는 것을 뜻하는 향미 평가 용어. 생두를 저장 숙성하는 동안 유기화합물이 감소하면서 발생하는 결점이다.

찌르는 듯한 (caustic)

커피에서 쓴맛과 함께 자극적인 신맛이 느껴지는 것을 뜻하는 향미 평가 용어.

치읓

ㅊ

채널링 (channeling)

= 편류, 편추출

에스프레소 추출 시 필터 바스켓에 담긴 분쇄원두의 밀도가 고르지 못해 생기는 현상으로, 추출수가 분쇄원두에 골고루 스며들지 못해 밀도가 낮은 쪽에서만 추출이 일어나는 것을 말한다.

채프 (chaff)

생두를 감싸고 있는 은피가 로스팅 과정에서 떨어져 나온 것.

청소솔

카페에서 에스프레소 머신과 그라인더 등 바bar 곳곳에 남아있는 커피 찌꺼기와 커피가루를 청소하는 데 사용하는 솔. 용도에 따라 다양한 종류가 있다.

체임버 (chamber)

1. 에어로프레스의 아랫부분에 해당하는 부품. 물과 분쇄원두를 담는 곳이다.
2. 그라인더에서 원두 분쇄가 이루어지는 부분. 분쇄원두가 배출되는 통로인 커피 찬넬 coffee channel과 일체형으로 제작하는 것이 일반적이다.

초산

= 아세트산 acetic acid, 식초산

커피에 포함되어 있는 유기산의 한 종류. 자극적이고 강한 냄새와 신맛이 나는 무색 액체.

초임계 이산화탄소 추출법
(Supercritical carbon extraction)

1970년대 독일의 GF-HAG 사에서 상용화한 디카페인커피 제조방법으로, 이산화탄소 용매로 카페인을 제거하는 방식이다. 독성이 거의 없고 화학반응이 쉽게 일어나지 않아 안전하다는 장점이 있지만 설비 투자비가 많이 든다는 것이 단점이다.

초콜릿 (chocolate)

커피를 마시고 난 후 다크 초콜릿이나 바닐라를 연상시키는 뒷맛이 느껴지는 것을 뜻하는 향미 평가 용어.

총 용존 고형물 (Total Dissolved Solids, TDS)

커피에 용해된 가용성 고형분의 양을 나타내는 수치. TDS는 ppm 단위로 측정하며, 수치가 높을수록 농도가 진하고, 낮을수록 연하다.

추출 버튼

에스프레소 머신에서 추출을 제어하는 부분. 펌프모터와 그룹헤드의 3way 솔레노이드 밸브를 작동시켜 추출수를 공급하는 역할을 한다. 자동 머신은 버튼형, 수동 머신은 레버형으로 되어 있으며, 추출 중에 압력과 유량 조절이 가능한 머신은 패들이 달려 있다.

추출수

커피 추출에 사용하는 물. 분쇄원두를 골고루 적셔 여러 가지 커피성분이 원활하게 추출될 수 있도록 한다.

추출수율 (soluble yield)

커피 추출에 사용한 원두에서 얼마만큼의 커피성분이 추출되었는지를 수치로 표현한 것. 커피에 용해된 가용성 고형분의 양을 백분율로 환산한 값이라고 볼 수 있다.

추출시간

커피 추출에 소요되는 시간. 핸드드립에서는 물을 붓는 속도, 물줄기의 굵기와 비슷한 개념으로 사용된다. 에스프레소의 경우 25-30초 내로 추출하는 것이 일반적이다.

추출온도

추출수의 온도. 커피성분은 각각 다른 온도에서 추출되기 때문에 원하는 커피 맛을 효과적으로 끌어내기 위해서는 추출온도를 알맞게 조절해야 한다. 에스프레소 머신의 추출온도는 보통 90-95℃로 설정한다.

축합 반응 (condensation)

로스팅 시 생두의 단백질을 구성하는 아미노기*amino group*와 환원당인 카보닐기*carbonyl group*가 분리, 결합하여 멜라노이딘*Melanoidin*이라는 새로운 분자를 만들어내는 현상. 메일라드 반응 초기에 나타난다.

충격식 분쇄 (impact grinding)

그라인더의 분쇄 원리 중 하나로, 원두가 날에 부딪히는 충격에 의해 분쇄되는 방식이다.
대표적으로 믹서기와 같이 바닥에 날이 붙어있는 칼날형*blade* 그라인더를 들 수 있다. 간격식 분쇄와 달리 분쇄원두의 입자가 고르지 않고 분쇄도 조절도 어렵지만 무게가 가벼워 가정용 그라인더에서 흔히 볼 수 있는 방식이다.

치아파스 (Chiapas)

멕시코의 주요 커피산지 중 하나로 과테말라와의 국경에 인접해 있다. 멕시코 남부를 대표하는 커피산지로 해발 1,000~1,750m에 위치한 시에라 마드레*Sierra Madre* 산맥에서 커피를 재배한다. 커피는 11~3월 사이에 수확하며 대부분 워시드 방식으로 가공한다. 고원지대에서 생산되는 최상급 커피라는 뜻에서 치아파스 알투라*Altura* SHG라고도 불린다. 적당한 쓴맛과 바디, 부드러운 산미와 고소한 향이 특징이다.

치크마할루루 (Chikmagalur)

인도의 주요 커피산지 중 하나로, 바바부단기리*Bababudangiri*가 속해 있는 시다. 아라비카보다 로부스타 생산량이 좀 더 많고 해발 700~1,200m에서 재배한 커피를 10~2월 사이에 수확한다.

침출식 (steeping)

= 침지식 immersion

분쇄원두를 일정 시간 뜨거운 물이나 차가운 물에 담가 커피성분을 뽑아내는 추출 방식.
여과식보다 오랜 역사를 지니고 있으며 추출시간만 가지고도 농도를 조절할 수 있을 만큼 방법이 매우 단순하다. 여과식에 비해 걸러지는 커피오일과 미분의 양이 적기 때문에 상대적으로 풍부한 질감과 묵직한 바디를 느낄 수 있다. 대표적으로 프렌치프레스, 사이폰, 퍼콜레이터 등이 있다.

침출식 보일러

= 내장형 보일러

단일형 보일러의 일종으로 열교환기의 일부가 보일러에 담가져 있는 형태다. 정수필터를 거쳐 유입된 상온수가 보일러의 열교환기를 순환하며 가열되다가 그룹헤드가 열리면 추출수로 배출되는 원리다.

칩핑 (chipping)

로스팅 디펙트의 일종으로, 1차 크랙 *1st crack*과 2차 크랙 *2nd crack* 사이에 너무 많은 열량이 공급되어 생두 표면의 약한 지점이 원형 조각으로 떨어져 나간 것을 말한다.

키읔

ㅋ

카네포라 (Canephora)

> = 코페아 카네포라 Coffea Canephora

생산성이 높아 상업적으로 거래되는 커피품종 중 하나. 학명은 코페아 카네포라이며, 하위 품종으로 로부스타, 코닐론 Conillon, 과리니 Guarini 등이 있다.

카라콜리요 (Caracolillo)

> = 카라콜리 Caracoli, 카라콜 Caracol

1. 피베리 peaberry의 다른 이름. 스페인어로 달팽이를 뜻하는 카라콜에서 유래했으며 달팽이와 모양이 비슷해서 붙여진 이름이다.
2. 콜롬비아 커피는 생두 크기에 따라 4등급으로 나뉘는데 그중 스크린사이즈 screen size가 12인 커피를 가리키는 말.

카라페 (carafe)

본래 의미는 식탁에 물과 포도주를 담아내는 유리병이지만 다양한 추출도의 본체나 서버로 활용되기도 한다.

카를로 에르네스토 발렌테 (Carlo Ernesto Valente)

이탈리아 출신 엔지니어로 1961년 에스프레소 머신 역사에 한 획을 그은 훼마*Feama* E61을 개발한 인물이다. E61은 기존의 피스톤식 레버 대신 전동 펌프를 사용해 추출수의 압력을 높게 유지했으며 덕분에 커피의 잡맛은 줄이고 좋은 성분만 효과적으로 뽑아낼 수 있었다. 오늘날 일반적으로 사용하는 그룹헤드의 프리 인퓨전*pre-infusion* 기능과 독립형 보일러를 최초로 도입했다는 점에서도 E61은 현대식 머신의 본보기라고 할 수 있다.

카베 (Kahve)

커피의 어원 중 하나로, 과거 터키에서는 커피를 카베라고 불렀다.

카스카라 (cascara)

커피체리를 가공하고 남은 껍질을 말려 차처럼 우려 마시는 것. 가공 후 버려지는 커피체리의 과육과 껍질을 활용해 친환경적이다. 카스카라를 뜨거운 물에 우리면 크랜베리, 로즈힙, 히비스커스와 같은 꽃향기와 과일향이 나고 카페인이 함유돼 있어 원기회복에 도움을 준다.

카스티요 (Castillo)

하이브리드 티모르Hybrid Timor와 카투라Caturra의 인공교배종. 콜롬비아에서는 2000년대 후반부터 이상기후와 병충해로 인해 해마다 커피 생산량이 감소 추세를 보이자, 국립커피연구소인 쎄니카페CENICAFE의 주도로 새로운 품종 연구를 시작했다. 그렇게 탄생한 카스티요는 다른 품종에 비해 병충해에 강하고 생산성과 컵 퀄리티도 우수해 2010년부터 보급이 확산되었다. 현재 콜롬비아 커피 전체 생산량의 상당수를 차지한다.

카와 (Qahwah)

1. 예멘 사람들이 즐겨 마시는 차로, 말린 커피체리인 케쉐르Qesher를 물에 끓인 것이다.
2. 커피의 어원 중 하나로, 과거 아랍에서는 '기운을 돋운다'는 뜻에서 커피를 카와라고 불렀다.

카우 (Kau)

하와이의 주요 커피산지 중 하나로 빅아일랜드Big Island 남쪽에 위치해 있다. 코나Kona 커피와 같은 품종을 비슷한 조건에서 재배하기 때문에 전반적으로 유사한 향미를 지닌다. 이곳의 커피 생산은 비교적 최근인 1996년부터 시작되어 역사는 짧지만 품질이 좋다는 평을 받고 있다. 커피는 해발 500-650m에서 재배되어 8-1월 사이에 수확한다.

카우보이 커피 (cowboy coffee)

냄비에 물과 분쇄원두를 넣고 끓여 찌꺼기를 가라앉힌 후 국자로 떠 마시는 커피. 미국에서는 서부 개척시대에 즐겨 마셨다고 전해진다.

카우카 (Cauca)

콜롬비아의 주요 커피산지 중 하나. 이곳의 주도인 포파얀*Popayan*은 주위를 둘러싼 산이 태평양의 습기와 무역풍으로부터 커피나무를 보호하여 커피 재배에 최적화된 환경을 제공하는 고산지대. 덕분에 일 년 내내 안정적인 기후와 화산재 토양에서 커피를 생산할 수 있다. 커피는 해발 1,700~2,100m에서 재배되며 주 수확기는 3-6월, 부 수확기는 11-12월 사이다. 주요 품종은 티피카*Typica*, 카투라*Caturra*, 카스티요*Castillo*다.

카와웰 (Kahweol)

커피의 지질 성분 중 하나로 카페스톨*Cafestol*과 함께 커피오일을 구성한다.

카제인 (Casein)

우유의 주요 난백질 성분으로, 밀크 스티밍을 할 때 거품이 잘 생기도록 도와주지만 55~95℃에서 30분 이상 가열하면 서서히 응고되기 시작한다.

카투라 (Caturra)

1937년 브라질에서 발견된 버번*Bourbon*의 돌연변이종. 커피나무의 키는 작지만 가지가 많아 단위 면적당 생산성이 높으며 손으로도 쉽게 열매를 딸 수 있다. 품질이 좋은 편이며 콜롬비아와 중미 지역에서 널리 재배되고 있다.

카투아이 (Catuai)

1949년 카투라*Caturra*와 문도노보*Mundo Novo*를 인공 교배해 개발한 품종으로, 생명력이 강하다는 특징이 있다. 다른 품종에 비해 생산성이 높지만 커피나무의 수명이 짧고 비료가 많이 필요하다는 것이 단점이다.

카투아이 베르멜호 (Catuai Vermelho)

카투라*Caturra*와 문도노보*Mundo Novo*의 교배종으로 커피체리의 표면이 붉은색을 띤다. 커피나무의 키가 작아 수확이 용이하며 환경 적응력이 높고 병충해에 잘 견딘다는 장점이 있다. 생두 크기가 크고 품질도 좋은 편이다.

카투카이 (Catucai)

1980년 브라질에서 개발된 카투아이*Catuai*와 이카투*Icatu*의 교배종.

카티모르 (Catimor)

1959년 포르투갈에서 개발된 하이브리드 티모르*Hybrid Timor*와 카투라*Caturra*의 교배종.
커피나무의 키는 작지만 생두 크기가 크고 커피녹병에 강하며 조기수확이 가능해 생산성이 높다. 단맛보다는 신맛과 쓴맛이 주를 이룬다.

카파 (Kaffa)

커피가 최초로 발견된 지역인 에티오피아 짐마*Djimmah*의 옛 지명.

카페 그레코 (Café Greco)

1760년 문을 연 로마에서 가장 오래된 카페. 멘델스존, 와그너, 안데르센, 니체 등 수많은 예술가들이 모이던 장소로 유명하다.

카페 라떼 (Café Latte)

이태리어로 라떼는 우유, 카페는 커피를 뜻하며 이름 그대로 커피에 우유를 섞은 밀크 커피다. 커피와 우유의 종류, 비율에 따라 다양한 맛을 낼 수 있고, 메이플, 바닐라 등의 시럽을 넣으면 더욱 달콤하게 즐길 수 있다. 스페인에서는 카페 콘 레체*Café con Leche*, 프랑스에서는 카페 오레*Café au Lait*라고 불린다.

카페 로마노 (Café Romano)

과거 로마인들이 깨끗하지 않은 물에 레몬을 띄워 마신 데서 유래한 최초의 향 커피다. 요즘은 커피에 레몬즙이나 레몬껍질을 넣고 설탕을 더해 마시는 이탈리안 커피를 카페 로마노라고 한다.

카페 로얄 (Café Royal)

커피에 브랜디를 더해 만든 칵테일. 따뜻한 커피가 담긴 잔에 각설탕을 올린 티스푼을 걸친 다음 브랜디를 부어 불을 붙인다. 불꽃이 피는 모습을 보는 재미가 있으며 불이 붙은 각설탕을 커피에 녹여 마시면 진하고 독특한 향미를 느낄 수 있다. 카페 로얄은 '황제의 커피'라는 뜻이며 나폴레옹이 즐겨 마셨던 것으로 유명하다.

카페 마끼아토 (Café Macchiato)

이태리어로 마끼아토는 '점을 찍다', '얼룩진'이라는 의미이며, 이름처럼 에스프레소 위에 살짝 우유거품을 얹은 커피를 카페 마끼아토라고 한다.

카페 모카 (Café Mocha)

에스프레소에 우유와 초콜릿 소스를 넣고 휘핑크림을 올린 달콤하고 부드러운 커피.

카페 솔로 (Café Solo)

1. 스페인어로 에스프레소 또는 우유를 넣지 않은 블랙커피를 뜻하는 말.
2. 덴마크 주방용품 브랜드인 에바 솔로 *Eva solo*가 개발한 침출식 커피 추출도구. 유리로 된 본체에 분쇄원두와 뜨거운 물을 넣고 잠시 기다렸다가 잔에 따르면 금속 재질의 마이크로 필터가 미분까지 걸러내 매끈한 촉감과 깔끔한 맛의 커피를 만들 수 있다. 사용법이 간단할 뿐 아니라 디자인도 뛰어나 2003년에 출시된 후 꾸준한 인기를 누리고 있다.

카페 엔 볼라 (Café en Bola)

생산비용을 줄이기 위해 커피체리를 나무에 매달린 채로 말리거나 파티오 patio에 건조시키는 에콰도르의 내추럴 가공 방식.

카페 징요 (Café Zinho)

냄비에 물과 설탕을 넣고 끓이다가 분쇄원두를 섞은 후 천에 걸러내는 브라질 전통 커피. 브라질에서는 보통 환영의 의미로 손님들에게 대접하며 우유를 더해 부드럽고 달콤하게 즐기는 경우도 있다.

카페 콘 미엘 (Café con Miel)

에스프레소에 우유와 꿀을 넣은 커피메뉴로 '미엘'은 프랑스어로 꿀을 의미한다.

카페 콘 판나 (Café con Panna)

= 에스프레소 콘 판나 espresso con panna

이태리어로 '콘'은 '더하다', '판나'는 '크림'이라는 뜻이며 이름 그대로 에스프레소 위에 휘핑크림을 올린 커피를 말한다.

카페 쿠바노 (Café Cubano)

쿠바에서 즐기는 커피메뉴로 에스프레소에 설탕을 첨가해 달콤한 맛이 난다.

카페 프레도 (Café Freddo)

일반적으로 프레도는 이탈리아에서 거품이 올라간 시원한 커피를 뜻하며, 카페 프레도는 셰이커에 에스프레소, 물, 설탕을 넣고 흔든 후 얼음잔에 따라 마시는 아이스커피를 말한다. 카페 프레도에 물 대신 우유를 넣으면 카푸치노 프레도Cappuccino Freddo로, 아이스크림을 넣으면 프라페Frappe로 응용할 수 있다.

카페 플로리안 (Café Florian)

1720년 문을 연 이후 현재까지 운영 중인 이탈리아 베네치아의 가장 오래된 카페.

카페스톨 (Cafestol)

커피의 지질 성분 중 하나로 카와웰Kahwol과 함께 커피오일을 구성한다.

카페인 (caffeine)

= 커피산 caffeic acid, 카페산, 카페인산

커피의 화학성분 중 하나로 특유의 쓴맛이 유해한 미생물과 외부 환경으로부터 생두를 보호하는 역할을 한다. 1820년 독일의 화학자 프리드리히 페르디난트 룽게*Friedrich Ferdinand Runge*에 의해 처음 발견되었고 1900년대에 이르러 독일의 유기 화학자 헤르만 에밀 피셔*Hermann Emil Fischer*가 화학구조를 밝혀냈다. 카페인은 커피에 들어있는 혼합물이라는 뜻이며 알칼로이드*alkaloid* 성분이 이뇨 작용을 일으키고 일시적으로 졸음을 쫓는 효과가 있다. 하지만 과도하게 섭취할 경우 체내 칼슘 공급을 방해하고 피부 속 수분을 빼앗아 노화를 촉진시키기도 한다.

카페테로 (Cafetero)

콜롬비아의 숙련된 커피농부를 이르는 말.

카푸치노 (Cappuccino)

이탈리아의 대표적인 커피메뉴로, 에스프레소에 스팀밀크를 넣고 우유거품을 올린 커피다.
프란체스코회의 카푸친 수도회 수도사들이 착용한 모자와 비슷하게 생겼다고 해서 카푸치노라는 이름이 붙었다. 카페라떼와 거의 유사하지만 우유거품의 상태나 에스프레소와 우유의 비율 등에 차이가 있다. 기호에 따라 시나몬파우더나 코코아파우더를 뿌려 마시며, 오렌지 필과 시나몬 스틱을 곁들이기도 한다.

칵테일 냅킨 (cocktail napkin)

카페에서 주로 사용하는 작은 정사각형 모양의 냅킨.

칼 폰 린네 (Carl von Linne)

생물분류법의 기초를 확립한 스웨덴의 식물학자로 1753년 아라비카를 처음으로 학계에 등록한 인물이다.

칼날형 그라인더

= 블레이드 그라인더 blade grinder

그라인더의 분쇄 원리 중 하나인 충격식 분쇄의 일종으로, 흔히 믹서기라 불리는 블렌더 *blender*와 비슷한 원리로 작동된다. 칼날형 그라인더는 모터에 연결된 본체 하단의 금속날이 회전하며 원두를 분쇄하는데, 이 과정에서 중력에 의해 아래로 떨어진 원두가 반복적으로 칼날에 부딪히면서 입자 크기가 점차 작아진다. 부피가 작고 가격도 저렴해 가정용 그라인더에 많이 사용되지만 분쇄도가 균일하지 않아 커피 추출 시 일정한 맛을 내기 어렵다는 단점이 있다.

칼다스 (Caldas)

콜롬비아의 주요 커피산지 중 하나. 킨디오Quindio, 리사랄다Risaralda와 함께 콜롬비아 커피 생산의 중심축을 이루고 있을 만큼 훌륭한 품질의 커피를 생산하며, 콜롬비아 국립커피연구소도 이곳에 위치해 있다. 커피는 해발 1,300-1,800m에서 재배하며 주 수확기는 9-12월, 부 수확기는 4-5월 사이다. 주요 품종은 티피카Typica, 카투라Caturra, 카스티요Castillo다.

칼디 (Kaldi)

커피의 기원인 '칼디의 전설'에 등장하는 목동 이름. 칼디의 전설에 따르면 기원전 6-7세기 에티오피아 카파Kaffa에서 염소를 치던 소년 칼디가 어느 날 염소들이 커피나무에 열린 붉은색 열매를 먹고 흥분해 날뛰는 것을 목격했다. 이 소식을 전해들은 이슬람 승려들이 커피체리에 잠을 쫓는 효과가 있다는 사실을 알고 밤 기도를 위한 음료로 만들어 마시면서 커피의 역사가 시작되었다고 한다.

칼레이 (Kalei)

> = 후엘레타냐 Hueletanya

에티오피아의 커피 세리머니coffee ceremony에서 두 번째 잔을 뜻하는 말로 평화라는 의미를 담고 있다. 첫 번째 잔에 비해 맛이 조금 연하다.

칼리브레이션 (calibration)

여럿이 함께 커핑할 때 사람마다 제각각인 평가 기준을 하나로 조정하여 정확하고 객관적인 언어로 커피향미를 표현할 수 있도록 하는 작업.

칼리타 (Kalita)

일본 칼리타에서 개발한 사다리꼴 모양의 드리퍼. 바닥에 작은 추출구 세 개가 뚫려 있고, 드리퍼 옆면은 경사가 완만하며 안쪽에는 기다란 리브rib가 촘촘하게 새겨져 있다. 이러한 구조로 인해 칼리타는 추출속도가 일정하고 맛의 편차가 적은 편이다. 사이즈는 1-2인용부터 7-12인용까지 다양하고 플라스틱, 세라믹, 동 소재로 만들어진다.

칼리타 웨이브 (Kalita Wave)

칼리타 웨이브는 독특한 형태와 추출원리가 추출과정에 영향을 미치는 변수와 맛의 편차를 줄여주기 때문에 초보자도 안정적으로 커피를 내릴 수 있다. 스테인리스 스틸, 세라믹, 유리 등 다양한 재질이 있으며 전용 필터의 주름이 미분을 효과적으로 걸러준다. 삼각형 모양으로 나 있는 3개의 추출구와 드리퍼 옆면에 가로로 새겨진 리브rib가 부드럽고 균형 있는 커피 맛을 낸다.

캐러멜 (caramel)

커피에서 꿀과 시럽을 연상시키는 달콤한 향이 느껴지는 것을 뜻하는 향미 평가 용어.

캐러멜화 (Caramelization)

메일라드 반응과 마찬가지로 로스팅 과정에서 생두에 일어나는 비효소적 갈변반응이다. 로스팅 시 고온에 가열된 생두는 자당sucrose이 열분해하면서 캐러멜 향과 단맛을 내고 표면이 갈색으로 변한다.

캡슐 커피 (capsule coffee)

분쇄원두를 낱개로 밀봉한 캡슐에 고온 고압의 물을 통과시켜 추출한 커피. 캡슐 커피머신은 사용과 보관이 간편하고 관리하기도 쉬워 일반 가정이나 사무실에서 많이 사용한다. 캡슐 종류가 워낙 다양해 베리에이션 커피부터 차와 초콜릿을 활용한 음료까지 다채롭게 즐길 수 있다.

커런트 크롭 (current crop)

뉴 크롭new crop과 같은 연도에 수확한 커피 가운데 다음해 새로운 생두가 입고되기 전까지 남아있는 생두. 다음 수확기가 다가올 무렵에 남아있는 생두도 커런트 크롭이라 부른다.

커머셜 커피 (commercial coffee)

= 커머디티 커피 commodity coffee

세계 시장에 유통되는 커피 가운데 품질과 이력을 크게 따지지 않는 커피. 스페셜티 커피나 하이 커머셜 커피에 비해 단조로운 향미를 지니고 있다.

커퍼 (cupper)

커퍼의 사전적 의미는 커핑을 전문으로 하는 사람이지만 사실 커피산지를 제외하고는 커핑 자체를 직업으로 삼는 사람을 찾아보기 힘들다. 때문에 커퍼는 때에 따라 큐그레이더, 커피감정사, 커피감별사, 그린빈 바이어 등과 동일시되기도 한다.

커피 거스테이션 (coffee gustation)

플레이버 휠 flavor wheel에서 커피의 기본적인 맛인 신맛, 단맛, 짠맛을 따로 분리해 설명한 도표.

커피 긱 (coffee geek)

괴짜를 의미하는 단어인 '긱'과 '커피'의 합성어로 매우 열정적인 커피인을 뜻할 때 쓰는 표현이다.

커피 리큐어 (coffee liqueur)

알코올에 커피를 섞어 만든 혼성주. 종류에는 베일리스, 깔루아 등이 있으며 원액처럼 진하기 때문에 다양한 음료에 베이스로 활용된다.

커피 바 (coffee bar)

작은 규모의 카페를 일컫는 말.

커피 벨트 (coffee belt)

= 커피 존 coffee zone

북회귀선과 남회귀선 사이 적도 부근에 위치한 커피 재배지를 통칭하는 표현. 지구 가운데를 중심으로 띠 모양을 이룬다고 하여 커피 벨트라고 부른다. 이 지역에 속한 나라는 커피 재배에 적합한 20℃ 안팎의 평균기온과 연간 1,500~1,600mm의 강우량, 유기질이 풍부한 비옥토 등의 조건을 갖추고 있다.

커피 브레이크 (coffee break)

= 커피 타임 coffee time

하루 일과 중 오전과 오후 사이에 20분 정도 커피와 다과를 즐기며 짧은 휴식을 취하는 시간. 커피 브레이크가 육체적으로나 정신적으로 쌓였던 피로를 풀어줌으로써 업무 효율을 높여준다는 사실이 밝혀지면서 가정뿐 아니라 직장에서도 널리 도입되는 추세다.

커피 비긴 (coffee biggin)

1817년 영국의 비긴 *Biggin*이 개발한 커피 추출도구로, 오늘날 드립 커피의 원형이라고 볼 수 있다. 포트에 뜨거운 물을 붓고 상단에 달린 천 주머니에 분쇄원두를 담은 후 일정 시간이 지나면 잔에 따르는 방식으로 커피를 추출한다. 훗날 미국으로 건너가서는 천 필터가 미세한 구멍이 뚫려 있는 금속 필터로 발전하기도 했다.

커피 서브스크립션 (coffee subscription)

커피 전문가가 추천한 원두를 일정한 주기로 받아보는 정기배송 서비스.

커피 세리머니 (coffee ceremony)

= 카리오몬 kariomon, 분나 마프라트 bunna maffrate

에티오피아의 전통적인 커피문화로, 예부터 귀한 손님이 오면 직접 재배한 커피를 즉석에서 볶고, 갈고, 끓여 대접했는데 이러한 일련의 과정을 커피 세리머니라고 한다. 동양의 다도와 비슷한 의식으로서 에티오피아 여성이라면 꼭 익혀야 할 예의범절이기도 하다.

커피 언 (coffee urn)

미국에서 개발된 대용량 커피메이커. 퍼콜레이션과 같은 원리로 많은 양의 커피를 신속하고 간편하게 추출할 수 있어 호텔이나 레스토랑 등에서 주로 쓴다.

커피 워머 (coffee warmer)

추출한 커피를 서버나 잔에 담아 올려두면 따뜻하게 온도를 유지시켜주는 장치.

커피 찬넬 (coffee channel)

그라인더의 부품 중 하나로 분쇄원두가 도저 $doser$ 에 담기기 전 지나는 통로.

커피 추출 (coffee extraction)

분쇄원두와 물을 접촉시켜 커피의 가용 성분을 뽑아내는 작업. 커피를 추출하는 방식에는 크게 달임식, 침출식, 가압식, 여과식이 있다.

커피 칸타타 (Coffee Cantata)

18세기 독일의 위대한 작곡가 바흐가 커피 애호가로서 커피를 마시는 즐거움을 담아 만든 곡. 원제목은 '칸타타 BWV 211'이며, 커피하우스에서 공연할 목적으로 작곡했다고 한다.

커피 케이크 (coffee cake)

= 커피 퍽 coffee puck

1. 에스프레소를 추출한 후 필터 바스켓에 남은 커피 찌꺼기. 그 모습이 마치 케이크나 아이스 하키의 볼인 '퍽'과 비슷하다고 하여 붙여진 이름이다.
2. 커피에 곁들이는 작은 케이크.

커피 테이스팅 (coffee tasting)

= 컵 테이스팅 cup tasting

커핑의 한 범주로 우리 몸의 감각기관인 입과 코를 이용해 커피가 제대로 추출되었는지 확인하는 작업이다.

커피 트레이너 (coffee trainer)

커피 전문가가 되기 위해 갖춰야 할 지식과 기술을 체계적으로 교육하여 커피산업에 필요한 전문인력을 양성하는 사람.

커피 핀 (coffee phin)

= 베트남 커피 프레스 Vietnam coffee press,
베트남 커피 필터 Vietnam coffee filter,
베트남 카페 핀 Vietnam cafe phin

베트남식 커피 추출도구. 침출식과 여과식이 혼합된 방식이며 재질은 스테인리스 스틸과 알루미늄이 주를 이룬다. 핀이라 불리는 드리퍼에 분쇄원두를 담고 잔에 올린 후 물을 부어가며 커피를 추출한다. 중력을 이용해 커피를 내리는 방식이기 때문에 추출시간이 다소 오래 걸리지만 사용법이 쉽고 간단하며 진한 검은색의 추출액이 한방울씩 떨어지는 모습을 보는 재미가 있다. 추출이 끝나면 커피에 물 또는 우유를 섞어 기호에 맞게 즐긴다.

커피꽃 (coffee flower)

커피나무에 피는 꽃으로 색깔은 흰색이며 달콤한 재스민 향이 난다. 꽃잎의 개수는 아라비카가 5장, 로부스타가 5-7장, 리베리카*Liberica*가 7-9장이며 개화하고 3-4일이 지나면 금방 져버리기 때문에 볼 수 있는 시간이 길지 않다. 수정 후에는 꽃밥이 갈색으로 변하고 꽃잎이 떨어지면 열매를 맺는다. 일반적으로 커피꽃은 씨앗이 발아하고 3-4년이 지나야 볼 수 있으며, 대부분 건기에 피지만 정확한 시기는 산지마다 조금씩 다르다.

커피나무 (coffee tree)

꼭두서니과에 속하는 쌍떡잎식물로, 항상 잎이 푸른 상록수다. 커피나무의 높이는 5-10m이며 잎은 길이가 10cm 정도 되는 긴 타원 모양이다. 줄기는 회색, 꽃은 백색이다. 씨앗이 발아하고 3-4년이 지나면 열매를 맺고, 그 후로 20년 넘게 수확할 수 있다. 커피나무는 대부분 커피 벨트*coffee belt*에 속한 지역에서 자란다.

커피녹병 (Coffee Leaf Rust, CLR)

= 로야 Roya

커피나무의 잎에 곰팡이 균이 번식해 누렇게 변색되며 커피나무가 말라죽는 병. 커피녹병은 헤밀레이아 바스타트릭스 *Hemileia Vastatrix*라는 곰팡이 균이 커피나무 이파리에 주황색 포자를 만들어 광합성을 방해한다. 그 결과 커피나무는 열매를 맺지 못하고 결국에는 가지와 줄기가 앙상하게 매말라 죽기 때문에 커피체리의 생산량이 급격히 감소하고 농장도 심각한 피해를 입는다. 1860년경 스리랑카에서 대규모로 발병한 이후 본격적으로 연구되기 시작했고 원종에 가까운 품종일수록 감염률이 더 높기 때문에 주로 녹병에 강한 품종을 개발하는 데 주력하고 있다. 하지만 고온다습한 저지대에서 많이 발생하는 녹병 특성상 기후변화와 지구온난화 현상으로 인해 발병 위험이 더욱 높아지는 추세다.

커피머신 (coffee machine)

가정용 커피메이커부터 상업용 에스프레소 머신까지 커피를 추출하는 모든 기계를 일컫는 말.

커피메이커 (coffee maker)

일반 소비자들이 필터 커피를 만들 때 가장 많이 사용하는 추출기구로 전 세계 가정과 사무실에 널리 보급되어 있다. 물탱크에 물을 채우고 필터에 분쇄원두를 담은 후 작동버튼을 누르면 가열된 물이 자동으로 분사되면서 커피를 추출한다. 추출된 커피는 하단 서버에 담기며, 기종마다 성능에 조금씩 차이가 있다. 사용법이 간단하고 한번에 많은 양을 내릴 수 있으며 보온 기능도 갖추고 있지만 장시간 보관할 경우 오히려 커피향미가 떨어질 수 있으니 주의해야 한다.

커피산지 (coffee origin)

커피를 생산하는 국가나 지역.

커피열매 천공충 (Coffee Berry Borer, CBB)

= 브로카 broca

커피체리 안에 부화하여 생두를 먹어 치우는 벌레. 생두를 먹고 자란 애벌레들은 성충이 된 후 다른 열매로 옮겨가는데, 빈 자리에 구멍이 생긴 생두를 결점두 중 하나인 벌레 먹은 콩 insect damaged bean 으로 분류한다.

커피열매병 (Coffee Berry Disease, CBD)

커피나무 가지에 달린 커피체리에 곰팡이가 생겨 매달린 채로 썩는 병.
1900년경 브라질에서 처음 발견되어 1922년 케냐에서 질병으로 분류하기 시작했다. 덜 익은 녹색 열매에 둥근 암갈색 반점이 생기면서 점점 짙어진다. 곰팡이에 감염된 열매는 바짝 말라 더 이상 자라지 못하고 그대로 썩어버린다. 기온이 낮은 고지대에서 많이 발생하며 전파 속도가 빠른 포자 형태이기 때문에 감염 범위가 확대되면 생산량이 최대 70%까지 감소하기도 한다.

커피오일 (coffee oil)

= 카페올 caffeol

커피의 지방 성분을 일컬어 부르는 말. 커피오일에 포함된 방향물질은 고온에 의해 로스팅되거나 추출되는 과정에서 향을 발산한다. 일반적으로 커피는 오일 성분의 함량에 따라 향미가 달라지는데, 원두의 로스팅 포인트가 높고 추출수의 압력과 온도가 높을수록 더 깊고 진한 맛을 느낄 수 있다. 아라비카는 약 17%, 로부스타는 약 11%가 커피오일로 구성되어 있으며, 에스프레소를 추출할 때 생기는 크레마*crema*가 대표적인 사례라고 볼 수 있다.

커피체리 (coffee cherry)

= 커피열매

커피나무의 열매로 그 모습이 체리와 비슷하다고 하여 커피체리라고 불린다. 커피체리의 과육은 꽃향기와 새콤달콤한 맛을 지니고 있으며 안에는 씨앗인 생두가 한 쌍씩 들어 있다.

커피체인 (coffee chain)

생산국에서 재배, 수확, 가공된 커피가 소비국으로 건너가 로스팅되고 추출된 후 최종 소비자에게 전달되기까지의 과정을 일컫는 말. 커피는 생산자, 유통업자, 로스터, 바리스타, 커퍼 등 각 단계에 속한 전문가들의 손을 거쳐 만들어진다.

커피품질연구소 (Coffee Quality Institute, CQI)

= 커피품질협회

지속가능한 커피 생산과 생산자들의 삶의 질 향상을 위해 국제적으로 활동하는 비영리 단체. 1996년 과학적인 연구와 실험을 바탕으로 한 커피품질 개선과 생산성 제고를 목적으로 설립되었으며, 커피 재배 및 가공에 관한 기술 교육과 더불어 커피 전문지식과 커핑 능력을 갖춘 큐그레이더 양성 교육을 꾸준히 실시하고 있다.

커피하우스에 반대하는 여성의 청원서
(Women's Petition Against Coffee)

18세기 초 남성들의 커피하우스 출입을 막기 위해 여성들이 제출한 탄원서. 당시 남성들은 여성 금지 구역인 커피하우스에서 은밀한 자유와 안락을 누렸고, 이를 참을 수 없었던 아내들은 급기야 탄원서를 제출하기에 이르렀다. 하지만 남성들은 '여성들의 청원서에 대한 남성의 답변 The Men's Answer to the Petition Against Coffee'이라는 성명으로 대응했고, 이어진 갈등 끝에 결국 커피하우스의 여성 출입 금지령이 해제되었다.

커피헌터 (coffee hunter)

좋은 커피를 찾아 전 세계 커피산지와 농장을 다니는 사람.

커핑 (cupping)

커피 샘플의 생산 이력과 고유 향미를 확인하는 작업. 커피가 지닌 특성을 파악하고 품질을 평가하는 수단으로서 일정한 절차에 따라 다양한 목적을 가지고 진행된다. 커핑은 커피가 최종 소비자에게 도착하기까지 여러 단계에 걸쳐 이루어지는데, 크게 생두의 특성을 파악하기 위한 커핑과 로스팅된 원두의 품질관리를 위한 커핑으로 나뉜다. 평가 요소로는 아로마, 클린컵, 스위트니스, 액시디티, 마우스필, 플레이버, 애프터테이스트, 밸런스, 결점 등이 있으며 이를 종합해 총점을 매긴다. 샘플 하나당 4개의 커핑 볼을 준비해 테이블 양쪽에 2개씩 배치하는 CoE 방식과 샘플 하나당 5개의 커핑 볼을 준비해 테이블 한쪽에 나란히 배치하는 SCA 방식의 테이블 세팅이 있으며 커핑 시간은 대략 50분 정도 소요된다.

커핑 랩 (cupping lab)

= 센서리 랩 sensory lab

커핑이 이루어지는 장소를 일컬어 부르는 말. 커핑에 최적화된 공간은 실내온도가 20~30℃, 상대습도가 85% 미만이어야 하며 커핑에 영향을 주는 소리나 빛, 냄새와 같은 외부의 방해 요인으로부터 차단되어야 한다. 조명도 어두운 것보다 밝은 것이 좋다.

커핑 볼 (cupping bowl)

= 커핑 잔 cupping glass, 커핑 컵 cupping cup

커핑을 할 때 쓰는 7-9oz 사이즈의 전용잔. 도자기 그릇처럼 생긴 커핑 볼과 유리잔 모양의 커핑 컵을 가장 많이 사용한다.

커핑 스킬 테스트 (cupping skills test)

스페셜티커피협회SCA에서 시행하는 큐그레이더 시험 과목 중 하나. 실제 커핑을 통해 아프리카, 중미, 인도네시아, 브라질, 콜롬비아 커피의 특징을 이해하고 대륙별, 가공 방식별로 구분하는 작업이다.

커핑 스푼 (cupping spoon)

커핑을 할 때 쓰는 전용 스푼. 일반 스푼보다 크기가 크며 깊고 둥근 모양이다.

커핑 시트 (cupping sheet)

= 커핑 폼 cupping form

커핑이 끝난 후 각자 느낀 점과 평가 내용을 기입하는 양식. 대부분 일정한 형식에 맞춰 점수를 표시하지만 형식에 구애받지 않고 자유롭게 작성하는 경우도 있다.

커핑 테이블 (cupping table)

커핑에 사용하는 테이블로 일반 테이블에 비해 높고 긴 것이 특징이다.

커핑 프로토콜 (cupping protocol)

본격적인 커핑에 앞서 숙지해야 할 일련의 규정. 커핑에 사용할 물과 원두는 물론 추출방식과 순서 등 사전 준비에 필요한 세부 내용을 담고 있다.

컨버스 에칭 (converse etching)

우유거품 위에 스푼으로 에스프레소의 크레마crema를 떠서 그림을 그리는 라떼아트 기법.

컨트롤 박스 (control box)

> = 컨트롤 보드 control board

로스터의 중앙 통제 장치. 드럼의 내부 온도와 로스팅 시간을 확인하고 화력과 배기를 조절하는 부분이다. 냉각판과 교반기의 작동 버튼도 이곳에 부착되어 있다.

컵 오브 엑셀런스 (Cup of Excellence, CoE)

비영리 단체인 ACE에서 주관하는 생두 품평 대회이자 경매 프로그램.
1999년 브라질에서 처음 시작되어 현재까지 전세계 커피 생산국을 돌며 꾸준히 이어져 오고 있다. 3주에 걸쳐 진행되는 대회 기간 동안 다국적 심사위원으로 구성된 전문 커퍼와 큐그레이더들이 최소 5회 이상 엄격한 심사를 거쳐 최상급 커피를 가려내며, 일정 기준 이상의 품질을 인정받은 커피에 CoE 타이틀이 부여된다. 추후 상위권에 오른 커피들은 순위가 매겨진 후 경매를 통해 높은 가격에 낙찰된다. CoE는 좋은 품질의 새로운 커피를 생산하는 영세농민과 독자적인 유통 창구를 마련하고자 하는 그린빈 바이어 간의 교류 기회를 마련함으로써 커피농부들의 권익을 보호하고 스페셜티 커피산업의 발전에 기여한다는 의미가 있다.

컵 퀄리티 (cup quality)

커피가 가지고 있는 긍정적인 향미의 정도. 좋은 맛과 향, 질감이 조화롭게 어우러질수록 컵 퀄리티가 뛰어나다고 말한다.

컵 프로파일 (cup profile)

= 향미 프로파일, 테이스팅 노트 tasting note,
플레이버 노트 flavor note, 컵 노트 cup note

커피에 대한 기본 정보와 커피를 마신 후 느껴지는 뉘앙스를 간단명료하게 표기한 것. 커피체인*coffee chain*에 속한 사람들이 커피에 관한 정보를 공유할 때 사용하는 커뮤니케이션 수단이자 일반 소비자들이 자신의 취향과 목적에 맞는 커피를 선택할 수 있도록 정보를 전달하는 기능이 있다.

컵 캐리어 (cup carrier)

한번에 여러 잔의 음료를 갖고 갈 때 편하게 들 수 있도록 만든 케이스. 종이, 비닐 등 다양한 소재가 있다.

컵커피 (cup coffee)

냉장 유통되는 RTD 커피 중 플라스틱 용기에 포장된 커피.

케냐 (Kenya)

세계 주요 커피 생산국 중 하나. 1983년 프랑스 선교사들이 레위니옹 섬Reunion Island에서 사온 커피나무를 계기로 1896년부터 커피 생산을 시작했다. 초기에는 주로 영국인이 운영하는 대형농장에서 커피를 재배했지만 1950년대에 들어 농업법이 통과되면서 영세농장을 주축으로 한 커피 생산이 본격화되었다. 1963년 독립 이후 커피산업에 대한 국가 지원이 더욱 활발해지면서 다방면에 걸쳐 연구 및 교육 활동이 이루어지고 있다. 케냐커피위원회CBK에서 운영하는 경매 시스템은 생산자들에게 비교적 합당한 대가를 보장하고 있다. 케냐 커피는 케냐 분류법Kenyan Grading System을 따라 생두 크기를 기준으로 등급을 나누며, 대표적인 커피산지로는 니에리Nyeri, 나카루Nakaru, 키시이Kisii 등이 있다. 케냐 커피는 대체로 복합성이 뛰어나고 단맛과 산미가 좋다는 평가를 받는다.

케냐 분류법 (Kenyan Grading System)

생두 크기를 나타내는 단위인 스크린사이즈screen size를 기준으로 등급을 나누는 방법.

케냐 프로세스 (Kenya process)

엘살바도르의 스페셜티 커피 농장주이자 커피 전문가인 아이다 바틀레Aida Batlle가 시도한 혁신적인 가공 방식 중 하나로, 케냐에서 이루어지는 이중발효를 뜻한다.

케냐커피연구소
(Coffee Research Foundation, CRF)

케냐 농업부 산하 단체로, 커피품종 개발과 재배기술 보급에 관한 업무를 수행하고 있다. 영국 식민지 시절 K7, SL28, SL34와 함께 오늘날 케냐를 대표하는 품종 종 하나인 루이루 11*Ruiru 11*을 개발하기도 했다. 전 세계에서 수집한 500여 개의 품종을 보유하고 있으며 부설 교육기관인 케냐 커피 대학*Kenya Coffee College*은 영농 후계자를 대상으로 커피 생산 교육을 실시하고 있다.

케냐커피위원회 (Coffee Board of Kenya, CBK)

1933년 케냐 커피법이 통과되면서 설립된 정부기관으로, 1934년에 만들어진 경매 시스템을 아직까지 운영하고 있다. 케냐 커피산업의 발전을 위한 각종 규제 및 정책 활동을 펼치고 있다.

케맥스 (Chemex)

독일의 화학자 피터 쉴럼봄*Peter Schlumbohm*이 1941년에 발명한 커피 추출도구. 드리퍼와 서버가 일체형이며 전용 필터를 사용한다. 유리로 된 본체는 가운데 부분이 오목하게 들어가 있고 나무 커버가 감싸져 있어 커피를 따를 때 편리하다. 케맥스 상부에 해당하는 드리퍼는 추출 과정에서 발생한 가스를 배출하는 역할을 하며, 하부에 해당하는 서버는 아로마가 쉽게 빠져나가지 않도록 잡아두는 역할을 한다. 케맥스로 추출한 커피는 깊고 깔끔한 맛이 특징이다.

케쉐르 (Qesher)

= 키쉬 Qish

커피를 가공하는 과정에서 생기는 부산물. 중미의 커피 생산자들은 카스카라cascara와 비슷한 개념으로 이해할 수 있는데, 카스카라가 커피체리에서 벗겨낸 과육을 말린 것이라면 케쉐르는 말린 커피체리의 껍질을 벗겨낸 것에 더 가깝다고 할 수 있다. 예멘 사람들은 케쉐르를 차처럼 우려 마시는 방식으로 즐긴다.

켄트 (Kent)

티피카Typica의 변종으로, 1911년 인도 마이소르Mysore의 영국인 농장주 로버트 켄트Robert Kent가 발견했다. 그는 이후 자신의 이름을 딴 켄트라는 명칭으로 인도의 커피품종 개발 프로그램에 참가하기도 했다. 켄트는 아라비카에 비해 커피녹병에 강하고 생산성이 좋아 1940년대까지 큰 인기를 얻었지만 이후에 나온 새로운 병충해에는 취약했다. 현재는 탄자니아에서 생산되고 있으며, 전반적으로 맑고 깔끔한 맛이 좋은 평가를 받는다.

코나 (Kona)

하와이의 주요 커피산지 중 하나. 세계에서 가장 유명한 산지이기도 하다. 총 600여 개가 넘는 영세농장이 위치해 있으며 단위 면적당 생산량도 매우 높은 축에 속한다. 해발 150~900m에서 재배된 커피는 8-1월 사이에 수확하며 농장 규모가 대체로 작기 때문에 대부분 핸드피킹*hand picking* 방식으로 수확한다. 주요 품종은 티피카*Typica*이며 고급스러운 산미와 향을 지닌 것이 특징이다. 하와이는 법에 따라 모든 코나 블렌드에 코나 커피의 양을 표기하게끔 되어 있다.

코나 넘버원 피베리 (Kona No.1 Peaberry)

하와이 커피 중 스크린사이즈*screen size*가 10이고 생두 300g당 결점두 수가 20개 이내인 커피.

코나 엑스트라 팬시 (Kona Extra Fancy)

하와이 커피 중 스크린사이즈*screen size*가 19이고 생두 300g당 결점두 수가 10개 이내인 커피.

코나 팬시 (Kona Fancy)

하와이 커피 중 스크린사이즈*screen size*가 18이고 생두 300g당 결점두 수가 16개 이내인 커피.

코나 프라임 (Kona Prime)

하와이 커피 중 스크린사이즈 screen size와 관계없이 생두 300g당 결점두 수가 25개 이내인 커피.

코나커피축제 (Kona coffee festival)

매년 11월 하와이 코나Kona에서 열리는 커피축제. 1972년부터 개최됐으며 약 열흘 간 전 세계 커피 애호가들이 찾는 가운데 다채로운 프로그램으로 치러진다.

코니컬 버 (conical burr)

= 원뿔형 날, 원추형 날

버burr 그라인더의 칼날 형태 중 하나. 분쇄원두가 위에서 아래로 빠져나가는 방식이며, 그라인딩 과정에서 열이 적게 발생하고 속도도 빠르지만 분쇄도가 고르지 못하다는 단점이 있다.

코닐론 (Conillon)

카네포라Canephora의 하위 품종 중 하나로 브라질에서 생산되는 로부스타의 상당수를 차지한다.

코디네이터 (coordinator)

커피산지에서 생산되는 커피가 좀 더 높은 상품성을 지닐 수 있도록 농장에서 사용하는 커피품종과 가공방식을 전반적으로 관리하는 사람.

코르타도 (Cortado)

= 코르타디토 Cortadito

스페인식 밀크 커피의 일종으로 일반적인 카페라떼에 비해 에스프레소의 비율이 더 높다. '콜타도'는 스페인어로 '자르다', '줄이다'라는 뜻이며, 투명한 유리잔에 담아 제공되기 때문에 에스프레소와 우유거품의 층이 확연히 구분되어 있다.

코반 (Coban)

과테말라의 주요 커피산지 중 하나로 지명은 코반이라는 마을 이름에서 따온 것이다.
이곳은 대서양 열대우림의 영향으로 연중 습한 날씨가 이어져 건조 작업을 하기에 불리한 조건이지만 비옥한 석회질 토양에서 훌륭한 품질의 커피를 생산하고 있다. 해발 1,300~1,500m에서 재배된 커피는 12-3월 사이에 수확하며 주요 품종은 버번*Bourbon*, 마라고이페*Maragogype*, 카투아이*Catuai*, 카투라*Caturra*, 파체*Pache* 등이다. 이 지역 커피는 부드러운 과일향과 와인향이 특징이다.

코스 (coarse)

굵은 분쇄도를 일컫는 표현.

코스타리카 (Costa Rica)

세계 주요 커피 생산국 중 하나. 코스타리카에 처음 커피가 소개된 것은 쿠바를 통해서였으며, 19세기 초부터 커피 재배를 시작했다. 1821년 독립 이후 무상으로 커피씨앗을 제공하거나 세금을 면제하고 자금을 지원하는 등 다양한 커피 생산 장려 정책을 펼쳐왔으며, 그 결과 코스타리카 커피의 품질은 꾸준히 향상되어 국가경제에 중추적인 역할을 하게 되었다. 코스타리카는 국토 중앙에 형성된 고원지대와 미네랄이 풍부한 화산토, 연중 온화한 기후가 커피 재배에 최적화된 조건을 갖추고 있으며 한 지역 안에서도 다채로운 커피를 생산한다. 코스타리카 커피는 약 90%가 중소형 농장에서 재배되며 대체로 깔끔하고 달콤하다는 특징이 있다. 재배고도에 따라 9등급으로 나뉘며 대표적인 커피산지로는 따라수*Tarrazu*, 트레리오스*Tres Rios*, 브룬카*Brunca*, 투리알바*Turrialba* 등이 있다.

코스터 (coaster)

테이블이 더러워지지 않도록 음료잔 밑에 까는 받침. 천, 나무, 종이 등 다양한 소재가 있으며, 인테리어 소품으로도 활용된다.

코요테 (koyote)

커피농부들로부터 헐값에 사들인 커피를 다른 유통업자나 그린빈 바이어에게 비싸게 팔아넘기는 악덕 브로커를 비하해 부르는 말.

코페아 (Coffea)

식물학에서 사용하는 학명으로, 코페아는 커피속을 뜻한다.

코페아 엑셀사 (Coffeea Excelsa)

커피품종의 한 종류로 야생에서 자라고 신맛이 강하다는 특징이 있다.

코페아 유게니오이데스 (Coffea Eugenioides)

아라비카의 조상격에 해당하는 상위 품종. 아라비카는 코페아 유게니오이데스 Coffea Eugenioides와 흔히 로부스타로 알려진 코페아 카네포라 Coffea Canephora가 자연교배하여 탄생한 것이다. 커피나무의 키가 작고 병충해에 약하며 생산량과 카페인 함량도 적어 주로 연구 목적으로 재배된다.

코피스 (coffice)

커피와 사무실의 합성어로 커피숍을 사무실처럼 사용하는 것을 말한다.

콘 필터 (Kone filter)

미국의 에이블Able 사에서 개발한 스테인리스 스틸 재질의 반영구 필터. 매일 한 번 쓰고 버려지는 종이필터에 비해 지속적으로 사용할 수 있는 친환경 필터다. 스테인리스 스틸 재질의 필터가 커피오일과 고형 성분을 거르지 않고 그대로 추출해 커피 본연의 맛과 매끄러운 마우스필을 느낄 수 있으며, 케맥스Chemex, 하리오Hario, 고노Kono 등 다양한 추출도구에도 응용할 수 있다.

콜드브루 (cold brew)

차가운 물로 커피 성분을 추출하는 방식, 혹은 차가운 물로 추출한 커피.
차가운 물에 분쇄원두를 넣고 하루 동안 냉장 보관한 후 필터에 거르는 침출식과 분쇄원두에 일정한 간격으로 물을 떨어뜨려 커피를 추출하는 드립식으로 나뉜다. 드립식으로 내릴 경우 커피의 농도가 원액에 가까울 정도로 진하기 때문에 물이나 우유에 희석해 마신다. 물 온도가 낮으면 커피의 가용 성분이 용해되는 속도가 느리기 때문에 높은 온도의 물로 추출하는 에스프레소나 일반 브루잉 커피에 비해 추출시간이 상대적으로 긴 편이지만 커피오일이 상대적으로 적게 추출되어 맛이 깔끔한 편이다.

콜로이드 (colloid)

= 추출 콜로이드 brew colloids

커피 추출액에 미립자가 분산되어 있는 상태. 미립자는 주로 단백질, 당, 오일 등으로 구성되어 있다.

콜롬비아 (Colombia)

세계 주요 커피 생산국 중 하나. 콜롬비아에 처음 커피가 들어온 것은 1723년으로 추정되며, 19세기 말부터 생산 규모가 커지기 시작해 오늘날 세계 3위의 커피 생산국이 되었다.
콜롬비아커피생산자협회FNC의 엄격한 감독 아래 품질관리가 이루어지고 있으며, 1958년 탄생한 콜롬비아 커피 브랜드 '후안 발데스Juan Valdez'를 필두로 자국 커피를 알리기 위한 마케팅 전략에 박차를 가하고 있다. 콜롬비아는 묵직한 바디와 초콜릿 향미를 지닌 커피부터 강렬한 과일향이 느껴지는 커피까지 지역별로 다양한 커피를 생산한다. 대표적인 커피산지로는 카우카Cauca, 우일라Huila, 나리뇨Narino 등이 있다.

콜롬비아커피생산자협회
(Federacion Nacional de Cafeteros de Colombia, FNC)

1927년 콜롬비아 커피 생산자들의 권익 보호를 목적으로 설립된 비영리 단체로, 약 50만 명의 회원이 소속돼 있는 거대 조직이다. 콜롬비아에서 수출하는 커피의 세금 일부를 운영자금으로 지원받으며, 콜롬비아 커피의 생산과 마케팅 전반은 물론 각 지역의 사회적 인프라 구축과 같은 지역발전과 복지향상을 위해서도 광범위하게 활동하고 있다.

쿠바 (Cuba)

세계 주요 커피 생산국 중 하나. 카리브해 중심에 위치한 쿠바는 1748년 현재의 도미니카공화국으로부터 처음 커피를 들여왔으며, 커피 재배가 본격화된 것은 1791년 이후다. 한때 커피가 설탕보다 더 많은 수익을 창출하는 주요 수출품이었지만 열악한 인프라와 미미한 지원 탓에 현재는 커피 생산량이 낮은 수준에 머물러 있다. 쿠바 커피의 약 1/5은 유럽이나 일본으로 수출되며 나머지는 자국 내에서 소비한다. 쿠바는 다른 산지에 비해 고도가 낮아 해발 350-900m에서 커피를 재배하며 수확은 7-12월 사이에 이루어진다. 주요 품종은 티피카*Typica*, 버번*Bourbon*, 카투라*Caturra* 등이다. 쿠바 커피는 대체로 산미가 약하고 바디가 강한 편이다.

쿤디나마르카 (Cundinamarca)

콜롬비아의 주요 커피산지 중 하나. 세계에서 고도가 가장 높은 도시 중 하나인 보고타*Bogota*를 둘러싸고 있으며 다른 지역에 비해 고도가 더 높다. 커피 재배는 해발 1,400~1,800m에서 이루어지며 주 수확기는 3-6월, 부 수확기는 10-12월 사이다.

쿰브레 (Cumbre)

= Cumbre Lavado, CL

쿠바 커피의 등급은 생두 크기에 따라 나뉘는데 그중 스크린사이즈*screen size*가 15인 것을 말한다.

퀀칭 (quenching)

> = 샤워 쿨링 shower cooling

로스팅이 끝난 후 원두에 물을 분사하여 온도를 낮추는 작업. 주로 원두를 대량으로 로스팅하는 대규모 공장에서 사용하는 방식이다.

퀴닉산 (quinic acid)

커피에 들어있는 폴리페놀 화합물의 일종으로 커피의 쓴맛을 내는 성분. 다크 로스팅된 커피나 추출 후 오랜 시간이 지난 커피는 퀴닉산이 과도하게 생성되어 커피 맛과 품질에 좋지 않은 영향을 주기도 한다.

큐그레이더 (Q-grader)

커피품질연구소CQI로부터 아라비카의 품질 평가와 등급 감정에 대한 전문 자격을 부여받은 사람. 약 일주일 간 진행되는 스무 과목 이상의 시험을 통과해야 큐그레이더가 될 수 있다.

큐인스트럭터 (Q-instructor)

커피품질연구소CQI로부터 큐그레이더 자격을 부여할 수 있는 권한을 위임받은 감독관.

크기 선별기 (size grader)

생두를 크기별로 분류하는 기계.

크라우드 패턴 (cloud pattern)

하루 중 햇볕이 가장 뜨거운 시간대인 오후 12~4시에 구름이 커피나무에 비치는 직사광선을 막아주는 것을 말한다.

크랙 (crack)

= 파핑 popping

로스팅 시 가열된 생두는 내부에 가스가 생성되면서 온도가 상승하고 부피가 팽창하는데, 이때 생두가 더 이상 압력을 견디지 못하고 이산화탄소를 방출하며 톡 터지는 팝콘 소리를 내는 것을 크랙이라고 한다. 보통 로스팅 과정에서는 1차와 2차, 두 번에 걸쳐 크랙이 일어난다.

크러스트 (crust)

커핑 시 분쇄원두에 물을 붓고 난 후 커핑볼 표면에 떠오르는 커피가루.

크레마 (crema)

에스프레소 표면의 갈색 거품층. 휘발성 향물질을 포함한 수많은 이산화탄소 기포로 이루어져 있으며, 에스프레소의 표면을 덮어줌으로써 온도를 유지하는 역할을 한다.

크레오소트 (creosote)

커피에서 심한 탄내가 느껴지는 것을 뜻하는 향미 평가 용어.

크로키 에칭 (croquis etching)

에칭 펜에 크레마*crema*를 묻혀 우유거품 위에 그림을 그리는 라떼아트 기법.

크리미 (creamy)

커피의 바디를 강도에 따라 나눴을 때 약간 높은 정도. 보통 버터리*buttery*, 크리미*creamy*, 스무스*smooth*, 워터리*watery* 순이다.

크리스탈 마운틴 (Crystal Mountain, CM)

쿠바 커피의 등급은 생두 크기에 따라 나뉘는데 그중 스크린 사이즈 *screen Size*가 18 이상인 가장 높은 등급의 커피를 말한다. 자메이카 블루 마운틴 *Blue Mountain*에 필적하는 뛰어난 맛과 향으로 세계 3대 스페셜티 커피라는 별칭을 얻었으며, 특히 18세기 파리의 커피하우스를 중심으로 큰 사랑을 받았다고 전해진다. 쿠바의 커피산지인 에스캄브라이 *Escambray*에서도 극히 일부 지역에서만 생산되며, 품종은 대부분 티피카 *Typica*다.

클래시피카도르 (Classificador)

브라질에서 전문 교육을 이수한 커피 감정사를 일컫는 말. 커피의 품질 등급을 심사할 수 있는 자격을 부여받은 사람이다.

클레버 (Clever)

침출식과 여과식 추출의 장점을 결합해 만든 드리퍼. 사용법이 매우 간단하고 결과물도 균일해 누구나 쉽게 깔끔한 맛과 풍부한 바디를 지닌 커피를 내릴 수 있다. 클레버 밑에는 추출을 제어하는 밸브가 달려 있는데 평평한 곳에 놓았을 때는 닫혀 있다가, 필터를 넣고 분쇄원두와 뜨거운 물을 담은 후 서버나 컵 위에 올리면 실리콘 패킹이 눌리면서 추출된 커피가 아래로 빠져나오는 원리다.

클로로겐산 (chlorogenic acid)

커피에 포함된 폴리페놀 화합물을 통칭해 부르는 말.
클로로겐산은 인체의 활성산소를 제거하고 생두의 산성화를
지연시키는 효과가 있다. 커피의 쓰고 떫은 맛은 주로
클로로겐산에 의해 생성되는데, 이는 곰팡이의 번식을 막고
병충해로부터 커피나무를 보호하는 방어기제로 작동한다.
클로로겐산은 원두의 로스팅 레벨이 높을수록 빠르게 손실되며,
휘발성 화합물로 분리되어 신맛을 내기도 한다.

클린컵 (clean cup)

= 투명도

커핑 평가 항목 중 하나. 커피향미가 얼마나 선명하고 깔끔하며
잡미와 같은 방해 요소가 있는지 판단한다. 커피를 입에 머금은
순간부터 목구멍으로 넘긴 후의 뒷맛까지 부정적인 느낌이
없어야 높은 점수가 부여된다.

키린야가 (Kirinyaga)

케냐의 주요 커피산지 중 하나로 니에리Nyeri 동쪽에 위치해
있다.
이 지역 커피는 대부분 영세농민에 의해 재배되며, 높은 고도와
비옥한 화산성 토양에서 좋은 품질의 커피가 생산되고 있다.
커피는 해발 1,300-1,900m에서 재배되고 주 수확기는 10-12월,
부 수확기는 6-8월 사이다.

킨디오 (Quindio)

콜롬비아의 주요 커피산지 중 하나로 보고타Bogota 서쪽에 위치해 있다. 커피가 지역 경제에서 매우 중요한 부분을 차지하고 있으며 1960년대부터 '내셔널 커피 파티National Coffee Party'라는 이름의 축제를 개최해 오고 있다. 이 지역 커피는 해발 1,400~2,000m에서 재배되며 주 수확기는 9~12월, 부 수확기는 4~5월 사이다.

킬리만자로 (Killimanjaro)

탄자니아의 주요 커피산지 중 하나로 탄자니아에서 가장 오래된 커피산지이기도 하다.
커피나무들의 수령이 오래되어 생산량은 적지만 커피 생산에 필요한 인프라는 비교적 잘 갖춰져 있다. 해발 1,050~2,500m에서 재배된 커피는 7~12월 사이에 수확하며, 품종은 켄트Kent, 버번Bourbon, 티피카Typica 등이 주를 이룬다.

킬리만자로스페셜티커피생산자협회 (Association of Killimanjaro Specialty Coffee Growers, AKSCG)

= Killicafe

탄자니아 커피산업을 대표하는 단체 중 하나로 1만 명 이상의 회원이 소속돼 있다. 주로 탄자나아 커피의 마케팅과 수출에 관한 업무를 맡고 있으며, 커피 생산자들의 수익 창출을 위해 다방면으로 노력하고 있다.

티읕

ㅌ

타가 수분 (cross-pollination)

식물이 곤충이나 바람 등 외부 요인에 의해 한 개체의 꽃가루를 다른 개체의 암술머리에 붙이는 현상. 로부스타는 타가수분을 통해 열매를 맺고 번식한다.

타이거 스킨 (tiger skin)

= 타이거 플레킹 tiger flecking

에스프레소 추출 시 크레마crema 표면에 생기는 호피 문양. 원두가 분쇄되는 과정에서 발생하는 미분에 의해 만들어진다. 에스프레소가 알맞은 분쇄도로 추출되면 타이거 스킨도 일정한 패턴을 띠고 바디와 여운에 좋은 영향을 주지만 그렇지 않으면 맛이 텁텁해질 수 있다.

탄내 (tarry)

= burnt

커피에서 불쾌한 탄맛이 나는 것을 뜻하는 향미 평가 용어. 커피를 너무 오래 가열하면 단백질 성분이 변화하면서 나타나는 결점이다.

탄닌 (tannin)

식물의 뿌리와 줄기, 열매, 잎 등에 널리 분포되어 있는 폴리페놀 중합체. 커피의 떫은맛을 내거나 로스팅 시 갈변현상을 일으킨다.

탄자니아 (Tanzania)

세계 주요 커피 생산국 중 하나. 탄자니아는 16세기 에티오피아로부터 처음 커피를 들여왔다고 전해지며 로부스타였을 것으로 추정된다.
과거 햐야Haya 족과 차가Chagga 족에 의해 이루어지던 커피 재배는 1925년 탄자니아 최초의 협동조합인 킬리만자로 원주민재배자협회Kilimanjaro Native Planter's Association, KNPA가 출범하면서 새로운 전기를 맞이했으며 1900년대부터 생산자와 직접 거래하는 것이 가능해졌다. 탄자니아 커피의 약 90%는 영세농민이 생산하며, 이 중 아라비카는 약 70%고, 로부스타는 약 30%다. 탄자니아 커피는 복합적인 과일향과 뚜렷한 산미가 특징이며, 케냐 분류법Kenyan Grading System과 비슷한 영국식 명명법을 기준으로 등급을 나눈다. 대표적인 커피산지로는 킬리만자로Kilimanjaro, 아루샤Arusha, 음베야Mbeya 등이 있다.

탈레랑 (Talleyrand)

프랑스의 정치가이자 외교관, 성직자로서 '커피는 악마와 같이 검고, 지옥과 같이 뜨겁고, 천사와 같이 순수하고, 키스처럼 달콤하다'는 명언을 남겼다.

탈지우유 (skim milk)

= 무지방 우유 non fat milk

전지우유에서 지방을 제거한 우유. 무지방 우유라고도 하며, 전지우유에 비해 지방함량이 낮아 스티밍 시 밀도가 낮고 불안정한 우유거품이 만들어진다.

탈피

로스팅 과정에서 생두의 팽창과 수축에 의해 은피가 벗겨지는 현상.

태핑 (tapping)

탬핑 후 포터필터 가장자리에 남아있는 커피가루를 털어내어 정량을 맞추는 동작. 손으로 쓸어내리거나 탬퍼의 손잡이 부분을 이용해 살짝 쳐주면 된다.

탬퍼 (tamper)

탬핑 시 포터필터에 담긴 분쇄원두를 다지는 데 사용하는 도구. 크게 하단 베이스와 상단 손잡이로 구성되어 있으며, 종류로는 일체형과 분리형이 있다. 에스프레소 머신은 기종별로 포터필터의 규격이 다르기 때문에 각자 상황에 맞게 선택하는 것이 좋다. 베이스에 흠집이 날 경우 추출에 영향을 주기 때문에 평소에도 탬퍼 받침 위에 보관해야 한다.

탬핑 (tamping)

포터필터에 담긴 분쇄원두를 평평하게 다지는 작업. 추출수와 압력을 분쇄원두에 균일하게 주입하여 커피성분이 골고루 추출될 수 있도록 하기 위함이다. 탬핑의 강도는 추출속도에도 영향을 주며 탬핑을 약하게 하면 추출이 빨라지고 반대로 세게 하면 속도가 느려져 커피성분을 좀 더 진하게 추출할 수 있다. 원두의 분쇄도와 양에 따라서도 탬핑의 세기를 조절할 수 있다.

탬핑 매트 (tamping mat)

탬핑 시 포터필터에 가해지는 충격을 줄이기 위해 까는 매트.

터닝 포인트 (Turning point)

로스팅 과정에서 생두를 투입한 후 온도가 계속 떨어지다가 생두가 열을 흡수하면서 처음으로 온도가 상승하기 시작하는 시점.

터뷸런스 (turbulence)

= 난류

커피 추출 시 물과 분쇄원두가 섞여 불규칙하게 움직이는 현상. 터뷸런스의 강도가 셀수록 분쇄원두와 물의 마찰력이 커져 더 많은 커피성분이 빠져나온다.

터치패드 (touch pad)

= 키보드 keyboard

에스프레소 머신의 부품 중 하나로 머신의 설정 상태와 각 버튼의 용도를 보여주는 부분이다. 크게 터치패드와 키보드 두 가지 유형으로 나뉜다.

터키식 커피

= 터키쉬 커피 Turkish coffee

터키식 커피 추출기구인 이브릭Ibrik으로 만든 커피. 이브릭에 곱게 간 원두와 물을 넣고 끓인 다음 잔에 따라 잠시 커피가루가 가라앉을 때까지 기다렸다가 마신다. 다른 커피에 비해 맛이 진하고 바디가 풍부한 것이 특징이며, 기호에 따라 설탕과 향신료를 더한다. 커피를 다 마시고 난 후에는 잔을 받침 위에 엎어 모양을 보고 점을 치기도 한다.

텀블러 (tumbler)

음료를 담을 때 쓰는 원통 모양의 손잡이 없는 잔. 플라스틱, 스테인리스 스틸 등 다양한 소재로 만들어지며 휴대가 간편하다는 장점이 있다.

테루아 (terroir)

커피산지의 지형과 기후 등 커피향미에 영향을 주는 자연적 조건을 일컬어 부르는 말.

테이블 건조 (table dry)

= 레이즈드 베드 raised bed, 아프리칸 베드 African bed

산지에서 건조대를 사용해 커피체리나 파치먼트*parchment*를 햇볕에 말리는 방식. 시멘트가 부족한 아프리카에서 처음 시작된 건조 방식이며, 나무로 된 틀에 그물망을 끼운 건조대를 활용하여 통풍이 원활하고 작업물이 흙으로부터 오염되는 것을 막을 수 있다. 건조 작업이 균일하고 빠르게 이루어지는 장점이 있는 반면, 넓은 마당을 활용하는 건조 방식인 파티오*patio*에 비해 단위 면적당 작업량이 적다는 것이 단점이다. 주로 마이크로 랏*Micro Lot*과 같은 고품질 커피를 생산할 때 많이 사용한다.

테이크아웃 (take out)

= 테이크 어웨이 take away

음료나 음식을 매장에서 먹지 않고 밖으로 가져가기 위해 포장하는 것.

테인트 (taint)

아로마에서 느껴지는 결점.

테피 게이샤 (Tepi Geisha)

에티오피아 테피에서 생산된 게이샤 커피. 테피는 파나마 게이샤 품종이 기원한 곳으로도 알려져 있다.

토라자 (Toraja)

> = 술라웨시 토라자 Sulawesi Toraja,
> 칼로시 토라자 Kalosi Toraja

인도네시아의 주요 커피산지 중 하나로 술라웨시Sulawesi 섬에 위치해 있다. 정확한 명칭은 타나 토라자Tana Toraja이며 이 지역에 속한 칼로시Kalosi 시의 이름을 딴 커피 브랜드도 있다. 토라자 커피는 대부분 고지대에서 생산된 아라비카이며, 해발 1,100~1,800m에서 재배해 5-11월 사이에 수확한다. 주요 품종은 S795, 티피카Typica 등이다.

톡 쏘는 (pungent)

커피에서 거칠고 자극적인 쓴맛이 나는 것을 뜻하는 향미 평가 용어. 생두를 너무 높은 온도에서 로스팅하면 열분해가 과도하게 일어나 얼얼한 느낌의 불쾌한 쓴맛을 만들어낸다.

톨리마 (Tolima)

콜롬비아의 주요 커피산지 중 하나. 오랫동안 이어진 분쟁으로 인해 접근하기 힘든 지역이었지만 최근 영세농민으로 구성된 협동조합을 통해 고품질 마이크로 랏*Micro Lot*을 생산하고 있다. 커피는 해발 1,200-1,900m에서 재배되며 주 수확기는 3-6월, 부 수확기는 10-12월 사이다. 품종은 티피카*Typica*, 카투라*Caturra*, 카스티요*Castillo*가 주를 이룬다.

통돌이 로스터

철제로 만든 작은 드럼에 생두를 넣고 가스불에 올린 후 직접 손으로 돌려가며 로스팅하는 기구. 드럼은 타공이 된 것도 안 된 것도 있으며, 부피가 작고 작동하는 데 큰 힘이 들지 않는다는 장점이 있지만 연기와 채프*chaff*가 많이 발생해 가정용으로 사용하기에는 다소 불편하다는 것이 단점이다.

투 아웃 오브 파이브 테스트 (2 out of 5 test)

커피품질을 평가하는 방법 중 하나. 다섯 가지 생두 중 동일한 두 개의 샘플을 찾아내는 작업이다. 트라이앵귤레이션 스킬 테스트*triangulation skills test*가 확장된 형태이며, 우연의 가능성을 최소화해 객관성과 신뢰성을 높일 수 있는 방법이지만 난이도가 높은 만큼 숙련도가 필요하다.

투르키노 (Turquino)

= Turquino Lavado, TL

쿠바 커피의 등급은 생두 크기에 따라 나뉘는데 그중 스크린사이즈screen size가 17-18인 것을 말한다.

투리알바 (Turrialba)

코스타리카의 주요 커피산지 중 하나. 1840년대부터 시작된 커피 재배는 철도가 개통되면서 더욱 활발해졌다. 하지만 우기와 건기가 뚜렷하지 않은 기후적 특성상 고품질 커피 생산에 어려움을 겪고 있다. 이 지역 커피는 해발 500-1,400m에서 재배되어 7-3월 사이에 수확한다.

투입 (input)

로스팅의 시작 단계로, 선별한 생두를 예열된 로스터에 넣는 것을 말한다.

투입 온도 (input temperature)

로스팅을 시작하기 위해 생두를 투입할 때의 온도. 로스팅 시 투입 온도는 생두의 수분함량과 밀도, 투입량, 로스팅 환경 등을 고려해 결정한다.

트라이앵귤러 빈 (triangular bean)

커피체리에 들어 있는 생두가 세 개로 나누어진 것.

트라이앵귤레이션 테스트 (triangulation test)

스페셜티커피협회SCA에서 시행하는 큐그레이더 시험 과목 중 하나. 3개의 샘플 중 다른 1개를 찾아내는 작업이다. 한 회당 6개의 세트가 준비되며 총 5회에 걸쳐 이루어진다. 시각에서 오는 선입견을 버리고 후각과 미각에 집중할 수 있도록 어두운 장소에서 진행한다. 생두의 품질관리뿐 아니라 구매에도 기존 제품과의 유사성, 혹은 차이점을 파악하기 위해 사용한다.

트레리오스 (Tres Rios)

코스타리카의 주요 커피산지 중 하나. 산호세San Jose 동쪽에 위치해 있으며 인근 이라수 화산Irazu Volcano의 영향으로 형성된 비옥한 화산성 토양에서 좋은 품질의 커피가 생산되고 있다. 이곳은 프랑스 보르도Bordeaux 와인과 비슷한 커피를 생산한다고 하여 코스타리카의 보르도라 불리기도 한다. 이 지역 커피는 해발 1,200~1,650m에서 재배해 11-3월 사이에 수확하며 상큼한 산미와 균형 잡힌 바디, 풍부한 아로마가 특징이다. 생두는 밀도가 높고 표면이 뚜렷한 황색을 띠며 매끄러운 편이다.

트레이 (tray)

카페에서 음료를 서빙할 때 사용하는 쟁반. 원형이나 사각형으로 된 것이 가장 일반적이며 크기와 색상은 여러 가지다.

트리고넬린 (trigonelline)

커피에 들어있는 화학적 성분으로 커피의 아로마를 형성하는 역할을 한다. 카페인과 같이 쓴맛을 내는 성분의 일종으로 아라비카에는 약 1%, 로부스타에는 약 0.7%가량 포함돼 있다. 트리고넬린은 로스팅 시 달콤한 캐러멜 향을 발산하지만 열에 불안정하기 때문에 로스팅이 진행될수록 서서히 줄어든다.

트리에스테 (Trieste)

이탈리아 북부의 항구도시로, 슬로베니아와의 국경지대에 위치해 있다. 지리적 특성상 오래전부터 아프리카와 중남미에서 생산된 커피가 이곳을 통해 유럽으로 들어왔으며, 커피 무역의 허브로 발전하는 계기가 되었다. 일리*Illy* 커피의 본사가 있는 곳으로도 유명하며, 매년 커피 박람회가 개최되기도 한다.

트리에이지 (Triage)

자메이카 블루 마운틴*Blue Mountain* 커피 중 결점두의 비중이 4%를 넘지 않는 것.

티모르 하이브리드 (Timor Hybrid)

= 하이브리드 티모르 Hybrid Timor, HdT

1920년대 동티모르에서 발견된 티피카Typica와 로부스타의 자연교배종. 생두 크기가 크고 생산성과 품질은 낮지만 커피녹병에 강해 품종 개량에 많이 활용된다.

티피카 (Typica)

아라비카 재래종의 하나로 원종에 가까운 성질을 갖고 있다. 상업적 커피 생산에 사용된 품종 중 가장 오래됐으며, 네덜란드인들에 의해 예멘에서 아시아로 유입된 후 카리브해와 라틴아메리카로 전파되었다. 지역에 따라 아라비고Arabigo, 크리올료Criollo, 수마트라Sumatra 등의 이름으로 불리며, 다른 품종에 비해 생산성은 높지 않지만 컵 퀄리티가 뛰어나다. 커피체리의 표면은 붉은색을 띠며 생두는 긴 타원형을 하고 있다.

티핑 (tipping)

로스팅 시 너무 높은 열을 가해 생두 내부의 압력이 밖으로 분출되면서 원두 끝부분이 타거나 일부가 떨어져 나간 로스팅 디펙트.

틱 (thick)

커피의 촉감을 고형분에 따라 나눴을 때 가장 강한 정도. 보통 틱*thick*, 헤비*heavy*, 라이트*light*, 씬*thin* 순이다.

피읖

ㅍ

파나마 (Panama)

세계 주요 커피 생산국 중 하나. 19세기 초 유럽인들에 의해 처음 커피나무를 심은 파나마는 작은 규모지만 고품질 커피를 생산하는 것으로 알려져 있다.
독특한 기후적 특성을 갖춘 파나마는 상당수의 생산자들이 스페셜티 커피 생산에 전념하고 있으며 뛰어난 품질 덕분에 커피 가격도 상대적으로 높게 형성되어 있다. 특히 아시엔다 라 에스메랄다Hacienda La Esmeralda에서 재배한 게이샤Geisha는 강렬한 꽃향기와 시트러스향이 매년 최고가를 경신할 만큼 많은 커피 애호가들의 지지를 받고 있다. 대표적인 커피산지로는 보케테Boquete와 볼칸 바루Volcan Baru, 피에드라 칸델라Piedra Candela 등이 있다.

파나마 게이샤 (Panama Geisha)

파나마에서 생산하는 게이샤 커피. 가벼운 바디와 섬세하고 복합적인 맛, 강렬한 시트러스향과 꽃향기가 좋은 평가를 받으며 높은 가격에 거래되고 있다.

파라나 (Parana)

브라질의 주요 커피산지 중 하나로 남부에 위치해 있다. 한때 커피가 지역에서 가장 중요한 작물로 취급되었으나 1975년 심각한 서리 피해를 입으면서 생산량이 크게 줄어들었다. 재배고도는 최고 950m로 그리 높은 편은 아니지만 연중 서늘한 기후에서 밀도가 높은 커피를 생산한다. 수확은 5~9월 사이에 이루어진다.

파우더 (powder)

원재료에 인공적인 가공 과정을 거쳐 향미를 더한 가루 형태의 부재료. 종류가 다양하고 가격이 저렴하며 사용도 간편하지만 재료 본연의 맛을 살리기 힘들다는 단점이 있다.

파우더 아트 (powder art)

우유거품 위에 원하는 모양틀을 올리고 파우더를 뿌려 그림을 그리는 방법. 데코레이터_decorator_를 사용하는 것이 일반적이지만 필름지를 이용해 직접 틀을 만들 수도 있다.

파인 (fine)

가는 분쇄도를 일컫는 표현.

파인 로부스타 (Fine Robusta)

고품질 로부스타를 표현하는 명칭.

파인 컵 (Fine Cup, FC)

브라질 커피 중 정상적으로 수확되어 균일한 맛을 내는 커피에 매기는 등급.

파체 (Pache)

티피카*Typica*의 돌연변이종으로 커피나무의 키가 작고 왜소하며 주로 고지대에서 재배된다.

파츠 (parts)

커피 장비와 기물 관련 부품을 통틀어 이르는 말.

파치먼트 (parchment)

= 페르가미노 pergamino, 내과피

커피체리의 생두와 은피를 둘러싸고 있는 껍질로 탈곡 과정에서 벗겨낸다. 스페인어로는 페르가미노*pergamino*라고 하며 과육 안쪽에 붙어 있어 내과피라고도 부른다. 파치먼트 표면의 점액질은 생두를 보호하는 역할을 한다. 산지에서는 생두를 파치먼트 상태로 보관해뒀다가 수출하기 전에 탈곡한다.

파치먼트 로부스타 (Parchment Robusta)

워시드 방식으로 가공된 좋은 품질의 로부스타.

파치먼트 빈 (parchment bean)

결점두의 종류 중 하나로 탈곡 과정에서 파치먼트가 제대로 벗겨지지 않은 생두를 말한다. 로스팅하면 나무맛이 난다.

파카마라 (Pacamara)

파카스 *Pacas*와 마라고이페 *Maragogype*의 교배육종. 1958년 엘살바도르에서 개발됐으며 커피나무의 줄기가 굵고 잎사귀 색깔이 짙은 편이다. 생두의 크기가 매우 크며 긍정적인 향미를 다양하게 가지고 있다. 엘살바도르, 과테말라, 니카라과 등에서 소량 생산되어 고품질 커피로 인정받고 있다. 재배고도가 높을수록 클린컵이 좋고 부드러운 꽃향기가 더욱 살아난다.

파카스 (Pacas)

버번*Bourbon*의 자연변종으로 1949년 엘살바도르의 알베르토 파카스*Don Alberto Pacas Figueroa* 농장에서 처음 발견되었다. 카투라*Caturra*와 유사한 품종으로 커피나무에 잔가지가 많고 생두 크기가 작은 편이다. 저지대에서 재배하기 적합하며 뿌리가 깊어 바람이나 가뭄에 강하고 커피체리가 익는 속도도 빠르다. 잘 익은 열매는 표면이 붉은색을 띠고 부드럽고 균형있는 산미와 바디가 특징이다.

파티오 (patio)

커피체리나 파치먼트*parchment*를 펼쳐놓고 말리는 건조장. 파티오는 '마당', '넓은 바닥'을 뜻하는 말이며 콘크리트, 아스팔트, 타일 등 다양한 소재가 있다. 파티오에 커피를 건조할 때는 갈퀴를 이용해 주기적으로 뒤집어줘야 골고루 말릴 수 있다. 밤에는 한 곳에 모아 플라스틱 시트 등으로 덮어 이슬이나 비로부터 보호한다. 파티오는 단위 면적당 작업량이 많지만 날씨에 따라 건조 기간을 조절해야 하는 번거로움이 있으며 파티오가 햇볕에 과열되면 커피향미가 불균일해질 수 있으므로 파티오에서 건조한 다음 기계 건조로 마무리하기도 한다.

파티오 보니토 (Patio Bonito)

콜롬비아 커피 중 스크린사이즈*screen size*가 17 이상인 것을 말한다.

파푸아뉴기니 (Papua New Guinea)

세계 주요 커피 생산국 중 하나. 파푸아뉴기니에 커피나무를 심기 시작한 것은 1890년대지만 커피 생산이 본격적으로 이루어진 것은 1930년대 자메이카 블루 마운틴Blue Mountain 품종이 전파되면서부터다.
파푸아뉴기니 커피는 대부분 남태평양 최고봉인 빌헬름 산Mt. Wilhelm 인근의 하이랜드Highland라는 고원지대에서 생산된다. 파푸아뉴기니 커피의 약 90%가 영세농민에 의해 재배되며 아라비카가 주를 이룬다. 고품질 커피를 생산하기에는 열악한 인프라지만 높은 고도와 비옥한 토양 등 커피 재배에 적합한 환경적 조건을 갖추고 있어 앞으로 성장 가능성이 크다.
등급은 품질에 따라 AA, A, X, PSCPremium Smallholder Coffee, Y 등으로 나뉜다. 커피는 해발 400~1,900m에서 재배해 4~9월 사이에 수확하며, 주로 버번Bourbon, 티피카Typica, 아루샤Arusha 품종이다.

팔레트 메모리 (palette memory)

특정한 맛과 향이 연상되는 기억을 떠올리는 작업. 커핑에 많이 활용되는 연상 작업으로, 개인마다 조금씩 차이가 있다. 커피향미를 익힐 때는 자신의 팔레트 메모리에 들어 있는 표현을 전문용어와 연관지어 생각하는 것이 효과적이다.

패들식 머신 (paddle espresso machine)

반자동 에스프레소 머신 중 제어 부분이 버튼이 아닌 패들로 되어 있는 머신. 패들을 양옆으로 움직여 추출 흐름을 조절하는 방식이다.

패스트 크롭 (past crop)

수확한 지 1년 이상 2년 미만인 생두. 생두는 보관 기간이 짧은 순서대로 뉴 크롭*new crop*, 패스트 크롭*past crop*, 올드 크롭*old crop*으로 구분된다. 보관 상태에 따라 조금씩 차이는 있지만 1년이 지난 생두는 대체로 산미와 향미가 떨어지고 건초 냄새가 심하게 나는 경향이 있다.

패키징 (packaging)

원두를 포장하는 작업. 커피향미를 효과적으로 보존하는 동시에 시각적으로 매력적인 패키지를 구성하는 것이 중요하다. 주로 폴리에틸렌 필름이나 크라프트지를 사용하며, 개봉 후에도 쉽게 여닫을 수 있게끔 지퍼백 형태로 제작하기도 한다.

팩킹 (packing)

포터필터에 분쇄원두를 담은 후 평평하게 다지는 일련의 과정. 탬핑, 태핑 등이 여기에 속한다.

팽창

= 블룸 bloom

브루잉 시 뜸들이기 과정에서 커피 표면이 부풀어 오르는 현상. 분쇄원두에 뜨거운 물을 부으면 원두 안의 이산화탄소가 배출되면서 밀가루 반죽처럼 표면이 부풀어 오른다. 팽창이 시작되고 약 30초 후에 본격적으로 커피를 추출하면 된다.

팽창음

= 크랙 노이즈 crack noise

로스팅 시 크랙이 발생하면서 나는 소리. 팝콘처럼 톡톡 터지는 소리가 난다.

퍼스트 웨이브 (1st wave)

= 제1의 물결

20세기 초에 등장한 인스턴트커피가 미군에 의해 전파된 시기를 커피업계에서는 '제1의 물결 The First Wave'이라고 부른다.

퍼콜레이션 (percolation)

= 삼출식, 반복 여과 추출

침지식 추출의 한 형태로, 끓는 물이 분쇄원두를 여러 번 통과하면서 커피를 추출하는 방식이다.

퍼콜레이터 (percolater)

1800년경 프랑스인 벨로이 Belloy가 발명한 주전자 모양의 커피 추출기구. 미세한 구멍이 뚫려 있는 필터에 분쇄원두를 담으면 뜨거운 물이 관을 타고 올라와 통과하면서 커피를 만들어내는 원리다. 최근에 출시된 퍼콜레이터는 추출 기능과 함께 보온 기능이 갖춰져 있다.

펄퍼 (pulper)

= 과육제거기, 디펄퍼 depulper

커피체리의 과육과 껍질을 제거할 때 사용하는 기계. 종류로는 디스크형과 실린더형이 있다.

펄프드 내추럴 프로세스 (pulped natural process)

= 세미 워시드 프로세스 semi washed process

커피체리의 과육과 껍질을 벗겨낸 파치먼트parchment를 점액질이 남아있는 상태로 건조하는 방식. 건조 과정에서 점액질의 당 성분이 생두에 배어들어 워시드 방식으로 가공한 커피에 비해 상대적으로 단맛과 바디, 산미가 높다는 특징이 있다.

펄핑 (pulping)

커피체리의 과육과 껍질을 제거하고 파치먼트parchment만 골라내는 작업.

펌프 (pump)

소스, 시럽 등의 부재료가 일정량씩 나올 수 있도록 용기 입구에 장착하는 것.

펌프 모터 (pump motor)

= 모터 펌프 motor pump

에스프레소 머신의 부품 중 하나. 일반적인 수돗물의 압력은 1~2bar로 에스프레소를 추출하기에는 적절하지 않으므로 펌프 모터를 이용해 7-9bar까지 높인다. 모터에 연결된 압력조절나사를 시계 방향으로 돌리면 압력이 높아지고 반시계 방향으로 돌리면 압력이 낮아진다. 회전펌프와 진동펌프 두 가지가 있으며, 펌프에 이상이 생기면 소음이 발생하고 물 공급도 원활하게 이루어지지 않는다.

펌프 압력 (pump pressure)

= 추출 압력 extraction pressure

에스프레소 추출 시 분쇄원두에 가해지는 추출수의 압력.

펌프 압력 게이지 (pump pressure gauge)

= 추출 압력 게이지 extraction pressure gauge

에스프레소 머신의 추출압력을 표시하는 부분. 머신이 대기 중일 때는 수압계로, 작동 중일 때는 펌프 압력 게이지 또는 추출 압력 게이지로 부른다.

페루 (Peru)

세계 주요 커피 생산국 중 하나. 페루에 처음 커피가 들어온 것은 1740-60년대의 일이지만 본격적인 커피 수출은 1880년대에 이르러 시작되었다. 1970년대 정부 지원이 끊기고 공산주의 정당의 게릴라 활동이 확산되면서 커피농장은 훼손되고 품질과 생산성에도 큰 타격을 입었지만, 여러 비정부기구들의 도움으로 유기농 인증과 공정무역 인증을 받게 되면서 다시 회복세를 보이게 되었다. 페루 커피는 전반적으로 단맛과 바디가 좋으며 특유의 부드러움이 밀크 초콜릿을 연상시킨다. 한국의 약 10배에 달하는 국토 면적에 해발 800-2,500m의 고도가 공존하는 페루는 사막, 해안, 고산, 아마존 등 다양한 기후만큼이나 지역별로 특색 있는 커피를 생산한다. 대표적인 커피산지로는 카하마르카*Cajamarca*, 후닌*Junin*, 쿠스코*Cusco*, 산마르틴*San Martin*, 푸노*Puno* 등이 있으며, 페루의 커피 재배는 대부분 3-10ha의 소규모 농장을 소유한 영세농민들에 의해 이루어진다. 이렇게 생산된 커피는 각 지역마다 존재하는 협동조합을 거쳐 생두나 원두, 분쇄커피의 형태로 전 세계 75여 개국으로 수출된다.

페이퍼 드립 (paper drip)

종이필터를 이용한 커피 추출을 흔히 페이퍼 드립이라 부른다.

페이퍼 랙 (paper rack)

종이필터를 보관하는 거치대. 필요할 때마다 한 장씩 꺼내 쓰게 되어 있다. 나무, 도자기 등의 재질로 만들어지며 소품으로도 활용하기 좋다.

펙틴 (pectin)

파치먼트*parchment*의 점액질 성분으로 주로 과일과 채소에서 발견되는 당과 산의 중합체이며 점성이 높아 세포를 결합하는 작용을 한다.

펠라 네그라 (perla negra)

커피체리를 일정 기간 비닐 백에 넣어 그늘에 두고 수분을 유지하며 천천히 건조하는 방식이다. 알마 네그라*alma negra*와는 건조 기간이나 위치에 따라 약간 차이가 있다. 펠라 네그라는 커피체리를 비닐 백에서 꺼내 아프리칸 베드*African bed*에 살짝 말린 후 통풍시설을 갖춘 창고에서 저온 숙성한다. 과발효가 일어날 수 있기 때문에 자주 온도를 체크하며 숙성 상태를 확인한다.

포도당 (glucose)

환원당의 일종으로 로스팅 시 커피의 단백질 성분인 아미노산과 화학반응을 일으켜 메일라드 반응이 나타난다.

포드 커피 (pod coffee)

분쇄원두를 원형 티백에 담아 포장한 일회용 커피 필터. 주로 포드커피 머신이나 휴대용 에스프레소 머신에 사용되며 열처리 방식에 따라 소프트 포드와 하드 포드로 나뉜다.

포레스트 커피 (forest coffee)

= 야생 커피

에티오피아의 커피 재배방법 중 하나로, 숲속에서 자생하는 커피나무의 열매를 수확하는 방식이다.

포터필터 (portafilter)

분쇄원두를 담아 에스프레소 머신의 그룹헤드에 장착시키는 부분. 이태리어로 '휴대할 수 있는 필터*portable filter*'라는 뜻이다. 추출할 때를 제외하고는 항상 그룹헤드에 끼운 상태로 보관한다.

포터필터 홀 (portafilter hole)

포터필터 아래에 있는 구멍으로 필터 바스켓에서 추출된 에스프레소가 스파웃*spout*으로 흘러나가는 통로다.

포테이토 디펙트 (potato defect)

부룬디와 르완다에서 주로 나타나는 결점두. 원두를 분쇄하거나 커피를 추출할 때 마치 생감자 껍질에서 나는 것 같은 아리고 떫은 향미가 난다. 아직 명확히 밝혀지지 않은 박테리아가 커피체리 껍질 안에 독성물질을 생성하기 때문인데, 인체에는 해롭지 않으나 발견하기 어렵고 커피의 클린컵을 저해하는 요소가 되기도 한다.

폭스 빈 (fox bean)

버번Bourbon 품종 중에서 부분적으로 갈색을 띠는 생두. 결점두는 아니지만 색깔이 여우 털과 비슷하다고 하여 폭스 빈이라고 부른다.

폴리싱 (polishing)

= 광택

가공 과정이 끝난 후 생두의 상품가치를 높이기 위해 표면에 붙은 은피를 닦아내는 작업. 의무가 아닌 선택 사항이지만 은피는 로스팅 시 처리가 어렵고 커피향미에도 좋지 않은 영향을 주기 때문에 사전에 제거하는 것도 좋은 방법이다.

폴리페놀 (polyphenol)

커피에 들어 있는 항산화 물질로 클로로겐산 *chlorogenic acid*이 대표적인 예다.

폴트 (fault)

맛에서 느껴지는 결점.

폼 에칭 (foam etching)

라떼아트의 에칭 기법 중 하나. 우유거품으로 커피 표면에 그림을 그리는 것을 말한다. 우유가 들어가는 모든 음료에 응용할 수 있으며 초보자도 쉽게 따라할 수 있다는 장점이 있다.

표면 장력 (surface tension)

에스프레소의 물리화학적 특성 중 하나로, 액체가 표면적을 최대한 줄이려고 하는 힘을 말한다. 표면장력은 순수한 성질의 물질일수록 높기 때문에 다양한 성분으로 구성된 에스프레소는 상대적으로 표면장력이 낮은 편이다. 에스프레소의 표면장력이 낮다는 것은 그만큼 조직이 미각 세포에 깊숙이 침투되어 진한 향미를 느낄 수 있고, 커피를 마시고 난 후에도 여운이 더 오래 남는다는 것을 의미한다.

표준 이하 (Below standard)

스페셜티커피협회SCA가 정한 기준에 따라 등급을 나눴을 때 생두 350g당 결점두 수가 24~86개인 커피.

푸르스름한 (bluish)

국제표준기구ISO에서 정한 5단계의 생두 색상 중 하나. 주로 수확, 가공 후 1년이 채 안된 뉴크롭new crop에서 나타나는 컬러다.

푸쉬 푸어링 (push pouring)

라떼아트를 할 때 스팀밀크를 앞쪽으로 밀듯이 부어주는 방법. 풀 푸어링pull pouring과는 반대의 개념이며 대표적인 패턴으로는 원, 하트가 있다.

푸어오버 (pour-over)

드리퍼에 필터를 넣고 분쇄원두를 담은 후 손으로 직접 물을 부어 커피를 내리는 미국식 추출방식. 핸드드립과 비슷한 개념이지만 틀에 얽매이지 않고 자유롭게 물을 붓는다. 상대적으로 물줄기가 굵고 추출속도가 빠른 것이 특징이다.

풀 푸어링 (pull pouring)

라떼아트를 할 때 스팀밀크를 뒤쪽으로 당기듯이 부어주는 방법. 푸쉬 푸어링 push pouring과는 반대의 개념이며 대표적인 패턴으로는 로제타 rosetta가 있다.

풀냄새 (grassy)

커피에서 풋풋한 잔디향과 아린 풀맛이 나는 것을 뜻하는 향미 평가 용어. 커피체리가 숙성되는 과정에서 내부에 질소화합물이 생성됐을 때 나타나는 결점이다.

풀시티 로스팅 (full city roasting)

= 미디엄 다크 로스팅 medium dark roasting, 중강배전

로스팅 레벨 중 2차 크랙 2nd crack이 한창 진행되는 시점. 표면은 진한 초콜릿색을 띠며 커피오일이 배출되기 시작한다. 이 단계의 커피는 약한 신맛과 풍부한 바디, 부드러운 쓴맛이 잘 어우러지며, 에스프레소 블렌드에 적합한 로스팅 레벨에 속한다.

품종 (variety)

= 재배품종 cultivar

하나의 커피 원종으로부터 유래한 다양한 하위 품종. 커피나무는 품종마다 서로 다른 특징을 보이며 재배방법과 커피향미에 영향을 주는 요소도 제각각이다.

품질평가 (Quality Control, QC)

QC는 커피를 로스팅, 추출, 서비스하는 과정에서 품질을 유지하고 향상시키는 데 목적을 둔다. 품질을 평가하는 방식에는 커피의 관능적 특성을 평가하는 센서리 평가와 밀도, 색상, 크기, 수분함량, 결점수 등을 평가하는 물리적 평가 두 가지가 있다.

풋내 (green)

커피에서 건초 냄새가 나는 것을 뜻하는 향미 평가 용어. 로스팅 시간이 너무 짧아 당이 충분히 생성되지 않았을 때 발생하는 결점이다.

퓨레 (puree)

껍질을 벗기고 씨를 바른 과일과 채소를 삶거나 졸인 다음 으깨서 걸쭉하게 만든 것.

프라이하네스 (Fraijanes)

과테말라의 주요 커피산지 중 하나. 과테말라의 수도인 과테말라 시티Guatemala City를 둘러싸고 있는 고산지대다. 인근 파카야 화산Pacaya Volcano의 영향으로 비옥한 화산성 토양에서 커피 재배가 이루어지지만 도시가 성장함에 따라 커피 경작지가 점차 줄어드는 추세다. 커피는 해발 1,400~1,800m에서 재배되어 12~2월 사이에 수확한다. 품종은 버번Bourbon, 카투라Caturra, 카투아이Catuai, 파체Pache가 주를 이룬다.

프라페 (Frappe)

= 프라푸치노 Frappuccino

커피와 우유에 얼음이나 아이스크림을 넣고 갈아 만든 음료. 프라페는 프랑스어로 '차갑다'는 뜻이다. 음료를 만들 때 거품이 발생한다고 하여 프라페와 카푸치노의 합성어인 '프라푸치노'로 불리는 경우도 있다.

프란체스코 일리 (Francesco Illy)

1933년 오늘날 세계적인 커피 브랜드로 통하는 일리 커피를 설립하고 1935년 여과장치와 압축공기를 이용한 반자동 에스프레소 머신 '일레타Illeta'를 발명해 훗날 커피머신의 기술 발전에 크게 기여한 이탈리아 기업가.

프래그런스 (fragrance)

= 드라이 아로마 dry aroma

마른 상태의 분쇄원두에서 느껴지는 향.

프레지덴셜 어워드 (Presidential Award)

CoE 커피 중 특별히 90점 이상을 받은 커피에 한해 붙이는 명칭.

프렌치 로스팅 (French roasting)

로스팅 레벨 중 2차 크랙 2nd crack의 절정에서 몇 초 더 지난 시점. 생두는 진한 초콜릿색으로 변하며 표면에 커피오일이 생기기 시작한다. 풍부한 바디와 부드러운 쓴맛이 느껴지고 뒷맛이 달다.

프렌치프레스 (French press)

> = 커피 프레스 coffee press, 커피 플런저 coffee plunger, 플런저 포트 plunger pot, 프레스 포트 press pot, 멜리어 Melior

1930년 이탈리아의 아틸리오 칼리마니*Attilio Calimani*가 발명하고, 1950년대에 이르러 프랑스 메리오르*Merior* 사가 대중화에 성공한 침출식 커피 추출기구. 굵게 간 원두에 뜨거운 물을 부은 후 금속 필터가 달린 플런저*plunger*를 아래로 눌러 커피 찌꺼기를 걸러내는 방식이다. 사용법이 매우 간단하며, 약간의 미분이 있긴 하지만 종이 필터로 내린 커피보다 바디와 질감이 풍부하다는 장점이 있다. 유리, 스테인리스 스틸, 세라믹 등 다양한 소재가 있으며 내구성과 보온성은 제품별로 조금씩 차이가 난다.

프로젝트 오리진 (Project Origin)

2015년도 월드바리스타챔피언이자 호주 출신 바리스타 겸 그린빈 바이어인 사사 세스틱*Sasa Sestic*이 운영하는 생두 회사. 산지 커뮤니티와의 파트너십을 기반으로 하며, '베스트 오브 옥션*Best of Auction*'이라는 생두 경매 프로그램을 함께 진행하고 있다.

프로코피오 콜텔리 (Procopio Coltelli)

1686년 파리 최초의 카페 르 프로코프*Le Procope*를 연 이탈리아인.

프리 버튼 (free button)

에스프레소 머신에 장착된 버튼 중 하나로, 물량이 따로 정해져 있지 않아 추출을 시작하고 마칠 때 눌러야 한다. 보통 그룹헤드를 청소할 때나 열수 흘리기를 할 때 사용한다.

프리 인퓨전 (pre-infusion)

= 인퓨전 infusion

에스프레소 추출 전 포터필터에 담긴 분쇄원두에 추출수를 살짝 적셔 커피의 가용 성분이 원활히 추출될 수 있도록 물길을 형성하는 작업.

프리 인퓨전 타임 (pre-infusion time)

= 인퓨전 타임 infusion time

프리 인퓨전에 소요되는 시간. 추출수의 온도와 분쇄원두의 양 등 다양한 변수를 고려해 결정한다. 프리 인퓨전 타임이 길어질수록 같은 시간에 더 많은 양의 커피성분을 뽑아낼 수 있다.

프리 인퓨전 체임버 (pre-infusion chamber)

= 인퓨전 체임버 infusion chamber

그룹헤드 하단부의 빈 공간. 에스프레소 추출 시 추출수가 이곳을 동시에 채워 추출압력이 9bar로 오르는 시간을 지연시키고 낮은 압력으로 추출수를 분쇄원두에 살짝 주입하여 인퓨전이 이루어진다.

프리 크리닝 (pre-cleaning)

말린 커피체리와 파치먼트parchment를 탈곡하기 전에 돌이나 이물질을 제거하는 작업. 프리 크리닝을 하면 탈곡 과정에서 기계가 손상되는 것을 막을 수 있다.

프리 푸어링 (free pouring)

= 바로붓기

라떼아트 기법 중 하나. 에스프레소에 스팀밀크를 바로 부어 그림을 그리는 것이다. 스팀밀크를 붓는 방식과 라떼아트의 위치에 따라 맛에 차이가 난다. 종류로는 원, 하트와 같은 고정 디자인과 로제타와 같은 유동 디자인이 있다.

프리드리히 페르디난트 룽게 (Friedrich Ferdinand Runge)

1819년 카페인을 처음 발견한 독일의 화학자. 최초로 카페인 제거에 성공한 인물이지만 연구 목적의 실험이었을 뿐 상업적 목적의 기술 개발은 아니었다. 카페인 제거 기술이 상업화된 것은 루드비히 로셀리우스*Ludwig Roselius*에 의해서였다.

프리마 (Prima)

= PL

멕시코 커피 중 해발 700~1,000m에서 재배된 커피에 매기는 등급.

프리미엄 등급 (Premium grade)

= 프리미엄 Premium, PLUS

스페셜티커피협회*SCA*가 정한 기준에 따라 등급을 나눴을 때 생두 350g당 결점두 수가 6~8개인 커피.

프릭 (flick)

로스팅 시 발열 구간에서 생두에 순간적으로 높은 열이 가해져 기분 나쁜 쓴맛이 생기는 현상.

플라스크 (flask)

사이폰의 부품 중 하나로, 추출 전에는 물을 끓이고 추출 후에는 로드rod에서 추출된 커피가 내려와 담기는 곳이다. 측면에 적힌 표시선을 기준으로 물 양을 조절할 수 있으며, 유리 소재인데다 열원이 직접 닿는 부분이므로 파손되지 않게 주의해야 한다.

플랜테이션 커피 (plantation coffee)

에티오피아의 커피 재배방법 중 하나로, 생산성을 높이기 위해 국영농장이나 대형농장에서 집약적으로 커피나무를 경작하는 방식이다. 에티오피아 커피 전체 생산량의 약 10-15%를 차지한다.

플랫 (flat)

1. 커피향미가 미미하게 느껴지는 것을 뜻하는 향미 평가 용어.
2. 로스팅한 원두가 산패되어 나타나는 결점.

플랫 버 (flat burr)

= 평면형 날

버burr 그라인더의 칼날 형태 중 하나. 분쇄원두가 가운데에서 양옆으로 빠져나가는 방식이며, 그라인딩 과정에서 열이 많이 발생하고 속도도 느리지만 분쇄도가 고르다는 장점이 있다.

플랫 빈 (flat bean)

= 평두

커피체리에 들어 있는 두 개의 생두 중 한쪽면이 평평한 것.

플랫 화이트 (flat white)

= 스트롱 라떼 strong latte, 베이비 라떼 baby latte

호주와 뉴질랜드에서 즐겨 마시는 밀크 커피로, 일반적인 카페라떼에 비해 작은 잔에 제공하며 우유가 적게 들어가고 커피 표면이 평평한 것이 특징이다. 미세한 우유거품을 얇게 올려 부드럽고 진한 맛을 느낄 수 있다.

플런저 (plunger)

1. 에어로프레스의 윗부분에 해당하는 부품. 체임버*chamber*에 담긴 물과 분쇄원두를 아래로 밀어내는 역할을 한다.
2. 프렌치프레스의 뚜껑과 필터를 연결하는 부분. 맨 윗부분은 손잡이로 사용한다.

플레이버 (flavor)

= 향미

커피의 복합적인 향미를 평가하는 항목. 다양하고 풍부한 향미를 지닌 커피가 좋은 평가를 받는다.

플레이버 휠 (flavor wheel)

= Coffee Taster's Flavor Wheel

스페셜티커피협회SCA에서 고안한 향미 분류표로, 커피향미를 카테고리별로 구분해 표로 보기 쉽게 정리한 것이다.
커피향미의 구성방식과 원리에 관한 내용을 담고 있으며, 전 세계 커피인들이 다양한 커피향미의 특성을 공통의 기준으로 표현하고 공유할 수 있도록 했다.

플로레스 (Flores)

인도네시아의 주요 커피산지 중 하나. 발리Bali 동쪽에 위치한 섬으로 인도네시아에서 가장 늦게 커피 재배를 시작했다. 이곳은 인근 화산의 영향으로 토양이 비옥하며, 해발 1,200~1,800m에서 재배된 커피는 5-9월 사이에 수확해 워시드나 세미 워시드 방식으로 가공한다. 주요 품종은 티피카Typica, 로부스타 등이다.

플로리아노 프란체스코니 (Floriano Francesconi)

1720년 이탈리아 베니스에 카페 플로리안Caffe Florian을 창업한 인물.

플로우 미터 (flow meter)

= 유량계

에스프레소 머신의 부품 중 하나. 펌프모터의 회전 날개가 돌아가는 횟수를 바탕으로 유량을 측정하는 장치다. 플로우 미터는 보일러로 유입되는 물을 잠시 저장하고 있다가 추출버튼을 누르면 밖으로 내보내고, 유량이 설정값에 도달하면 자동으로 추출을 멈춘다.

플로터 (floater)

1. 물에 뜨는 덜 익은 커피체리.
2. 결점두의 종류 중 하나로, 건조 과정에서 고온에 노출되어 가벼워진 생두를 말한다. 이러한 생두를 로스팅하면 속은 덜 익고 겉은 거무스름해지며 풋내가 난다.

플로테이션 탱크 (flotation tank)

= 부유탱크

수확한 커피체리를 담가 밀도가 떨어지는 열매나 나뭇가지, 나뭇잎 등의 이물질을 제거하는 수조.

플로팅 (floating)

라떼아트를 할 때 믹싱mixing이 끝난 뒤 커피 표면에 그림을 띄우는 작업. 스팀밀크를 최대한 가깝게 밀착시켜 붓는 것이 핵심이다.

피베리 (peaberry)

= PB, 메일베리 male berry, 피빈 pea bean

커피체리 안에 생두가 하나만 있는 것. 보통 커피체리는 생두 두 개가 평평한 단면을 마주보고 있지만 피베리는 조그맣고 동그란 모양의 생두가 한 개만 들어있다. 유전적 결함이나 환경적 요소에 의해 생기며 주로 커피나무의 앞쪽 가지에 달려 있다. 크기는 작지만 영양이 집중되어 종종 맛과 향이 뛰어난 경우도 있다. 중미에서는 피베리가 스페인어인 카라콜Caracol로 불리기도 한다.

피카 (fika)

스웨덴에서 커피 브레이크coffee break를 일컫는 표현.

피커 (picker)

잘 익은 커피체리만 골라 손으로 직접 수확하는 커피농장의 인부.

피콜로 (Piccolo)

= 피콜로 라떼 Piccolo latte

작은 사이즈의 카페라떼. 에스프레소와 우유의 비율은 일반 카페라떼와 동일하지만 용량이 적은 데미타세 *demitasse*에 담겨 나온다는 차이점이 있다.

피터 쉴럼봄 (Peter Schlumbohm)

케맥스 *Chemex*를 개발한 독일의 화학자.

핀카 (Finca)

= 아시엔다 Hacienda, 파젠다 Fazenda

스페인어권에 속한 커피 생산국에서 대농원을 뜻하는 말. 보통 농장명 앞에 붙여 사용하며 나라마다 아시엔다, 파젠다 등으로 다양하게 불린다.

필터 (filter)

= 여과지

브루잉을 할 때 드리퍼와 서버 사이에 끼워 커피성분을 추출하고 남은 찌꺼기를 걸러내는 부분. 종이, 융, 금속 등 다양한 소재로 만들어지며 재질별로 맛에 차이가 있다. 케맥스*Chemex*, 에어로프레스와 같은 몇몇 추출기구는 전용 필터를 구매해야 한다.

필터 가스켓 (filter gasket)

포터필터와 그룹헤드 사이의 틈을 메우는 고무 재질의 부품으로 추출수가 새는 것을 방지한다. 시간이 흐르면 고무가 탄력을 잃어 추출 시 물이 샐 수 있으므로 정기적으로 교체해야 한다.

필터 바스켓 (filter basket)

= 필터 인서트 filter insert

포터필터의 부품 중 하나로 분쇄원두를 담는 금속 재질의 필터. 보통 지름 크기 54~58mm인 제품을 사용하며 종류로는 1잔용과 2잔용이 있다.

필터 홀더 (filter holder)

포터필터의 부품 중 하나로 필터 바스켓을 감싸고 있는 부분이다. 온도 유지를 위해 주로 동 재질로 만든다.

필터 홀더 스프링 (filter holder spring)

포터필터에 필터 바스켓을 고정하는 철사로 된 스프링. 자주 사용하면 마모되어 빠지는 현상이 발생하므로 틈틈이 교정해주는 것이 좋다.

필터캡 (filter cap)

에어로프레스에서 필터를 넣는 부분. 체임버chamber에 끼워 사용하며 커피 추출이 끝나면 필터캡에 커피 찌꺼기가 모여있는 것을 볼 수 있다.

핑크 버번 (Pink Bourbon)

버번 품종 중에서 커피체리의 표면이 분홍색인 것. 레드 버번과 옐로우 버번의 교배종으로 보기 드문 품종이지만 병충해에 비교적 강하다는 특징이 있다.

히읗

ㅎ

하드 (Hard)

브라질 커피를 평가할 때 떫은맛이 느껴지는 커피를 뜻하는 말.

하드 포드 (hard pod)

포드 커피의 종류 중 하나. 기름종이 사이에 7-10g의 분쇄원두를 넣고 고압, 고열처리를 해서 봉합한 필터 커피다.

하라 (Harrar)

= 하라르

에티오피아의 주요 커피산지 중 하나로 시다모 Sidamo, 예가체프 Yirgacheffe와 함께 대표적인 산지로 꼽힌다. 에티오피아 수도 아디스아바바 Addis Ababa 서쪽에 위치한 '하라'라는 작은 마을 인근에서 커피 재배가 이루어지고 있다. 에티오피아에서도 가장 오랫동안 커피 생산을 해온 곳이며, 독특한 향미를 지닌 내추럴 커피로 높은 명성을 유지하고 있다. 해발 1,500~2,100m에서 재배된 커피는 10-2월 사이에 수확한다.

하와이 (Hawaii)

세계 주요 커피 생산국 중 하나. 1825년에 처음 커피나무가 들어와 전국으로 확대됐으며, 1836년 카우아이Kauai에 하와이 최초의 상업형 커피농장이 들어섰다. 적당한 그늘과 강수량, 비옥한 화산토 등 커피 재배에 이상적인 조건을 갖추고 있으며, 대부분 워시드 방식으로 가공한 아라비카다. 관광과 커피를 연계한 마케팅 전략으로 큰 성공을 거둔 하와이 커피는 강한 바디와 약한 산미가 특징이다. 대표적인 커피산지로는 코나Kona, 카우아이, 카우Kau, 마우이Maui, 오아후Oahu 등이 있다.

하우스 블렌드 (house blend)

카페들이 각자의 개성을 살려 만든 블렌드. 보통 오너나 전문 로스터가 직접 로스팅한다.

하이 로스팅 (high roasting)

로스팅 레벨 중 1차 크랙1st crack이 끝나고 2차 크랙2nd crack에 들어가기 직전인 단계. 원두 표면은 진한 밤색을 띠며 약한 신맛과 단맛이 조화를 이룬다. 가장 일반적인 로스팅 레벨에 속한다.

하이 커머셜 커피 (High Commercial coffee)

= 하이 커머셜 High Commercial, FAQ

스페셜티 커피와 커머셜 커피의 중간에 해당하는 프리미엄 커피. 스페셜티 커피에 비해 클린컵과 스위트니스는 떨어지지만 지역적 특성이 있어 세계 시장에서 좋은 평가를 받는다.

하이엔드 머신 (high-end machine)

최신 기술이 집약된 고가의 머신을 일컬어 부르는 말.

한국바리스타챔피언십 (Korea Barista Championship, KBC)

2003년부터 개최된 국내 최초의 바리스타 대회로, 한국 카페문화와 커피산업의 발전을 목표로 한다. 함께 열리는 대회로 마스터오브커핑 Master Of Cupping, MOC, 마스터오브브루잉 Master Of Brewing, MOB, 한국팀바리스타챔피언십 Korea Team Barista Championship, KTBC이 있다.

할로겐 램프 (halogen lamp)

사이폰의 열원 중 하나. 플라스크 하단에 할로겐 램프를 장착해 전구에서 흘러나오는 빛을 열원으로 사용하는 방식이다. 알코올 램프와 달리 열이 플라스크 전체를 감싸는 형태로 전해진다.

해발고도 (altitude)

= 재배고도

커피가 생산되는 지역의 고도.
몇몇 생산국에서는 커피농장이 위치한 곳의 고도가 높을수록 좋은 품질의 커피가 생산된다고 여겨 커피의 등급을 재배고도에 따라 분류하기도 한다. 일반적으로 생두는 재배고도가 높을수록 큰 일교차 때문에 밀도가 높고 향미 성분도 더 많은 편이다.

핵과 (drupe)

외과피, 중과피, 내과피로 구성된 열매. 과육 중심부에 단단한 씨앗이 들어있는 커피체리는 형태적으로 분류하면 핵과에 속한다.

핸드드립 (hand drip)

= 매뉴얼 드립 manual drip, 드립 커피 drip coffee

드리퍼에 필터를 넣고 분쇄원두를 담은 후 손으로 직접 물을 부어가며 커피를 내리는 방식. 푸어오버 pour-over와 비슷한 개념이지만 여러 변수를 고려해 좀 더 신중하고 정교하게 추출하는 것이 특징이다.

핸드밀 (hand mill)

가정에서 원두를 소량씩 분쇄할 때 사용하는 소형 수동 그라인더. 가격이 비교적 저렴하고, 언제 어디서나 간편하게 사용할 수 있다는 것이 장점이지만 손으로 직접 돌려야 하는 만큼 힘이 들고 세밀한 분쇄도 조절이 어렵다는 단점이 있다. 같은 핸드밀이라도 제품별로 기능에 차이가 있으며 원목, 세라믹 등 다양한 소재가 있다.

핸드피킹 (hand picking)

= 선택적 수확 selective harvesting

농부들이 잘 익은 커피체리만 골라 일일이 손으로 따는 수확 방식. 가장 오래된 수확 방식이며 주로 기계수확이 어려운 지역에서 많이 사용한다. 난이도가 높고 여러 번에 걸쳐 수확이 이루어지므로 인건비가 많이 들고 작업 속도가 느리다는 단점이 있다. 그러나 커피체리의 성숙도를 직접 확인하고 선별해서 수확하기 때문에 우수한 품질을 유지할 수 있다.

핸드픽 (hand pick)

= 핸드소팅 hand sorting

생두에 포함된 결점두를 골라내는 작업.

핸들 (handle)

탬퍼의 위쪽에 해당하는 부분으로 손잡이 역할을 한다. 핸들의 크기, 두께, 길이에 따라 탬퍼의 모양이 달라지며 소재로는 알루미늄, 스테인리스 스틸, 금속, 나무 등이 있다. 탬퍼를 선택할 때는 선호하는 핸들의 감촉과 무게감을 고려하는 것이 좋다.

핸들링 (handling)

= 흔들기

라떼아트를 할 때 스팀피처를 좌우로 움직이며 스팀밀크를 붓는 동작.

햇볕 건조

= 자연 건조, 천일 건조, 선 드라이 sun dry

커피체리나 파치먼트parchment를 햇빛에 그대로 건조하는 방식. 보통 4-10일 정도 소요되지만 기온, 습도, 일조량 등 환경적 요인에 따라 달라질 수 있다. 건조장이 없는 곳에서는 정원에 비닐을 깔고 말리기도 한다.

향 커피 (flavored coffee)

향을 첨가한 커피.

향신료향 (spicy)

커피에서 후추나 육두구, 정향 등을 연상시키는 매운향이 느껴지는 것을 뜻하는 향미 평가 용어.

허니 커피 (honey coffee)

허니 프로세스honey process 방식으로 가공한 커피.

허니 프로세스 (honey process)

= 미엘 프로세스 miel process

펄프드 내추럴 *pulped natural*과 유사한 가공 방식으로 코스타리카에서 고안되어 중미 지역에서 흔히 사용된다. 과육의 제거 비율과 건조기간 및 방법에 따라 색상과 맛이 달라지며 각 단계는 블랙 *black*, 레드 *red*, 옐로우 *yellow*, 화이트 *white*로 구분한다. 파치먼트 *parchment*에 붙어 있는 점액질이 꿀처럼 진득하다고 하여 '허니'라는 이름이 붙었으며 스페인어로 꿀을 의미하는 '미엘'로 부르기도 한다.

허브향 (herby)

커피에서 야채, 허브 등의 향이 느껴지는 것을 뜻하는 향미 평가 용어.

허스킹 (husking)

내추럴 커피의 가공 과정 중 하나로 건조 작업이 끝난 뒤 생두의 외과피인 겉껍질을 제거하는 것이다.

헐링 (hulling)

워시드 커피의 가공 과정 중 하나로 건조 작업이 끝난 뒤 생두의 내과피인 파치먼트 *parchment*를 제거하는 것이다.

헐링 머신 (huller)

워시드 커피를 탈곡하는 기계.

헤드 스페이스 (head space)

필터 바스켓에 분쇄원두를 담고 남은 여유 공간. 필터 바스켓에 분쇄원두를 너무 많이 담으면 헤드 스페이스가 부족해 포터필터를 그룹헤드에 장착하기 힘들고 과다추출과 같은 문제가 발생할 수 있다.

헤비 (heavy)

커피의 촉감을 고형분에 따라 나눴을 때 살짝 강한 정도. 보통 틱 *thick*, 헤비 *heavy*, 라이트 *light*, 씬 *thin* 순이다.

호퍼 (hopper)

1. 그라인더의 부품 중 하나로 원두를 담는 통을 말한다. 크기는 기종마다 다르지만 상업용 그라인더의 경우 대부분 1kg 내외다. 모양도 원통형, 원뿔형, 직사각형 등으로 다양하며, 일주일에 한 번 정도 세척하는 것이 좋다.
2. 로스터에서 생두를 넣는 부분.

호퍼 게이트 (hopper gate)

그라인더와 로스터의 호퍼를 여닫는 손잡이.

혼합형 보일러

스팀, 온수 보일러에서 가열된 물과 상온수를 혼합해 추출수로 사용하는 보일러 방식. 스팀, 온수 보일러와 별개로 추출수 보일러와 그룹 보일러가 각각 따로 장착돼 있어 짧은 시간에 에스프레소를 연속 추출해도 온도가 일정하게 유지된다는 장점이 있다. 주로 하이엔드 머신에 많이 적용되며 외부 변화에 민감한 편이다.

홈 로스팅 (home roasting)

직접 생두를 구입해 집에서 로스팅하는 것을 말한다. 수망 로스터가 가장 일반적인 방식이며 경우에 따라 가정용 소형 로스터를 사용하거나 손수 제작한 자작 로스터를 사용하기도 한다.

홈 바리스타 (home barista)

홈카페를 즐기는 사람을 일컬어 부르는 말.

홈 카페 (home café)

굳이 카페를 찾지 않고도 가정이나 사무실에서 직접 구입한 원두와 다양한 추출기구를 이용해 자신만의 커피를 내려 마시는 것.

화이트 빈 (white bean)

보관 과정에서 지나치게 건조되어 백화 현상이 일어난 생두. 주로 올드 크롭*old crop*에서 나타난다.

화이트 커피 (white coffee)

영국에서 크림이나 우유를 넣은 커피를 설명할 때 사용하는 표현.

화이트 허니 (white honey)

허니 프로세스*honey process* 방식으로 가공한 커피 중 과육의 약 90%를 제거한 커피.

확인창

= 탐색창

로스터의 드럼 내부를 들여다볼 수 있게 만든 작은 유리창. 로스팅 시 원두의 색깔 변화를 확인할 수 있는 부분이다.

환원당 (reducing sugar)

커피에 포함된 단당류를 전부 포괄하는 개념. 포도당*glucose*, 과당*fructose*, 맥아당*maltose* 등이 환원당에 속한다.

효소 반응 (enzyme reaction)

커피체리가 자라는 과정에서 생긴 자연 효소가 촉매작용을 일으켜 커피 향을 만들어내는 반응. 이 과정에서 향기 화합물 중 휘발성이 가장 강한 엔자이매틱*enzymatic* 계열의 꽃향기, 과일향, 풀 냄새 등이 형성된다.

후각 (olfaction)

= olfactory

커피의 관능평가 단계 중 하나로, 생두에서 자연적으로 발생하거나 로스팅을 할 때 발생하는 향기 화합물을 비강 점막의 후각상피를 통해 인지하는 것이다.

후면타공

로스터 드럼의 형태 중 하나. 주로 열풍식이나 반열풍식 로스터에 사용하는 방식으로, 직화식과 달리 옆면은 전부 막혀 있고 후면에는 구멍이 뚫려 있다. 기종마다 타공의 형태와 위치, 개수 등에 차이가 있으며 이는 드럼으로 투입되는 열량의 크기를 결정하는 중요한 요소이므로 로스팅 전에 반드시 고려해야 한다.

후블렌딩 (Blending After Roasting, BAR)

= 단종 블렌딩

각각의 생두를 따로 로스팅한 다음 혼합하는 블렌딩 방식. 각각 다른 조건에서 로스팅하기 때문에 원두의 로스팅 정도 차이가 심할 경우 추출 시 일관성이 떨어질 수 있다.

후안 발데스 (Juan Valdez)

콜롬비아커피생산자협회FNC가 자체적으로 개발한 콜롬비아 커피 브랜드로 커피농부와 당나귀를 활용한 로고로 잘 알려져 있다. 실제로 콜롬비아에서는 자국을 대표하는 커피농부를 후안 발데스로 선발해 일정 기간 홍보대사로 활동하기도 한다.

휴지기 (resting time)

= 휴지 resting

1. 도정과 등급 평가를 마친 생두를 수출하기 전에 파치먼트parchment 상태로 약 2-3개월간 창고에 보관하는 기간. 생두의 수분 함량을 유지하는 데 매우 중요한 과정이다.
2. 로스팅에서 1차 크랙1st crack이 끝나고 2차 크랙2nd crack이 시작되기 전까지의 단계. 커피향미가 결정되는 시기이므로 원두가 타지 않도록 화력을 조절하는 것이 필요하다.

흙 냄새 (earthy)

커피를 마시고 난 후 뒷맛에서 축축한 흙냄새와 곰팡이 냄새가 느껴지는 것을 뜻하는 향미 평가 용어. 커피체리나 파치먼트parchment를 흙 위에서 잘못 건조하면 흙 냄새가 스며들어 커피품질을 떨어뜨린다.

흡열 반응 (endothemic reaction)

로스팅 시 생두가 드럼에 투입된 후 주위의 열을 흡수하는 현상.

희끄무레한 (whitish)

국제표준기구ISO에서 정한 5단계의 생두 색상 중 하나. 생두 표면이 얼룩덜룩하고 약간 하얀 것이 특징이다. 주로 수분함량이 낮은 생두를 잘못 보관, 운송했을 때 나타나는 컬러다.

히노테가 (Jinotega)

니카라과의 주요 커피산지 중 하나로 오랫동안 커피가 지역 경제의 중심축 역할을 해왔다. 커피농장은 해발 1,100~1,700m에 위치해 있으며 12~3월 사이에 수확이 이루어진다. 주로 카투라Caturra, 버번Bourbon 품종의 커피를 생산한다.

히팅코일 (heating coil)

= 전기히터 electronic heater

에스프레소 머신의 부품 중 하나로 보일러 내부의 물을 가열하는 역할을 한다.

찾아보기

Index

가나다순

1차 긋기	11	가죽 냄새	39	공극면	49
1차 크랙	11	가지치기	40	공기주입	49
1차 파핑	11	각성효과	40	공랭식	50
2way 솔레노이드 밸브	11	간격식 분쇄	40	공정거래 커피	50
2차 크랙	12	간극식 분쇄	40	공정무역 커피	50
2차 파핑	11	간접 가열식	41	과나카스테	50
3way 솔레노이드 밸브	12	갈변 반응	41	과다 추출	51
a값	13	감귤류	41	과립커피	51
b값	14	강배전	74	과발효	51
CSC 인증	15	강제 대류식	229	과소 추출	52
C-프라이스	15	강한	41	과압방지 밸브	109
H.F.C 프로세싱	20	거트리지 커피하우스	42	과열 방지기	52
L값	22	건류 반응	42	과육	52
NB 캔	24	건식	68	과육제거기	354
O자 긋기	26	건조	42	과일향	52
PID 제어	27	겉껍질	239	과잉결실	53
RTD 커피	28	게샤	43	과테말라	53
SCA 커핑 심사관	29	게오르그 콜쉬츠키	42	관능평가	53
SCA 컬러 타일	29	게이샤	43	관통식 보일러	54
S자 긋기	31	견과류	43	광택	360
UHT 살균	32	결점	44	교반	54
USDA 유기농 인증	32	결점 계수	43	교반기	54
UTZ 인증	33	결점두	44	교반날개	54
VST 필터 바스켓	34	결점수	44	구르메 커피	47
ㄱ		경도	44	구연산	55
가니쉬	36	경수	45	국제커피기구	55
가든 커피	36	계량스푼	45	국제커피위원회	55
가브리엘 드 클리외	36	계량저울	45	국제커피협정	56
가수분해	36	계량컵	45	굵이	56
가스 로스터	37	고노	46	굴절계	56
가스 압력 게이지	37	고도	46	굿 컵	56
가스 제거	37	고로카	46	그늘 경작	176
가스 치환 포장	37	고메 커피	47	그늘 재배	176
가압 포장	38	고무 냄새	47	그라운드 커피	57
가압식	38	고온 단시간 로스팅	47	그라인더	57
가열취	38	고온 살균	48	그라인딩	57
가요 마운틴	39	골든 브리아	48	그래뉼 커피	51
가용성 고형물	39	골든컵	48	그레이딩	57
가용성 고형분	39	곰팡이 냄새	49	그레인프로	58
		곰팡이두	49	그레인프로 백	58

찾아보기

커피용어사전

그루밍	58	노르딕 로스팅	70	도저리스 그라인더	263
그룹	58	노즈	70	도즈	80
그룹 가스켓	59	녹색을 띤	70	도징	80
그룹 보일러	59	논커피	71	도징 링	80
그룹 스페이스	59	농도	71	도징 퍼넬	80
그룹헤드	60	누르스름한	71	도피오	77
그린 커피	169	뉴 크롭	71	독립형 보일러	81
그린 커피 그레이딩	60	뉴트럴	72	동결 건조 커피	81
그린빈	169	니에리	72	뒷맛	214
그린빈 바이어	61	니카라과	72	듀얼 드럼	81
글루타민산	61	니트로 커피	272	듀얼 보일러	150
글루탐산	61	ㄷ		듀오 트리오 테스트	82
금속필터	61	다공화	74	드라이 밀	82
급속냉각	62	다이렉트 트레이드	74	드라이 아로마	366
기계 건조	62	다이얼링	74	드라이 온 트리	83
기계 드립	257	다크 로스팅	74	드라이 체리	82
기계수확	63	단맛	75	드라이 카푸치노	83
길림 바사	63	단일형 보일러	75	드라이 폼	83
김빠진	64	단종 블렌딩	392	드라이 프로세스	68
깔때기	64	단종 커피	200	드라이디스틸레이션	84
깔루아	64	달임식	75	드럼	84
껍질	64	대류열	76	드럼 로스터	84
꼭두서니과	65	댐퍼	76	드럼 스피드	84
꽃향기	65	더 킹스 암스	76	드레인 베이신	86
ㄴ		더블 드라이	83	드로우	85
나리뇨	67	더블 로스팅	76	드리퍼	85
나무맛	67	더블 리스트레또	77	드립 그라인더	85
나인티플러스	67	더블 바스켓	77	드립 스탠드	86
낙과	68	더블 스파웃	77	드립 스테이션	86
낙차	68	더블 에스프레소	77	드립 커피	384
난류	335	더블샷	78	드립 트레이	86
난카	48	더치커피	78	드립백	86
내과피	348	데메터	78	드립포트	86
내장형 보일러	280	데미타세	78	등급 구분	57
내추럴 프로세스	68	도미니카공화국	79	디개싱	37
냉각	69	도저	79	디벨롭	87
냉각판	69	도저 그라인더	181	디벨롭 타임	87
냉해	69	도저 레버	79	디스토너	171
넉박스	70	도저 스크린	80	디스트리뷰션	87
넬 드립	247	도저 체임버	79	디스트리뷰터	87

397

디스퍼전 스크린	169
디자인 카푸치노	91
디지털 로스터	88
디카페인커피	88
디펄퍼	354
디펙트	44
디펙트 빈	44
디펙트 핸드북	88
디퓨저	59
디퓨전 블록	183
따라수	89
떫은	89
뜸들이기	89
띤또	89

ㄹ

라 파보니	91
라떼 마티니	91
라떼아트	91
라이트	92
라이트 로스팅	92
라제스	92
라티오	93
랏	93
램핑	93
러스트	93
레 듀 마고	94
레귤러 커피	242
레드 버번	94
레드 스킨	94
레드 체리	94
레드 허니	95
레디쉬 브라운	95
레버식 머신	95
레벨 센서	184
레벨링	96
레위니옹 섬	96
레이즈드 베드	237
레이즌 프로세스	96
레인포레스트 얼라이언스	97
로드	97

로버트 네이피어	97
로부스타	98
로부스타 카피 로얄	98
로스터	98
로스터 리빌드	99
로스터리	99
로스터리 숍	99
로스터리 카페	99
로스티드 샘플 아이덴티피케이션	99
로스티드 커피 그레이딩	99
로스팅	100
로스팅 디펙트	100
로스팅 레벨	101
로스팅 시간	100
로스팅 온도	100
로스팅 컬러	101
로스팅 포인트	101
로스팅 프로파일	101
로야	304
로제타	101
로탭	101
로터리 펌프	102
롤러 밀	102
롤링	102
롱 탑	102
롱베리	103
롱블랙	103
루드비히 로셀리우스	103
루메 수단	180
루왁	103
루왁 커피	104
루이루 11	104
루이지 베제라	104
룽고	105
르 네 뒤 카페	105
르 프로코프	105
르완다	106
리드	106
리베리카	106

리브	107
리스트레또	107
리오	107
리오이	107
리치	108
리퀴드 커피	214
린넨	108
린싱	108
린통	108
릴레이션십 커피	171
릴리프 밸브	109

ㅁ

마나비	111
마라고이페	111
마라카투라	111
마르티니크	112
마우스필	112
마이소르	112
마이야르 반응	118
마이크로 랏	113
마이크로 로스터리	113
마이크로 센서	113
마이크로 스위치	113
마이크로 폼	114
마이크로 필터	114
마일드 커피	114
마자그란	114
마키니스타	115
마타갈파	115
만델링	115
만델링 G1	115
말라위	116
말릭산	162
매뉴얼 드립	384
머들러	116
머신 세정제	116
머신 클리너	116
멀칭	117
메쉬	150
메쉬 넘버	117

메인 크롭	117	밀링	127	배출 온도	136
메인보드	117	밀크 스티밍	192	배치	136
메일라드 반응	118	밀크폼	240	배치 브루	137
메일베리	375	밀크피처	194	배치 사이즈	137
멕시코	118	밀킹	192	배큠 밸브	137
멜라노이딘	119	**ㅂ**		배큠 브루어	163
멜란지	159	바	129	백	138
멜로우	119	바 스푼	129	백 플러싱	138
멜리어	367	바닥덮기	117	밸런스	138
멜리타	119	바디	129	버 그라인더	139
멜리타 벤츠	119	바디감	129	버너	139
모래히터	120	바라오나	129	버번	139
모멘텀	120	바로붓기	369	버번 산토스	139
모조투고	120	바리스타	130	버번 섬	96
모카	121	바리에다 콜롬비아	130	버번 섬	138
모카 마타리	121	바바 부단	130	버번 아마렐로	140
모카 자바	121	바바부단기리	131	버틸티	140
모카포트	122	바슈 부인	131	번컵	151
모터 펌프	356	바스켓 홀	131	벌레 먹은 콩	140
몬수닝	122	바예멜카우카	131	벌킹	140
몬순 말라바	122	바이아	132	베네수엘라	141
몬순 커피	123	바이패스 밸브	132	베라크루즈	141
몬타나	123	바이패스 추출	132	베레카	141
몬테알레그레	123	바텀리스	132	베르데	125
묘포	124	반복 여과 추출	354	베리에이션 커피	142
무미한	124	반야생 커피	174	베버리지	71
무지방 우유	333	반열풍식	133	베스트 오브 파나마	142
문도 노보	124	반자동 머신	133	베이비 라떼	372
물받이판	86	반직화식	133	베이스	142
미각	124	발데시아	133	베이크드	143
미디엄 다크 로스팅	363	발리	134	베일리스 커피	143
미디엄 로스팅	125	발열 반응	134	베트남	143
미분	125	발효	134	베트남 카페 핀	302
미성숙두	125	발효두	135	베트남 커피	144
미엘 프로세스	387	발효탱크	135	베트남 커피 프레스	302
믹스커피	126	배기 온도	135	베트남 커피 필터	302
믹싱	126	배기관	136	벨 크리머	170
믹싱 밸브	126	배수판	86	벨로이	144
밀도	127	배아	136	벨벳 밀크	144
밀도 분류기	127	배전도	101	벨벳 폼	114

보르지아 커피	145	브루잉	153	사이트 글라스	163
보스턴 차 사건	145	브루잉 커피	153	사이폰	163
보이아	145	브루잉 컨트롤 차트	154	사일로	164
보일러	146	브루카	154	사향고양이	103
보일러 압력	146	브리브	155	산 라몬	164
보일러 압력 게이지	146	브리키	250	산마르코스	164
보케테	147	브릭스	155	산이	165
복사열	147	블라인드 필터	155	산타아나	165
복합성	147	블랙 빈	156	산토스 항	165
볶음도	101	블랙 허니	155	산포망	169
볼리비아	148	블랙커피	156	산호세	166
볼칸 바루	148	블렌드 커피	156	산화	166
부룬디	154	블렌딩	156	삼원종	166
부에나벤투라	148	블레이드 그라인더	293	삼출식	354
부유탱크	374	블렌더	157	상파울루	167
부재료	149	블로썸	65	색 선별기	167
부케	149	블로썸 샤워	157	색도계	167
북유럽 로스팅	70	블루 마운틴	157	샘플	167
분나 마프라트	300	블루 마운틴 No.1	158	샘플 로스터	168
분당 온도 상승률	149	블루 마운틴 No.2	158	샘플 로스팅	168
분당 회전수	149	블루 마운틴 No.3	158	샘플러	168
분리형 보일러	150	블룸	353	샘플링	168
분문 건조 커피	150	비닐하우스 건조	237	생두	169
분쇄	57	비수세식	68	생두 아래	269
분쇄 커피	57	비야 로보스	158	샤워 스크린	169
분쇄도	150	비야 사르치	159	샤워 쿨링	324
분쇄입도	150	비엔나커피	159	샤워 필터	169
분카	151	비중 선별기	159	샤워 헤드	59
불림	89	비효소적 갈변반응	160	샤워 홀더	169
브라이니	151	비후경로	160	샤커레또	169
브라이트니스	151	빈 온도	100	샷	170
브라질	152	빈 투 컵	160	샷 글라스	170
브라질 산토스	139	ㅅ		샷 잔	170
브레베	155	사과산	162	서버	170
브레이크	152	사르치모르	162	서브 크롭	170
브레이킹	152	사워 빈	135	서스테이너블 커피	171
브로워	152	사워니스	162	석발기	171
브로카	305	사이공 커피	144	선 그로운 커피	172
브로큰 빈	153	사이드 메뉴	162	선 드라이	386
브루어	153	사이클론	163	선물거래	172

선블렌딩	173	수마트라 만델링	115	스토브 탑	122
선택적 수확	384	수망 로스터	181	스트레이너	191
설탕시럽	173	수망 로스팅	182	스트레이트 커피	200
세미 드라이 폼	173	수면계	182	스트레커분해	191
세미 워시드 프로세스	355	수분 증발	182	스트롱 라떼	372
세미 포레스트 커피	174	수분 활성도	183	스트리핑	192
세척	174	수세식	241	스트릭트리 소프트	192
세컨드 웨이브	174	수소이온 농도 지수	27	스트립 피킹	192
센서리 랩	309	수압 게이지	183	스티밍	192
센서리 스킬 테스트	175	수압 확산 구역	183	스팀 노브	193
센터컷	175	수압계	183	스팀 노즐	193
셀레베스	186	수위 센서	184	스팀 레버	193
셀프 바	175	수직척도	184	스팀 밸브	193
셰이드 그로운 커피	176	수평척도	184	스팀 완드	193
셰이드 트리	176	수프리모	185	스팀 팁	194
셰이딩 커피	176	숙성	185	스팀가열식 보일러	194
셰이커	176	숙성 커피	185	스팀밀크	194
소스	177	순간 가열식	200	스팀폼	240
소스 에칭	177	술 데 미나스	186	스팀피처	194
소스타냐	141	술라웨시	186	스팅커	135
소킹	177	술라웨시 토라자	338	스파웃	195
소프트	177	술탄커피	186	스페셜티	195
소프트 포드	178	숯불 로스팅	187	스페셜티 커피	195
소프티쉬	178	쉘 빈	187	스페셜티커피협회	195
손탁 호텔	178	슈가브라우닝	187	슬러핑	195
솔레노이드 밸브	178	스몰 로스터리	113	슬로우 로스팅	262
솔로	179	스몰 배치	188	슬로우 커피	196
솔루블 커피	253	스무스	188	슬리브	196
솔리만 아가	179	스웨팅	188	습식	241
솔저	179	스위스 워터 프로세스	188	시그니처 메뉴	196
송진향	179	스위트니스	75	시그니처 커피	196
송풍기	152	스케일	189	시나몬 로스팅	196
숏 탑	180	스코칭	189	시뇨레 크레모네시	197
숏베리	180	스크리너	189	시다마	197
숏블랙	180	스크리닝	189	시다모	197
수단 루메	180	스크린 사이즈	190	시든 콩	197
수동 그라인더	181	스키밍	190	시바오	198
수동 머신	95	스킨 드라이	190	시벳 커피	104
수랭식	181	스탠드	190	시벳고양이	103
수마트라	181	스터러	191	시에라 마에스트라	198

401

시외르 모닌	198	아세트산	276	어레인지드 커피	142
시큼한	199	아시엔다	376	언더	216
시트러스	41	아시엔다 라 에스메랄다	218	언더 도징	216
시트릭산	55	아이리시 커피	208	언워시드	68
시티 로스팅	199	아인슈페너	159	업 도징	216
식초산	276	아체 만델링	115	에드워드 로이셀 드 산타이스	217
신선하지 않은	199	아카테낭고	209	에멀전	217
실버스킨	248	아쿠아 펄퍼	221	에스메랄다	218
심플 시럽	173	아킬레 가찌아	209	에스테이트 커피	218
싱글 드럼	199	아티틀란	209	에스프레소	219
싱글 보일러	75	아틸리오 칼리마니	210	에스프레소 그라인더	219
싱글 스파웃	200	아파네카 산맥	210	에스프레소 머신	219
싱글 에스프레소	179	아포가토	210	에스프레소 베리에이션	142
싱글 오리진 커피	200	아프리카파인커피협회	210	에스프레소 블렌드	220
써드 웨이브	200	아프리칸 베드	337	에스프레소 콘 판나	290
써모 블록 방식	200	안디솔	211	에스프레소 포트	122
썩은	201	안전 밸브	109	에스프레소 피처	220
쎄니카페	201	안티구아	211	에스프로프레스	220
씨드 투 컵	160	안티오키아	211	에어 온도	135
씬	201	알그레이더	212	에어로프레스	220
ㅇ		알마 네그라	212	에이지드 커피	185
아그트론	203	알칼로이드	212	에이징	185
아그트론 넘버	203	알코올 램프	212	에칭	221
아나카페	13	알투라	213	에칭 펜	221
아더 마일드	203	알폰소 비알레띠	213	에칭 핀	221
아라부스타	203	압력 센서	213	에코 펄퍼	221
아라비카	204	압력 스위치	213	에콰도르	222
아로마	204	애프터버너	214	에티오피아	222
아로마 밸브	205	애프터테이스트	214	에티오피아 상품거래소	223
아로마 키트	205	액상커피	214	에티오피아 원종	223
아로마 필터	205	액시디티	165	엑셀소	223
아로마틱 테인즈	206	액체커피	214	엑스트라 투르키노	224
아루샤	206	앨런 애들러	214	엔자이매틱	224
아리차	206	앰버 빈	215	엔지매틱	224
아메리카노	207	야곱	215	엘리펀트 빈	111
아멕스	207	야생 커피	359	엘살바도르	224
아멕스 플러스	207	약간 갈색인	215	여과식	225
아볼	208	약배전	215	여과지	269
아비시니아	208	약전정	215	여과지	377
아사란	208	약한	216		

402

여열 로스팅	225	온두라스	236	유기물	244
역류 방지 밸브	225	온수 노즐	236	유기물질	244
역삼투	226	온수 버튼	236	유기산	244
역치	226	온수기	237	유기산 매칭 페어	245
연기 냄새	226	온스	237	유기용매 추출법	245
연속추출	226	온실 건조	237	유기화합물	244
연수	227	올드 브라운 자바	238	유니포미티	245
연수필터	227	올드 빈	238	유동층 로스터	246
연유 커피	144	올드 크롭	238	유량	246
열 센서	227	올팩토리 스킬 테스트	238	유량계	374
열교환기	227	왜성식물	239	유리화	246
열대우림연맹	97	외과피	239	유속	247
열분해	228	외피	239	유지방	247
열수 흘리기	228	우아미	239	유청 단백질	247
열전달	228	우에우에테낭고	239	유화	217
열평형	228	우유거품	240	융 드립	247
열풍식	229	우유거품 스푼	240	융필터	248
영구필터	229	우유거품기	240	은피	248
영세농민	229	워머	240	음베야	248
예가체프	230	워시드 프로세스	241	음부르니 라이트	24
예멘	230	워싱 스테이션	243	음브루니 헤비	24
예열	231	워터 게이지	182	이뇨작용	249
옐로우	231	워터드립	78	이력추적 가능성	249
옐로우 버번	231	워터리	241	이르가체페	230
옐로우 체리	231	원두	241	이물질	249
옐로우 카투아이	232	원두커피	242	이미지 스케일	249
옐로우 허니	232	원뿔형 날	317	이브릭	250
오가닉 커피	244	원심분리형 로스터	242	이스테이트 케냐	250
오렌지 버번	232	원웨이 밸브	205	이중발효	250
오로시	232	원웨이 밸브	225	이카투	251
오링	233	원추형 날	317	이카페	251
오마르	233	월드커피이벤트	242	이탈리안 로스팅	251
오버	233	웨스트 밸리	243	이파네마	252
오버 퍼언티드	51	웻 밀	243	익스체인지 등급	252
오버롤	234	웻 아로마	204	익스팬션 밸브	225
오븐 건조법	234	웻 카푸치노	243	인도	252
오악사카	234	웻 폼	244	인도네시아	253
오크라톡신 A	235	웻 프로세스	241	인산	253
오프 등급	235	웻 힐링	63	인스턴트커피	253
온도계	235	유기농 커피	244	인퓨저	254

인퓨전	368	전기 로스터	88	증산작용	270
인퓨전 체임버	369	전기 전도도	263	지거	270
인퓨전 타임	368	전기 집진기	268	지글러	270
일조량	254	전기히터	394	지속가능한 커피	171
일조시간	254	전도열	263	지역품종	271
일체형 보일러	54	전동 그라인더	263	지질	271
임매추어	125	전블렌딩	173	직거래	74
임펠러	254	전자동 머신	258	직접 가열식	271
입자 조절판	255	전정	40	직화식	271
잎 면적지수	255	전지우유	264	진공 방지 밸브	137
잎마름병	255	점도	264	진공 여과 추출	272
ㅈ		점드립	264	진공 포장	272
자가 수분	257	점액질	264	질소커피	272
자가배전	257	점액질 제거기	265	짐마	273
자당	257	접촉식 로스터	265	짚 냄새	273
자동 그라인더	263	젓개	191	찌르는 듯한	273
자동 드립	257	정관헌	265	**ㅊ**	
자동 머신	258	정상 추출	266	채널링	275
자메이카	258	정선업자	115	채프	275
자메이카 로우 마운틴	258	점수필터	266	천일 건조	386
자메이카 수프림	258	정원 커피	36	청소솔	275
자메이카 커피 위원회	258	점점 로스팅	266	청소용 가스켓	155
자메이카 하이 마운틴	259	제1의 물결	353	체임버	275
자메이칸	259	제2의 물결	174	체즈베	250
자바	259	제3의 물결	200	체크 밸브	225
자블럼	260	제너럴 커피 놀리지	267	초고온 살균	32
자연 건조	386	제베나	267	초산	276
잔류 산소	260	제빙기	267	초임계 이산화탄소 추출법	276
잔존 산소	260	제연기	268	초콜릿	276
잠비아	260	제트 브레이커	268	총 용존 고형물	276
잠열	261	조개닙	187	추출 버튼	277
잠재열	261	존 허친스	268	추출 압력	356
재 냄새	261	종이필터	269	추출 압력 게이지	356
재래품종	261	주름진 콩	197	추출 콜로이드	322
재배고도	383	주석산	269	추출비율	93
재배품종	364	주트백	269	추출수	277
저온 살균	262	중강배전	363	추출수율	277
저온 장시간 로스팅	262	중과피	52	추출시간	277
저지방 우유	262	중배전	199	추출온도	278
적점 추출	266	중합 반응	270	축합 반응	278

충격식 분쇄	278	카페 솔로	289	커피 비긴	299
치아파스	279	카페 쓰어다	144	커피 서브스크립션	299
치크마찰루루	279	카페 엔 볼라	290	커피 세리머니	300
침지식	279	카페 짐요	290	커피 언	300
침출식	279	카페 콘 미엘	290	커피 워머	300
침출식 보일러	280	카페 콘 판나	290	커피 이력 추적	249
칩핑	280	카페 쿠바노	291	커피 존	298
ㅋ		카페 프레도	291	커피 찬넬	300
카네포라	282	카페 플로리안	291	커피 추출	301
카라콜	282	카페산	292	커피 칸타타	301
카라콜리	282	카페스톨	291	커피 케이크	301
카라콜리요	282	카페울	306	커피 타임	299
카라페	282	카페인	292	커피 테이스팅	302
카를로 에르네스토 발렌테	283	카페인산	292	커피 트레이너	302
카리오몬	300	카페테로	292	커피 퍽	301
카베	283	카푸치노	292	커피 포대	269
카스카라	283	칵테일 냅킨	293	커피 프레스	367
카스티요	284	칼 폰 린네	293	커피 플런저	367
카와	284	칼날형 그라인더	293	커피 핀	302
카와휄	285	칼다스	294	커피꽃	303
카우	284	칼디	294	커피나무	303
카우보이 커피	285	칼레이	294	커피녹병	304
카우가	285	칼로시 토라자	338	커피어신	304
카제인	286	칼리브레이션	295	커피메이커	305
카투라	286	칼리타	295	커피믹스	126
카투아이	286	칼리타 웨이브	295	커피산	292
카투아이 베르멜호	286	캐러멜	296	커피산지	305
카투아이 아마렐로	232	캐러멜화	296	커피열매	307
카투카이	287	캡슐 커피	296	커피열매 천공충	305
카티모르	287	커런트 크롭	296	커피열매병	306
카파	287	커머디티 커피	297	커피오일	306
카페 그레코	287	커머디티 프라이스	15	커피체리	307
카페 라떼	288	커머셜 커피	297	커피체인	307
카페 로마노	288	커퍼	297	커피품질연구소	307
카페 로얄	288	커피 거스테이션	297	커피품질협회	307
카페 마끼아토	289	커피 긱	297	커피하우스에 반대하는 여성의 청원서	308
카페 모카	289	커피 리큐어	298		
카페 보르지아	145	커피 바	298	커피헌터	308
카페 비엔나	159	커피 벨트	298	커핑	308
카페 사이공	144	커피 브레이크	299	커핑 랩	309

커핑 볼	309	코르타디토	318	크러스트	325
커핑 스킬 테스트	309	코반	318	크레마	326
커핑 스푼	310	코스	319	크레오소트	326
커핑 시트	310	코스타리카	319	크로키 에칭	326
커핑 잔	309	코스타리카 국립커피연구소	251	크리미	326
커핑 컵	309			크리스탈 마운틴	327
커핑 테이블	310	코스터	319	클래시피카도르	327
커핑 폼	310	코요테	320	클레버	327
커핑 프로토콜	310	코페아	320	클로로겐산	328
컨버스 에칭	311	코페아 리베리카	106	클린컵	328
컨트롤 박스	311	코페아 아라비카	204	키린야가	328
컨트롤 보드	311	코페아 엑셀사	320	키보드	335
컵 노트	312	코페아 유게니오이데스	320	키쉬	315
컵 아로마	204	코페아 인디헤나	111	킨디오	329
컵 오브 엑셀런스	311	코페아 카네포라	282	킬리만자로	329
컵 캐리어	312	코피 루왁	104	킬리만자로 스페셜티 커피 생산자 협회	329
컵 퀄리티	312	코피스	321		
컵 테이스팅	302	콘 필터	321	**E**	
컵 프로파일	312	콜드드립	78	타가 수분	331
컵커피	312	콜드브루	321	타르타르산	269
컵홀더	196	콜로이드	322	타이거 스킨	331
케냐	313	콜롬비아	322	타이거 플레킹	331
케냐 분류법	313	콜롬비아 마일드	114	탄내	331
케냐 프로세스	313	콜롬비아 수프리모	185	탄닌	332
케냐커피연구소	314	콜롬비아종	130	탄자니아	332
케냐커피위원회	314	콜롬비아커피생산자협회	322	탈곡	127
케맥스	314	쿠바	323	탈레랑	332
케쉐르	315	쿤디나마르카	323	탈산소 포장	272
켄트	315	쿨링 트레이	69	탈지우유	333
코끼리 콩	111	쿵브레	323	탈피	333
코나	316	퀀칭	324	탐색봉	168
코나 넘버원 피베리	316	퀘이커	125	탐색창	391
코나 엑스트라 팬시	316	퀴닉산	324	태핑	333
코나 팬시	316	퀵 로스팅	47	탬퍼	334
코나 프라임	317	큐그레이더	324	탬핑	334
코나커피축제	317	큐인스트럭터	324	탬핑 매트	334
코니컬 버	317	크기 선별기	325	터닝 포인트	335
코닐론	317	크라우드 패턴	325	터뷸런스	335
코디네이터	318	크랙	325	터치패드	335
코르타도	318	크랙 노이즈	353	터키쉬 커피	336

터키식 커피	336	파우더	347	페르가미노	348
텀블러	336	파우더 아트	347	페이퍼 드립	357
테루아	336	파인	347	페이퍼 랙	357
테스트 로스터	168	파인 로부스타	347	펙틴	358
테스트 로스팅	168	파인 컵	348	펠라 네그라	358
테스트 스푼	168	파젠다	376	편류	275
테이블 건조	337	파체	348	편추출	275
테이스팅 노트	312	파츠	348	평두	371
테이크 어웨이	337	파치먼트	348	평면형 날	371
테이크아웃	337	파치먼트 로부스타	349	포도당	358
테인트	337	파치먼트 빈	349	포드 커피	358
테피 게이샤	338	파카마라	349	포레스트 커피	359
토라자	338	파카스	350	포터필터	359
토파지오	232	파티오	350	포터필터 홀	359
톡 쏘는	338	파티오 보니토	350	포테이토 디펙트	360
톨리마	339	파푸아뉴기니	351	폭스 빈	360
통돌이 로스터	339	파핑	325	폴리싱	360
투 아웃 오브 파이브 테스트	339	팔레트 메모리	351	폴리페놀	361
		팜시벳	103	폴트	361
투과식	225	팟	82	폼 에칭	361
투르키노	340	패들식 머신	351	표면 장력	361
투리알바	340	패스트 로스팅	47	표준 이하	362
투명도	328	패스트 크롭	352	푸르스름한	362
투입	340	패키징	352	푸쉬 푸어링	362
투입 온도	340	팩킹	352	푸어오버	362
트라이앵귤러 빈	341	팽창	353	푸어오버 드리퍼	85
트라이앵귤레이션 테스트	341	팽창음	353	풀 블랙	155
트레리오스	341	퍼스트 웨이브	353	풀 서비스	362
트레이	342	퍼스트 크롭	170	풀 푸어링	363
트리고넬린	342	퍼콜레이션	354	풀냄새	363
트리에스테	342	퍼콜레이터	354	풀리 워시드	241
트리에이지	342	펄퍼	354	풀시티 로스팅	363
티모르 하이브리드	343	펄프	52	품종	364
티피카	343	펄프드 내추럴 프로세스	355	품질평가	364
티핑	343	펄핑	355	풋내	364
틱	344	펌프	355	퓨레	364
ㅍ		펌프 모터	356	프라이하네스	365
파나마	346	펌프 압력	356	프라임 베리	258
파나마 게이샤	346	펌프 압력 게이지	356	프라임 워시드	259
파라나	346	페루	357	프라페	365

프라푸치노	365	플로레스	373	핫워터 디스펜서	237
프란체스코 일리	365	플로리아노 프란체스코니	373	해발고도	383
프래그런스	366	플로우 미터	374	핵과	383
프레쉬 밸브	205	플로터	374	핸드드립	384
프레쉬 칠	62	플로테이션 탱크	374	핸드밀	384
프레스 포트	367	플로팅	375	핸드소팅	385
프레지덴셜 어워드	366	플루이드 베드 로스터	246	핸드피킹	384
프렌치 로스팅	366	피드백 제어	27	핸드픽	385
프렌치프레스	367	피베리	375	핸들	385
프로젝트 오리진	367	피빈	375	핸들링	385
프로코피오 콜텔리	367	피스톤식 머신	95	햇볕 건조	386
프루티	52	피카	375	햇볕 경작	172
프리 버튼	368	피커	375	향 커피	386
프리 블렌딩	173	피콜로	376	향미	372
프리 인퓨전	368	피콜로 라떼	376	향미 프로파일	312
프리 인퓨전 체임버	369	피터 쉴럼봄	376	향신료향	386
프리 인퓨전 타임	368	핀카	376	허니 커피	386
프리 크리닝	369	필터	377	허니 프로세스	387
프리 푸어링	369	필터 가스켓	377	허브향	387
프리드리히 페르디난트 룽게	370	필터 바스켓	377	허스크	64
		필터 인서트	377	허스킹	387
프리마	370	필터 커피	153	헐링	388
프리미엄	370	필터 홀더	378	헐링 머신	388
프리미엄 등급	370	필터 홀더 스프링	378	헤드 스페이스	388
프릭	370	필터캡	378	헤비	388
플라스크	371	핑크 버번	378	호퍼	388
플라이 크롭	170	ㅎ		호퍼 게이트	389
플란넬	248	하드	380	혼합 밸브	126
플래퍼	80	하드 포드	380	혼합 블렌딩	173
플랜테이션 커피	371	하라	380	혼합형 보일러	389
플랫	371	하라르	380	홀빈	241
플랫 버	371	하와이	381	홀 로스팅	389
플랫 빈	372	하우스 블렌드	381	홀 바리스타	389
플랫 화이트	372	하이 로스팅	381	홈 카페	390
플런저	372	하이 커머셜	382	화이트 빈	390
플런저 포트	367	하이 커머셜 커피	382	화이트 커피	390
플레이버	372	하이브리드 티모르	343	화이트 허니	390
플레이버 노트	312	하이엔드 머신	382	확인봉	168
플레이버 휠	373	한국바리스타챔피언십	382	확인창	391
플로럴	65	할로겐 램프	383	환원당	391

커피용어사전

회전 펌프	102	Ache Mandheling	115	aroma	204
효소 반응	391	Achile Gaggia	209	Aroma filter	205
후각	391	acidity	165	aroma kit	205
후면타공	392	aerial pressurizing	49	aroma valve	205
후미	214	AeroPress	220	aromatic taints	206
후블렌딩	392	AF	207	arranged coffee	142
후안 발데스	392	Affogatto	210	Arusha	206
후엘레타나	294	African bed	337	asaran	208
훑어따기	192	African Fine Coffee Association, AFCA	210	ashy	261
휴지	393	after burner	214	Association of Killimanjaro Specialty Coffee Growers, AKSCG	329
휴지기	393	aftertaste	214		
흔들기	385	aged coffee	185	astringent	89
흙 냄새	393	aging	185	Atitlan	209
흡열 반응	393	agitation	54	Attilio Calimani	210
히끄무레한	394	agitator	54	auto drip	257
히노테가	394	Agtron	203	automatic espresso machine	258
히팅코일	394	Agtron number	203		
ABC 순		air cooling	50	automatic grinder	263
1st crack	11	air temperature	135	**B**	
1st popping	11	Alan Adler	214	B	14
1st wave	353	alcohol lamp	212	Baba Budan	130
2 out of 5 test	339	Alfonso Bialetti	213	Bababudangiri	131
2nd crack	11	alkaloid	212	baby latte	372
2nd popping	11	alma negra	212	back flushing	138
2nd wave	174	altitude	383	bag	138
2way solenoid valve	12	Altura	213	Bahia	132
3rd wave	200	Altura Lavado, AL	213	Baileys coffee	143
3way solenoid valve	12	amber bean	215	baked	143
90+	67	Americano	207	balance	138
A		AMEX	207	Bali	134
A	12	AMEX Plus	207	bar	129
AA	12	AnaCafé	13	bar spoon	129
AAA	207	andisol	211	Barahona	129
AB	13	Antigua	211	barista	130
Abisinia	208	Antiochia	211	base	142
Abol	208	aqua pulper	221	basket hole	131
Acatenango	209	Arabica	204	batch	136
ACE	13	Arabusta	203	batch brew	137
acerbic	199	Aricha	206	batch size	137
acetic acid	276				

409

bean temperature	100	Bourbon	139	Café con Miel	290
bean to cup	160	Bourbon Island	96	Café con Panna	290
Belloy	144	Bourbon Santos	139	Café Cubano	291
Below standard	362	Bournbon Amarello	140	Café en Bola	290
Bereka	141	Brazil	151	Café Florian	291
Best of Panama	142	Brazil Santos	139	Café Freddo	291
beverage	71	break	152	Café Greco	287
black bean	155	breaking	152	Café Latte	288
black coffee	156	breve	154	Café Macchiato	289
black honey	155	brew colloids	322	Café Mocha	289
blade grinder	293	brew ratio	93	Café Romano	288
blended coffee	156	brewed coffee	153	Café Royal	288
blender	156	brewer	152	Café Saigon	144
blending	156	brewing	153	Café Solo	289
Blending After Roasting, BAR	392	brewing control chart	153	Café Vienna	159
		brightness	151	Café Zinho	290
Blending Before Roasting, BBR	173	Briki	250	Cafestol	291
		Brix	155	Cafetero	292
blind filter	155	Broca	305	caffeic acid	292
bloom	353	broken bean	152	caffeine	292
blossom	65	browning reaction	41	caffeol	306
blossom shower	157	brownish	215	Caldas	294
blower	152	Brunca	154	calibration	295
Blue Mountain	157	Brundi	154	Canephora	282
Blue Mountain No.1	157	Buenaventura	148	Cappuccino	292
Blue Mountain No.2	158	bulking	140	capsule coffee	296
Blue Mountain No.3	158	bunca	151	Caracol	282
bluish	362	bunchum	151	Caracoli	282
body	129	bunna maffrate	300	Caracolillo	282
Boia	145	burner	139	carafe	282
boiler	146	burnt	331	caramel	296
boiler pressure	146	burr	138	Caramelization	296
boiler pressure gauge	146	burr grinder	139	Carl von Linne	293
Bolivia	148	buttery	140	Carlo Ernesto Valente	283
Boquete	147	by-pass extraction	132	cascara	283
bore evacuator	268	by-pass valve	132	Casein	286
Borgia coffee	145	**C**		Castillo	284
Boston Tea Party	145	C	14	Catimor	287
bottomless	132	ca phe sua da	144	Catuai	286
bouquet	149	Café Borgia	145	Catuai Amarello	232

Catuai Vermelho	286	Coffea Arabica	204	coffee subscription	299
Catucai	287	Coffea Canephora	282	Coffee Taster's Flavor Wheel	373
Caturra	286	Coffea Eugenioides	320		
Cauca	285	Coffea Indigena	111	coffee tasting	302
caustic	273	Coffea Liberica	106	coffee time	299
Celebes	186	coffee bar	298	coffee trainer	302
center cut	175	coffee belt	298	coffee tree	303
centrifugal roaster	242	Coffee Berry Borer, CBB	305	coffee urn	300
Centro Nacional de Investigaeiones de Café, CENICAFE	201	Coffee Berry Disease, CBD	306	coffee warmer	300
				coffee zone	298
		coffee biggin	299	Coffeea Excelsa	320
Cezve	250	Coffee Board of Kenya, CBK	314	coffice	321
chaff	275			cold brew	321
chamber	275	coffee break	299	cold damage	69
channeling	275	coffee cake	301	cold drip	78
charcoal roasting	187	Coffee Cantata	301	colloid	322
check valve	225	coffee ceremony	300	Colombia	322
Chemex	314	coffee chain	307	Colombia	130
Chiapas	279	coffee channel	300	Colombia mild	114
Chikmagalur	279	coffee cherry	307	Colombia Supremo	185
chipped bean	152	coffee extraction	301	color meter	167
chipping	280	coffee flower	303	color sorter	167
chlorogenic acid	328	coffee geek	297	commercial coffee	297
chocolate	276	coffee gustation	297	commodity coffee	297
Cibao	198	coffee hunter	308	Commodity Price	15
cinnamon roasting	196	Coffee Leaf Rust, CLR	304	complexity	147
citric acid	55	coffee liqueur	298	condensation	278
citrus	41	coffee machine	304	conduction heat	263
city roasting	199	coffee maker	305	conical burr	317
Civet coffee	104	coffee mix	126	Conillon	317
Classificador	327	coffee oil	306	contact thermostat	52
clean cup	328	coffee origin	305	continuous extraction	226
Clever	327	coffee phin	302	control board	311
cloud pattern	325	coffee plunger	367	control box	311
CLU	14	coffee press	367	convection heat	76
coarse	319	coffee puck	301	converse etching	311
coaster	319	Coffee Quality Institute, CQI	307	cooked flavor	38
Coban	318			cooling	69
cocktail napkin	293	Coffee Research Foundation, CRF	314	cooling pan	69
Coffea	320			cooling tray	69

커피용어사전

411

coordinator	318	cupping protocol	310	Dominican Republic	79
Cordillera Apaneca	210	cupping sheet	310	doppio	77
Cortadito	318	cupping skills test	309	dose	80
Cortado	318	cupping spoon	310	doser	79
Costa Rica	319	cupping table	310	doser chamber	79
cowboy coffee	285	current crop	296	doser grinder	181
crack	325	cut bean	152	doser lever	79
crack noise	353	cyclone	163	doser screen	80
creamy	326	C-Price	15	doserless grinder	263
crema	326	**D**		dosing	80
creosote	326	damper	76	dosing funnel	80
croquis etching	326	dark roasting	74	dosing ring	80
cross-pollination	331	decaffeinated coffee	88	double basket	77
crust	325	decoction	75	double dry	83
Crystal Mountain, CM	327	defect	44	double espresso	77
		defect bean	44	double fermentation	250
CS	15	defect handbook	88	double ristretto	77
CS certification	15	degassing	37	double roasting	76
Cuba	323	Demeter	78	double shot	78
cultivar	364	demitasse	78	double spout	77
Cumbre	323	demucilager	265	drain basin	86
Cumbre Lavado, CL	323	density	127	draw	85
Cundinamarca	323	density separator	127	dried cherry	82
cup aroma	204	depulper	354	dried on tree	83
cup carrier	312	design cappuccino	91	drip coffee	384
cup coffee	312	destoner	171	drip grinder	85
cup holder	196	development	87	drip pot	86
cup note	312	development time	87	drip stand	86
Cup of Excellence, CoE	311	dialing in	74	drip station	86
		diffusion block	183	drip tray	86
cup profile	312	difuser	59	dripbag	86
cup quality	312	digital roaster	88	dripper	85
cup tasting	302	direct trade	74	drum	84
cupper	297	direct water heater	271	drum roaster	84
cupping	308	discharge	246	drum speed	84
cupping bowl	309	dispersion screen	169	drupe	383
cupping cup	309	distribution	87	dry aroma	366
cupping form	310	distributor	87	dry cappuccino	83
cupping glass	309	diuresis	249	dry distillation	84
cupping lab	309	Djimmah	273	dry foam	83

dry mill	82	
dry process	68	
dry reaction	42	
drying	42	
dual boiler	150	
dual drum	81	
duo-trio-test	82	
duration of sunshine	254	
Dutch coffee	78	
dwarf plant	239	
E		
E	16	
earthy	393	
eco pulper	221	
Ecuador	222	
Edward Loysel de Santais	217	
EGW	16	
Einspanner	159	
El Salvador	224	
electric conductivity	263	
electric drip	257	
electronic grinder	263	
electronic heater	394	
electronic roaster	88	
electrostatic precipitator	268	
elephant bean	111	
embyro	136	
emission temperature	136	
emulsion	217	
endothemic reaction	393	
enzymatic	224	
enzyme reaction	391	
EP	16	
ES	16	
ESHP	17	
Esmeralda	218	
espresso	219	
espresso blend	220	
espresso con panna	290
espresso grinder	219
espresso machine	219
espresso pitcher	220
espresso pot	122
espresso variation	142
EsproPress	220
Estate coffee	218
Estate Kenya	250
etching	221
etching pen	221
etching pin	221
Ethiopia	222
Ethiopia Commodity Exchange, ECX	223
Ethiopian Heirloom	223
Excelso	223
Exchange grade	252
exhaust pipe	136
exhaust temperature	135
exothermic reaction	134
expansion valve	225
Extra Turquino	224
Extra Turquino Lavado, ETL	224
extraction pressure	356
extraction pressure gauge	356
F	
fair trade coffee	50
fallen fruit	68
FAQ	382
fast roasting	47
fault	361
Fazenda	376
Federacion Nacional de Cafeteros de Colombia, FNC	322
feedback control	27
fermentation	134
fermentation tank	135
FHB	17
fika	375
filter	377
filter basket	377
filter cap	378
filter coffee	153
filter gasket	377
filter holder	378
filter holder spring	378
filter insert	377
Finca	376
fine	125
fine	347
Fine Cup, FC	348
Fine Robusta	347
first crop	170
FJO Sarchi	17
flannel	248
flapper	80
flask	371
flat	371
flat bean	372
flat burr	371
flat white	372
flavor	372
flavor note	312
flavor wheel	373
flavored coffee	386
flick	370
floater	374
floating	375
floral	65
Flores	373
Floriano Francesconi	373
flotation tank	374
flow meter	374
flowery	65
fluid-bed roaster	246
fly crop	170

413

foam etching	361	Georg Kolschitzky	42	group space	59
foreign matter	249	Gesha	43	grouphead	60
forest coffee	359	GHB	17	Guanacaste	50
fox bean	360	gigleur	270	Guatemala	53
fragrance	366	Giling Basah	63	Gulmi	56
Fraijanes	365	glucose	358	gustation	124
Francesco Illy	365	glutamic acid	61	gustatory	124
Frappe	365	God Shot	18	Gutteridge Coffeehous	42
Frappuccino	365	Golden Bria	48		
free button	368	Golden Cup	48	GW	20
free pouring	369	Good Cup, GC	56	**H**	
freeze dried coffee	81	Goroka	46	H.F.C processing	20
French press	367	Gothot	46	Hacienda	376
french roasting	366	gourmet coffee	47	Hacienda La Esmeralda	218
fresh chill	62	Grade 1	18		
fresh valve	205	Grade 2	18	halogen lamp	383
Friedrich Ferdinand Runge	370	Grade 3	18	hand drip	384
		Grade 4a	19	hand mill	384
fruity	52	Grade 4b	19	hand pick	385
full black	155	Grade 5	19	hand picking	384
full city roasting	363	Grade 6	19	hand sorting	385
full-service	362	grading	57	handle	385
fully washed	241	Grainpro	58	handling	385
fungus damaged bean	49	Grainpro bag	58	Hard	380
		granule coffee	51	hard pod	380
funnel	64	grassy	363	hard water	45
futures transaction	172	gravity separator	159	hardness	44
G		green	364	Harrar	380
Gabriel de Clieu	36	green bean	169	Hawaii	381
gap grinding	40	green bean buyer	61	HB	20
garden coffee	36	green coffee	169	HE	20
garnish	36	green coffee grading	60	head space	388
gas exchange package	37	greenish	70	heat exchanger	227
		grinder	57	heat sensor	227
gas pressure gauge	37	grinding	57	heat transfer	228
gas roaster	37	grooming	58	heating coil	394
Gayo Mountain	39	ground coffee	57	heavy	388
Geisha	43	group	58	Heirloom Varieties	261
general coffee knowledge	267	group boiler	59	herby	387
		group gasket	59	HG	21

HGA	21	
hidy	39	
High Commercial	382	
High Commercial coffee	382	
high roasting	381	
High Temperature Short Time pasteurization	48	
High Temperature Short Time, HTST	47	
high-end machine	382	
home barista	389	
home café	390	
home roasting	389	
Honduras	236	
honey coffee	386	
honey process	387	
hopper	388	
hopper gate	389	
horizontal scale	184	
hot water button	236	
hot water dispenser	237	
hot water nozzle	236	
house blend	381	
Huehuetenango	239	
Hueletanya	294	
hull	64	
huller	388	
hulling	388	
husk	64	
husking	387	
Hybrid Timor, HdT	343	
hydrolysis	36	

I

Ibrik	250
Icatu	251
ice machine	267
ice maker	267
Ideal Optimum Balance	48
image scale	249
immature	125
immersion	279
impact grinding	278
impeller	254
Increase time	21
India	252
indirect water heater	41
Indonesia	253
infuser	254
infusion	368
infusion chamber	369
infusion time	368
input	340
input temperature	340
insect damaged bean	140
insipid	124
instant coffee	253
Instituto del Café de Costa Rica, ICAFE	251
International Coffee Agreement, ICA	56
International Coffee Council, ICC	55
International Coffee Organization, ICO	55
Ipanema	252
Irish coffee	208
Italian roasting	251

J

Jablum, JBM	260
Jacob	215
Jamaica	258
Jamaica Coffee Industry Board, JCIB	258
Jamaica High Mountain	259
Jamaica Low Mountain	258
Jamaica Supreme	258
Jamaican	259
Java	259
Jebena	267
jet breaker	268
jigger	270
Jinotega	394
John Hutchins	268
Juan Valdez	392
jung drip	247
jung filter	248
jute bag	269

K

K7	21
Kaffa	287
Kahlua	64
Kahve	283
Kahweol	285
Kaldi	294
Kalei	294
Kalita	295
Kalita Wave	295
Kalosi Toraja	338
kariomon	300
Kau	284
Kent	315
Kenya	313
Kenya process	313
Kenyan Grading System	313
keyboard	335
Killicafe	329
Killimanjaro	329
Kirinyaga	328
KNCU	22
knock box	70
Kona	316
Kona coffee festival	317

Kona Extra Fancy	316	
Kona Fancy	316	
Kona No.1 Peaberry	316	
Kona Prime	317	
Kone filter	321	
Kono	46	
Kopi Luwak	104	
Korea Barista Championship, KBC	382	
koyote	320	
KP423	22	

L

La Pavoni	91
latent heat	261
Latte art	91
Latte martini	91
Le Nez du Café	105
Le Procope	105
Leaf Area Index, LAI	255
Leaf blight	255
Les Deux Magots	94
level sensor	184
leveling	96
lever espresso machine	95
LGA	22
Liberica	106
lid	106
light	92
light pruning	215
light roasting	92
linen	108
Lintong	108
lipids	271
liquid coffee	214
long berry	103
Long black	103
long top	102
Lot	93
low fat milk	262
Low Temperature Long Time pasteurization	262
Low Temperature Long Time, LTLT	262
Ludwig Roselius	103
Luigi Bezzera	104
lungo	105
Luwak	103
Luwak coffee	104
lightness	22

M

M. Vassieux	131
machine cleaner	116
Maillard reaction	118
main board	117
main crop	117
Malawi	116
male berry	375
malformed bean	187
malic acid	162
Manabi	111
Mandheling	115
Mandheling G1	115
manual drip	384
manual grinder	181
manual machine	95
Maquinista	115
Maracaturra	111
Maragogype	111
Martinique	112
Matagalpa	115
Mazagran	114
Mbeya	248
Mbruni Heavy	24
Mbruni Light	24
MC	23
MCM	23
measuring cup	45
measuring spoon	45
mechanical drying	62
mechanical harvesting	63
medium dark roasting	363
medium roasting	125
melange	159
Melanoidine	119
Melior	367
Melitta	119
Melitta Bentz	119
mellow	119
mesh	150
mesh number	117
metal filter	61
Mexico	118
MGA	23
MH/ML	24
MHB	24
micro foam	114
Micro Lot	113
micro roastery	113
microfilter	114
microsensor	113
microswitch	113
miel process	387
mild coffee	114
milk fat	247
milk foam	240
milk pitcher	194
milk steaming	192
milking	192
milling	127
mixed coffee	126
mixing	126
mixing valve	126
Mocca	121
Mocha	121
Mocha Java	121
Mocha Mattari	121
MOJOTOGO	120

Moka	121	
moka pot	122	
momentum	120	
Monsoon Malabar	122	
Monsooned coffee	123	
Monsooning	122	
Montana	123	
Montana Lavado, ML	123	
Montralegre	123	
motor pump	356	
mouthfeel	112	
mucilage	264	
muddler	116	
mulching	117	
Mundo Novo	124	
musty	49	
Mysore	112	

N

Nanka	48
Narino	67
natural process	68
NB can	24
nel drip	247
neutral	72
new crop	71
Nicaragua	72
Nienty Plus	67
nitro coffee	272
No.2	25
No.3	25
No.4	25
No.5	26
No.6	26
non enzymatic browning	159
non fat milk	333
non-coffee	71
Nordic roasting	70
nose	70
nursery	124

nutty	43
NY.2	25
NY.3	25
NY.4	25
NY.5	26
NY.6	26
Nyeri	72

O

Oaxaca	234
Ochratoxin A	235
OCIA	26
Off grade	235
old bean	238
Old Brown Java	238
old crop	238
olfaction	391
olfactory	391
olfactory skills test	238
Omar	233
one-way valve	205
one-way valve	225
Orange Bourbon	232
organic acid	244
organic acid matching pairs	245
organic coffee	244
organic material	244
organic solvent extraction	245
o-ring	233
Orosi	232
other mild	203
ounce	237
outer skin	239
oven drying method	234
over	233
over bearing	53
over extraction	51
over fermented	51
overall	234

oxidation	166
oz	237

P

P	27
Pacamara	349
Pacas	350
Pache	348
packaging	352
packing	352
paddle espresso machine	351
palette memory	351
Palm Civet	103
Panama	346
Panama Geisha	346
paper drip	357
paper filter	269
paper rack	357
Papua New Guinea	351
Parana	346
parchment bean	349
Parchment Robusta	349
parts	348
past crop	352
patio	350
Patio Bonito	350
PB	375
pea bean	375
peaberry	375
peak roasting	266
pectin	358
percolater	354
percolation	354
pergamino	348
perla negra	358
Peru	357
Peter Schlumbohm	376
pH	27
phosphoric acid	253
Piccolo	376

Piccolo latte	376	Prime Berry	258	ramping	93
picker	375	Prime Washed, PW	259	rancid	201
PID control	27	Procopio Coltelli	367	Rate of Rise, ROR	149
Pink Bourbon	378	Project Origin	367	ratio	93
piston machine	95	pruning	40	Red Bourbon	94
PL	370	PSC	28	red cherry	94
plantation coffee	371	pull pouring	363	red honey	95
plunger	372	pulp	52	red skin	94
plunger pot	367	pulped natural process	355	reddish brown	95
PLUS	370			redness	13
pod	82	pulper	354	reducing sugar	391
pod coffee	358	pulping	355	refractometer	56
polishing	360	pump	355	regular coffee	242
polymerization	270	pump motor	356	relationship coffee	171
polyphenol	361	pump pressure	356	relief valve	109
popping	325	pump pressure gauge	356	residual oxygen	260
Port of Santos	165	pungent	338	resting	393
portafilter	359	puree	364	resting time	393
portafilter hole	359	push pouring	362	retronasal route	160
potato defect	360	PW	28	Reunion Island	96
pour-over	362	pyrolysis	228	reverse osmosis	226
pour-over dripper	85	**Q**		Revolution per Minute, RPM	149
powder	347	Qahwah	284		
powder art	347	Qesher	315	R-grader	212
prachment	348	Q-grader	324	Rhazes	92
pre-blending	173	Q-instructor	324	rib	107
pre-cleaning	369	Qish	315	rich	108
preheating	231	quaker	125	rinsing	108
pre-infusion	368	Quality Control, QC	364	rio	107
pre-infusion chamber	369	quenching	324	rioy	107
pre-infusion time	368	quick chilling	62	ristretto	107
Premium	370	quick roasting	47	roasted bean	241
Premium grade	370	Quindio	329	roasted coffee grading	99
Presidential Award	366	quinic acid	324		
press pot	367	**R**		roasted sample identification	99
pressed extraction	38	radiant heat	147		
pressure sensor	213	Raindorest Alliance, RA	97	roaster	98
pressure switch	213			roaster rebuild	99
pressurized package	38	raised bed	337	roastery	99
Prima	370	raisin process	96	roastery café	99

찾아보기

roastery shop	99		San Paulo	167		shot glass	170
roasting	100		San Ramon	164		shower cooling	324
roasting color	101		sand heater	120		shower filter	169
roasting defect	100		Santa Ana	165		shower head	59
roasting level	101		sauce	177		shower holder	169
roasting point	101		sauce etching	177		shower screen	169
roasting profile	101		SCA cupping judge	29		Sidama	197
roasting temperature	100		SCA color tile	29		Sidamo	197
roasting time	100		scale	45		side menu	162
Robert Napier	97		scale	189		Sierra Maestra	198
Robusta	98		scorching	189		Sieur Monin	198
Robusta Kaapi Royale	98		screen size	190		sight glass	163
rod	97		screener	189		signature coffee	196
roller mill	102		screening	189		signature menu	196
rolling	102		seed to cup	160		Signore Cremones	197
rosetta	101		selective harvesting	384		silo	164
Ro-tap	101		self bar	175		silver skin	248
rotary pump	102		self-pollination	257		simple syrup	173
rotten	201		semi dry foam	173		single boiler	75
Roya	304		semi washed process	355		single drum	199
RTD coffee	28		semi-automatic espresso machine	133		single espresso	179
rubbery	47					single origin coffee	200
Rubiaceae	65		semi-forest coffee	174		single spout	200
Ruiru 11	104		sensory evaluation	53		siphon	163
Rume Sudan	180		sensory lab	309		size grader	325
Rust	93		sensory skills test	175		skim milk	333
Rwanda	106		server	170		skimming	190
S			shade grown coffee	176		skin dry	190
S288	28		shade tree	176		SL-28	30
S795	29		shading coffee	176		SL-34	31
Sachimor	162		shaker	176		sleeve	196
safety valve	109		Shakerrato	169		slow coffee	196
Saigon coffee	144		SHB	29		slow roasting	262
sample	167		SHB	30		slurping	195
sample roaster	168		shell bean	187		small batch	188
sample roasting	168		SHG	30		small roastery	113
sampler	168		short berry	180		smallholder	229
sampling	168		Short black	180		smoky	226
San Jose	166		short top	180		smooth	188
San Marcos	164		shot	170		soaking	177

커피용어사전

419

soft	177	strainer	191	tangential roaster	265
soft pod	178	strawy	273	tannin	332
soft water	227	Strecker degradation	191	Tanzania	332
softish	178	strength	71	tapping	333
soldier	179	Strictly Soft, SS	192	Tarrazu	89
solenoid valve	178	strip picking	192	tarry	331
Soliman Aga	179	stripping	192	tartaric acid	269
solo	179	strong	41	tasting note	312
soluble coffee	253	strong latte	372	Tepi Geisha	338
soluble solids	39	sub crop	170	terroir	336
soluble yield	277	sucrose	257	test roaster	168
Sontag Hotel	178	Sudan Rume	180	test roasting	168
Sostanya	141	sugar browning	187	test spoon	168
sour bean	135	sugar syrup	173	The King's Arms	76
sourness	162	Sul de Minas	186	thermal equilibrium	228
Specialty	195	Sulawesi	186	thermo block	200
Specialty coffee	195	Sulawesi Toraja	338	thermometer	235
Specialty Coffee Association, SCA	195	Sultan coffee	186	thick	344
		Sumatra	181	thin	201
spicy	386	Sumatra Mandheling	115	threshold	226
spout	195	sun dry	386	tiger flecking	331
Spray Dried coffee, SD coffee	150	sun grown coffee	172	tiger skin	331
		Supercritical carbon extraction	276	Timor Hybrid	343
stale	199			Tinto	89
stand	190	supremo	185	tipping	343
steam knob	193	surface tension	361	Tolima	339
steam lever	193	sustainable coffee	171	TOP	195
steam nozzle	193	sweating	188	Topazio	232
steam pitcher	194	sweetness	75	Toraja	338
steam tip	194	Swiss Water Process	188	Total Dissolved Solids, TDS	276
steam valve	193	**T**			
steam wand	193	T	31	touch pad	335
steamed foam	240	table dry	337	Traceability	249
steamed milk	194	taint	337	transpiration	270
steaming	192	take away	337	tray	342
steeping	279	take out	337	Tres Rios	341
stinker	135	Talleyrand	332	Triage	342
stirer	191	tamper	334	triangular bean	341
stovetop	122	tamping	334	triangulation test	341
straight coffee	200	tamping mat	334	Trieste	342

trigonelline	342	VAX	33	wet hulling	63
TT	31	velocity of flow	247	wet mill	243
tumbler	336	velvet foam	114	wet process	241
turbulence	335	velvet milk	144	whey protein	247
Turkish coffee	336	Venezuela	141	white bean	390
Turning point	335	Veracruz	141	white coffee	390
turpeny	179	verde	125	white honey	390
Turquino	340	vertical scale	184	whitish	394
Turquino Lavado, TL	340	Vienna coffee	159	whole bean	241
Turrialba	340	Vietnam	143	whole milk	264
Typica	343	Vietnam café phin	302	WIB	34
U		Vietnam coffee	144	withered bean	197
U.G.Q	32	Vietnam coffee filter	302	Women's Petition Against Coffee	308
UG	32	Vietnam coffee press	302	woody	67
UHT sterilization	32	Villa Lobos	158	World Coffee Event, WCE	242
umami	239	Villa Sarchi	158		
under	216	viscosity	264	**Y**	
under dosing	216	vitrification	246	Yellow	231
under extraction	52	Volcan Baru	148	Yellow Bourbon	231
uniformity	245	VST Precision Filter Basket	34	Yellow Catuai	232
unripe bean	125			yellow cherry	231
unwashed	68	**W**		yellow honey	232
up dosing	216	warmer	240	yellowish	71
USDA Organic certification	32	washed process	241	yellowness	14
		washing	174	Yemen	230
UTZ certification	33	washing station	243	Yirgacheffe	230
V		water activity	183	**Z**	
V60	33	water cooling	181	Zambia	260
vacuum brewer	163	water drip	78		
vacuum filtration	272	water gauge	182		
vacuum package	272	water heater	237		
vacuum valve	137	water level sensor	184		
Valdesia	133	water pressure gauge	183		
Valle del Cauca	131	water softner	227		
vapid	64	watery	241		
vaporation	182	weak	216		
variation coffee	142	West Valley	243		
Variedad Colombia	130	wet aroma	204		
varietal	271	wet cappuccino	243		
variety	364	wet foam	244		

참고문헌

단행본

1. 「커피스터디 플러스」, 원경수, 최치훈, 김지훈, 김세헌, 아이비라인 출판팀, 아이비라인(2016)
2. 「커피머신 첫걸음」, 김종오, 아이비라인(2016)
3. 「로스팅 크래프트」, 유승권, 아이비라인(2016)
4. 「커피 아틀라스」, 제임스 호프만 저, 김민준, 정병호 역, 아이비라인(2015)
5. 「커피덴셜」, 송인영, 아이비라인(2015)
6. 「스텝업 라떼아트」, 정경우, 아이비라인(2015)
7. 「당신이 커피에 대하여 알고 싶은 모든 것들」, 루소 트레이닝랩, 위즈덤스타일(2015)
8. 「커피 브루잉」, 도형수, 아이비라인(2014)
9. 「에스프레소 바이블」, 안재혁, 신창호, 아이비라인(2014)
10. 「바리스타를 위한 커피 입문서」, 우인애, 박미영, (주)교문사(2014)
11. 「맛있는 커피 레시피」, 한국커피산업진흥연구원, 아이비라인(2013)
12. 「커피 교과서」, 호리구치 토시히데 저, 윤선해 역, 벨라루나(2012)
13. 「COFFEE INSIDE」, 유대준, LION(2012)

잡지

1. "커피 선물시장 읽기", 「월간Coffee」, 2014, 149호, p116
2. "TDS가 뭐길래?", 「월간Coffee」, 2014, 150호, p132
3. "바리스타가 알아야 할 우유의 모든 것", 「월간Coffee」, 2014, 153호, p120
4. "커피체리의 가공 방식", 「월간Coffee」, 2015, 158호, p113
5. "그린빈의 정보를 그대로 담았다! 커피 이름 읽기", 「월간Coffee」, 2015, 159호, p113
6. "커피의 맛을 표현하는 CUPPING", 「월간Coffee」, 2015, 160호, p112
7. "맛과 향을 좌우하는 커피품종", 「월간Coffee」, 2015, 161호, p112
8. "그라인딩의 이해", 「월간Coffee」, 2015, 166호, p112
9. "에스프레소 추출", 「월간Coffee」, 2015, 167호, p112
10. "에스프레소 품질관리", 「월간Coffee」, 2015, 168호, p133

Bibliography

11. "커피를 다채롭게 즐기는 방법 향미표현", 「월간Coffee」, 2016, 169호, p120
12. "커핑, 그 목적과 절차", 「월간Coffee」, 2016, 174호, p124
13. "향미 표현의 꽃, 커핑 언어", 「월간Coffee」, 2016, 175호, p124
14. "변화를 거듭하는 커핑 폼", 「월간Coffee」, 2016, 176호, p120
15. "그린빈 이해의 시작, 커피품종", 「월간Coffee」, 2016, 177호, p120
16. "커피산지에서 소비국까지 그린빈 커핑", 「월간Coffee」, 2016, 178호, p114
17. "관리의 중요성, 그린빈 가공방식", 「월간Coffee」, 2016, 179호, p114
18. "카페에서 빠질 수 없는 우유 이야기", 「월간Coffee」, 2016, 179호, p107
19. "Tamper&Distributor", 「월간Coffee」, 2017, 181호, p105
20. "함께 즐기는 소통의 장, 퍼블릭 커핑", 「월간Coffee」, 2017, 183호, p120
21. "지속가능한 커피를 위해, 그린빈 경매 및 대회", 「월간Coffee」, 2017, 185호, p120

웹사이트

1. 커피공부, http://blog.naver.com/coffeelearning
2. 커피리브레 아카이브, http://www.coffeelibre.kr/board/guide/list.html?board_no=1002
3. 테라로사 도서관, http://terarosalibrary.com/
4. Coffeexplorer, http://coffeexplorer.com/269
5. WIKICOFFEE, http://www.wikicoffee.co.kr/
6. CoffeeBeans, http://www.coffeebins.co.kr/bbs/content.php?co_id=coffeestory02
7. ACE, http://www.allianceforcoffeeexcellence.org/en/
8. SCA, https://sca.coffee/
9. jimseven, http://www.jimseven.com/
10. Barista Hustle, https://baristahustle.com/

커피용어사전
알기 쉽게 정리한 기초 커피용어

2017년 11월 9일 초판 1쇄 발행
2025년 9월 5일 초판 3쇄 발행

엮은이 아이비라인 출판팀
펴낸이 홍성대
편집 정성희, 이여진, 김하영
디자인 나래(GRAEY)

펴낸곳 아이비라인
출판등록 2001년 12월 27일 제311-2003-00049호
주소 (04321) 서울시 용산구 한강대로 329 3층
전화 (02) 388-5061 **팩스** (02) 388-9880
홈페이지 www.the-cup.co.kr

ISBN 978-89-93461-41-1 13590

· 이 책은 저작권법에 따라 보호받는 저작물이므로 무단 전재와 무단 복제를 금합니다.